HEYNE BIOGRAPHIEN

W0076527

Julia Keay

MATA HARI

Tänzerin, Femme fatale, Spionin

Deutsche Erstausgabe

Wilhelm Heyne Verlag
München

HEYNE BIOGRAPHIE
12 / 178

Titel der amerikanischen Originalausgabe

THE SPY WHO NEVER WAS.
THE LIFE AND LOVES OF MATA HARI

Deutsche Übersetzung von Bernd Lenz

Copyright © 1987 by Julia Keay
Copyright © der deutschen Ausgabe by
Wilhelm Heyne Verlag GmbH & Co. KG, München
Printed in Germany 1989
Umschlagfoto: Bildarchiv Preußischer Kulturbesitz, Berlin
Innenfotos: Archiv für Kunst und Geschichte, Berlin;
Bildarchiv Preußischer Kulturbesitz, Berlin; Interfoto, München;
Süddeutscher Verlag, Bilderdienst, München;
Keystone Pressedienst, Hamburg
Umschlaggestaltung: Atelier Ingrid Schütz, München
Bildteil: RMO, München
Gesamtherstellung: Presse-Druck Augsburg

ISBN 3-453-03037-0

Inhalt

Für John

Vorwort

Mein besonderer Dank gilt den Bibliothekaren, den Archivaren und dem Personal der London Library, des Public Records Office, der Zeitungsarchive des British Museum, des Service Historique de l'Armée de Terre und des Musée Guimet für ihre zügige und unschätzbare Hilfe.

Mein Dank richtet sich auch an K. K. Singh, der mir den Weg durch die Schwierigkeiten der Hindu-Mythologie gewiesen hat; des weiteren danke ich Charlie Gore für eine Fülle an Informationen über die Geschichte der MacLeods und Jennie Davies, Jenny Dereham und Vivien James für ihre Unterstützung, ihre Förderung und ihren Rat.

Vor allem möchte ich John danken, weil ich seine Klugheit und Geduld in so starkem Maße in Anspruch nehmen durfte. Daß mir beides so reichlich zur Verfügung steht, ist mehr, als eine Schriftstellerin (oder eine Ehefrau) verdient. Autor und Verlag möchten den nachstehend Genannten für ihre Erlaubnis danken, urheberrechtlich geschützte Texte abdrucken zu dürfen:

Century Hutchinson Ltd, London, und Dial Press, New York: Victor Seroff, *The Real Isadora*; Century Hutchinson Ltd, London: Königin Wilhelmina, *Lonely But Not Alone,* übers. von J. Peereboom; Century Hutchinson Ltd, London, und Curtis Brown Associates Ltd, New York (Literaturagenten): Hanson Baldwin, *World War I;* Constable & Co Ltd, London: Serge Grigoriev, *The Diaghilev Ballet,* übers. von Vera Brown; Grafton Books, London: Constantine Fitzgibbon, *Secret Intelligence in the Twentieth Century;* Oxford University Press (East Asia) und Harper & Row, New York: L. Szekely, *Tropic Fever,* übers. von Marion Saunders; Vic-

Blumen und Dornen

Spionin erschossen

Heute morgen wurde die Tänzerin Mata Hari erschossen. Sie wurde im Februar in Paris verhaftet und im vergangenen Juli wegen Spionage und Weitergabe von Informationen an den Feind vom Kriegsgericht zum Tode verurteilt. Bei Ausbruch des Krieges verkehrte sie in Berlin in den Kreisen von Politikern, Militärs und Polizeibeamten und war beim deutschen Geheimdienst unter einer eigenen Nummer registriert. Sie traf sich gewöhnlich mit bekannten deutschen Spitzenagenten außerhalb von französischem Gebiet und wurde überführt, ihnen wichtige Informationen übermittelt zu haben, für die sie seit Mai 1916 mehrere große Geldbeträge erhalten hatte.

The Times,
Dienstag, 16. Oktober 1917

›Schöne Spionin‹ erschossen

Mata Hari
in Vincennes von den Franzosen hingerichtet

›Mata Hari‹, eigentlich Mlle. Marguerite Gertrude Zelle, die schöne Tänzerin und Spionin, wurde heute morgen um sechs Uhr in Vincennes erschossen. In Begleitung eines Arztes, eines protestantischen Geistlichen und zweier Kriminalbeamter wurde sie mit einem Kraftfahrzeug aus dem Gefängnis St. Lazare abgeholt. Bei der ersten Salve fiel sie tot zu Boden und wurde dann auf dem Gefängnisgelände beigesetzt.

Daily Express,
Dienstag, 16. Oktober 1917

Tänzerin von den Franzosen als Spionin erschossen

Mlle. Mata Hari büßt mit dem Tode, weil sie den Deutschen Geheimnisse verriet

Die Tänzerin und Abenteurerin Mata Hari, die ein Kriegsgericht vor zwei Monaten der Spionage für schuldig befand, wurde heute morgen bei Tagesanbruch erschossen. Die zum Tode Verurteilte wurde in einem Kraftfahrzeug vom Gefängnis St. Lazare zum Truppenübungsplatz in Vincennes gebracht, wo die Hinrichtung stattfand.

New York Times, Dienstag, 16. Oktober 1917

Spionin Mata Hari hingerichtet

Eine gewisse Frau Zelle (Marguerite-Gertrude), Mata Hari genannt, ist am 24. Juli 1917 vom Dritten Pariser Kriegsgericht wegen Spionage und Konspiration mit dem Feind zum Tode verurteilt worden. Das einstimmig gefällte Todesurteil wurde heute morgen vollstreckt. Mata Hari bewies bis zum Ende Mut und lehnte es ab, sich die Augen verbinden zu lassen. Nach der Hinrichtung wurde der Leichnam zum neuen Friedhof von Vincennes geschafft, wo die Beisetzung stattfand.

Le Figaro, Dienstag, 16. Oktober 1917

Der Morgen des 15. Oktober – ein Montag – war kalt und neblig angebrochen. Auf einer Lichtung inmitten der alten Eichen des Bois de Vincennes, am östlichen Stadtrand von Paris, stand eine Schar von zwölf Soldaten aus einem französischen Artillerieregiment in entspannter Haltung. Keiner dieser Soldaten konnte eigentlich viel älter als zwanzig Jahre sein, doch die Verwüstungen von dreieinhalb Jahren Krieg hatten jeglichen jugendlichen Glanz aus ihren Augen verbannt.

Hinter ihnen schlummerte das riesige mittelalterliche Château de Vincennes; es ließ sich in seinen Träumen von vergangener Pracht als Residenz Ludwigs XIV. von dem unbedeutenden Geschehen, das sich unterhalb seiner Mauern abspielte, überhaupt nicht stören. Der herrliche Wald, der sich einst vom Schloß bis zum Marnetal erstreckte und vom Schall der königlichen Jagdhörner widerhallte, als sich der Sonnenkönig mit seinen Höflingen vergnügte, war inzwischen auf einige tausend Morgen zusammengeschrumpft; und heutzutage hatten die Echos einen grimmigeren Klang, denn der Bois de Vincennes war von der Armee übernommen worden und diente jetzt als Exerzierplatz, Schießstand und Übungsgelände für Militärmanöver.

Plötzlich brüllte ein Offizier einen Befehl, und die Soldaten nahmen Haltung an; drei Autos fuhren langsam durch den Park und machten vor ihnen halt. Ein alter Mann stieg aus dem mittleren Auto und hielt den anderen Insassen die Tür auf, einer molligen Frau mittleren Alters, deren schwarzes Haar graue Strähnen aufwies und zu einem losen Knoten zusammengebunden war, und ihrer Begleiterin, einer ältlichen Nonne. Die beiden hielten sich an der Hand. Der Offizier geleitete die zwei Frauen zu einem einsamen kahlen Baum, wo sie einen Augenblick stehenblieben und sich als schwarze Silhouetten gegen das erste graue Tageslicht abzeichneten. Die Frauen wechselten einige Worte; dann drehten sich der Offizier und die Nonne um, gingen wieder zu den Wagen und ließen die andere Frau allein an dem Baum zurück.

Sie blickte angestrengt über die taunasse Grasfläche, die sie von den Soldaten trennte, und versuchte, dem formellen Ablauf des makabren militärischen Rituals zu folgen, das einige Augenblicke später ihr Leben auslöschen sollte. Sie zitterte vor Kälte, zog sich ihren Umhang fester um die Schultern und steckte eine einzelne Haarsträhne wieder unter der Nadel fest. Ihr Gesicht hatte einen verdutzten Ausdruck, so, als könnte sie eigentlich nicht begreifen, warum sie dort sei – Auge in Auge mit einem Exekutionskommando.

Vielleicht war auch alles nur ein Traum. Sicher hatte sie den falschen Text für die Schlußszene. Jeden Augenblick mußte nun der Vorhang fallen; die Scheinwerfer würden ihren graziösen Knicks in ein strahlendes Licht tauchen, und ein verzücktes Publikum würde spontan in Beifallsstürme ausbrechen. Die Schar von Männern unter den Bäumen schien sich wie in Zeitlupe zu bewegen – der Anflug eines Lächelns huschte über ihr Gesicht, als sie sie beobachtete. Soldaten: Ihr ganzes Leben lang hatte sie Soldaten geliebt. Ein Mann in Uniform hatte etwas Unwiderstehliches an sich, und unter ihrem Publikum waren immer reichlich Goldtressen und glänzende Knöpfe vertreten gewesen; diese Leute durfte sie jetzt nicht enttäuschen. Sie richtete sich auf und wartete auf den Applaus.

Seit ihrer Kindheit hatte Margarethe Zelle immer die Theorie in die Praxis umgesetzt, daß alles, wenn man es nur lange genug ignorierte, verschwinden würde. Der Wirklichkeit mußte man sich nur stellen, wenn sie Vergnügen oder Nutzen versprach, und auch an die Wahrheit brauchte man sich nur zu halten, wenn sie für einen nicht schmerzlich war. Der Krieg, der die Gesichter der jungen Soldaten versteinert und eine Unzahl an Toten im Schützengraben beschert hatte, hatte bei ihr nur wenige Narben hinterlassen. Wenn sie es auch nicht ganz geschafft hatte, den Krieg verschwinden zu lassen, so hatte sie ihn doch so entschieden, wie es ihr nur möglich war, ignoriert. Hätte man ihr jemals angedeutet, daß sie genauso wie Millionen anderer Menschen, die qualvoll im Gefolge des Krieges starben, eines seiner Opfer werden würde, hätte sie bei solch einem Gedanken lediglich mitleidig gelächelt. Daß der Krieg sie vielleicht das Leben kosten könnte, wäre ihr im Traum nicht eingefallen.

Die Nonne, die der Verurteilten Beistand leistete, interpretierte Margarethes Lächeln, ihre vor sich hingemurmelten Trostesworte und daß sie ihre Ziegenlederhandschuhe dem Offizier schenkte, der das Exekutionskommando befehligte, als Zeichen der Demut und des Anerkennens von Gottes Willen. So nämlich hätte sie sich schließlich entschieden, ihrem eigenen Tod ins Auge zu sehen.

Aber Margarethe Zelle glaubte an keinen Gott. Die einzigen noch lebenden Familienmitglieder waren weit weg und hatten gegen ihr Schicksal in keiner Weise protestiert;

und sie war auch von keinem trauernden Freundeskreis umgeben, der sie unterstützte. Es war nicht etwa Demut, die sie veranlaßte zu lächeln, ihren Kopf hocherhoben zu tragen und ihrem Henker den einzigen Besitz zu schenken, der ihr auf dieser Welt noch verblieben war; Stolz war es vielmehr – Stolz auf eine Vergangenheit, die übersät war mit unzähligen glitzernden Pailletten des Ruhms und süßen Erinnerungen an viele, viele Liebschaften.

Hätte sie einen Blick auf die geheimnisvolle und romanzenhafte Aura erhaschen können, die ihre Geschichte in zukünftigen Jahren umgeben sollte, hätte sie bestimmt befriedigt gelächelt. Und hätte sie das Krachen der Gewehre hören können, hätte es für sie sicher wie der erste Beifallssturm geklungen. War sie denn nicht Mata Hari gewesen?

Als die Mitglieder des Exekutionskommandos ihre Gewehre schulterten, trat der Marechal du Logis Petay vom 23. Dragonerregiment heraus, um ihr den obligatorischen *coup de grâce*, den Gnadenschuß, zu geben. Er schaute auf die am Fuße des Baumes zusammengesackte Gestalt herab. Es war nur schwer zu glauben, daß vor nicht allzulanger Zeit Fürsten und Generäle, Künstler und Dichter miteinander um die Gunst dieser Frau gebuhlt, ihr zu Ehren Oden verfaßt und sich von großen Geldsummen getrennt hatten, nur um dafür einige Stunden in ihrer Gesellschaft zu ergattern. Das unförmige Bündel zu seinen Füßen hatte keinerlei Ähnlichkeit mehr mit der wunderschönen Tänzerin, die der Star von Paris gewesen war. War dies wirklich die verrufene Mata Hari?

Zwanzig Jahre vorher, nämlich 1897, hatte ein anderer Offizier in einer anderen Armee dasselbe Gesicht betrachtet und sich gewundert. Doch die Fragen, die ihn beschäftigten, bezogen sich auf die Zukunft, nicht auf die Vergangenheit, und er staunte auch nicht über Mata Haris unscheinbare, formlose Gestalt, sondern über ihre auffällige Schönheit. Hauptmann Rudolph MacLeod von der holländischen Kolonialarmee lehnte an der Reling der *SS Prinses*

Amelia, die nach Ostindien unterwegs war, und schaute seine Frau an.

Selbst nach achtzehn Monaten Ehe konnte er immer noch nicht recht glauben, daß dieses hübsche junge Mädchen wirklich seine Gattin war. Drei Jahre vorher war er aus Ostindien nach Holland zurückgekehrt, um hier einen Genesungsurlaub anzutreten. Mit neununddreißig Jahren hatte er sich eigentlich für einen Mann mittleren Alters gehalten, der, erschöpft von siebzehn langen und harten Jahren im Kolonialdienst, auf seine Pensionierung aus Krankheitsgründen zusteuerte. Doch jetzt war er hier, wieder auf dem Weg zurück nach Java, nicht nur gesundheitlich wiederhergestellt, sondern sogar mit einem blutjungen Mädchen verheiratet, das seine Tochter sein konnte, und er hatte auch einen kleinen Sohn. Er beobachtete sie, wie sie das Baby bequem in einer Wiege unter einem Sonnensegel bettete. Nun, da sie das Mittelmeer erreicht hatten, wurde die Nachmittagssonne von Tag zu Tag stärker, und Rudolph bemerkte, wie sehr ihr die strahlende Sonne zusagte. Im Gegensatz zu den meisten anderen Frauen an Bord, die in der ungewohnten Hitze gleichsam verwelkten und ihre blasse holländische Haut vor der sengenden Sonne abschirmten, schien Margarethe unter diesen Strahlen geradezu aufzublühen.

Er bemerkte auch, wie sie die Blicke seiner Offizierskollegen auf sich zog, wie selbst der jüngste und schüchternste Leutnant in ihrer Gegenwart an Größe zuzunehmen schien und nicht einmal der barscheste General gegen ihr Lächeln gefeit war. Es war für ihn eine wohltuende neue Erfahrung, etwas zu besitzen, das jeder Mann, sobald er es erblickte, begehrte; und er war sich sehr wohl dessen bewußt, daß sich sein Ruf, eher ein mürrischer Mensch zu sein, beträchtlich verbessert hatte, nicht nur, weil er eine so bezaubernde Braut errungen hatte, sondern auch, weil sich diese Errungenschaft so unkonventionell verhielt.

Zwei seiner Offizierskollegen hatten, um ihren alten Freund aus seinem eingefleischten Junggesellentum herauszulocken und um seine Einsamkeit während der Genesung aufzuheitern, eine Anzeige in einer Zeitung in Den Haag aufgegeben, mit der sie nach einer geeigneten Frau suchten. Es hatte eigentlich wie ein harmloser Spaß ausgesehen, und nur deshalb hatte Rudolph überhaupt zugestimmt. Es würden sich unweigerlich einige alte Jungfern melden, die ihre Absichten klar zum Ausdruck bringen würden und die man deshalb leicht ignorieren konnte. Er war deshalb ziemlich beunruhigt, als aus einem der Umschläge ein Foto der Absenderin herausfiel. Dabei handelte es sich keineswegs um eine welke, einsame alte Jungfer; im Gegenteil: Das Gesicht, das ihn anschaute, gehörte einem jungen, bildhübschen Mädchen mit vielen dunklen Locken, mit verschmitzten schwarzen Augen und einem verführerischen Lächeln; und das Foto trug die Unterschrift: Margarethe Gertruida Zelle.

Als Margarethe auf die Anzeige antwortete, beging sie den vorläufig letzten einer langen Reihe von schockierenden Verstößen gegen die guten Sitten. Die gestrenge Hand elterlichen Zorns hätte sie auf den Speicher schleppen und sie dort nur mit einer Bibel einsperren sollen, bis sie ihre Lasterhaftigkeit bereut hatte. Aber ihr Vater war in Amsterdam und mühte sich ab, sein Geschäft vor dem Bankrott zu retten; Margarethe lebte jedoch, seitdem ihre Mutter drei Jahre vorher gestorben war, unter der etwas nachlässigen Obhut ihres Onkels in Den Haag. Ein älterer Junggeselle war wohl kaum der ideale Hüter für eine temperamentvolle Fünfzehnjährige. Als sie mehr als alles andere einen klugen Rat und eine feste Hand benötigte, tätschelte man ihr nur liebevoll den Kopf und ermahnte sie vage: »Sie lieb – und mach mal schön.« Sich selbst überlassen, hatte Margarethe diese ungenauen Anweisungen auf ihre Art interpretiert und war munter in eine Reihe übler Schwulitäten geschlittert. In die schlimmste davon war der Leiter einer Schule verwickelt, an der sie mit ihrer Ausbildung als Kindergärtnerin begonnen hatte. Die Frage, wer von beiden denn der Verführer und wer das Opfer war, wurde nie zufriedenstellend beantwortet, aber die Kunde von dieser Liaison drang an die Öffentlichkeit, und Margarethes gerade erst beginnende Karriere kam abrupt zum Stillstand. Als sie jetzt auf diese anonyme Annonce antwortete, sah es so aus, als sollte sie sich in ein weiteres, gleichermaßen skandalöses Abenteuer stürzen.

Doch zum Erstaunen von Rudolph MacLeods Offizierskollegen folgte auf die erste Begegnung zwischen dem vierzigjährigen Veteranen und seiner achtzehnjährigen Briefpartnerin innerhalb von nur einer Woche die Nachricht von ihrer Verlobung. Sie empfanden nämlich auf der Stelle eine gegenseitige Zuneigung. Mit seinem gezwirbelten Schnurrbart, der mit Goldtressen besetzten Uniform und seinen Geschichten von tollkühnen Taten im Orient entsprach Rudolph genau Margarethes Vorstellung von einem schneidigen Helden, der, wie sie immer schon gewußt hatte, eines Tages kommen und sie entführen würde. Er seinerseits war von ihrer Jugend und Lebhaftigkeit so geblendet und von seiner neuen Rolle als Held so begeistert, daß er sich gerne von ihr um den kleinen Finger wickeln ließ. Sollte ihm überhaupt bei dem Gedanken an die unkonventionelle Werbung etwas unwohl gewesen sein oder sollte er Zweifel daran gehabt haben, ob für einen Mann seines Standes und seiner Herkunft die Heirat mit der Tochter eines bankrotten Krämers wünschenswert sei, so verschwanden all diese Bedenken durch die starke Selbstachtung, die der von Zoten begleitete Neid seiner Kollegen in ihm entfachte. Sobald die beiden die Einwilligung ihres Vaters hatten, würden sie heiraten.

Adam Zelle (der sich selbst nie als Krämer bezeichnet hätte, sondern es vorzog, sich ›Hutmacher‹ oder ›Lieferant für Herren-Kopfbedeckungen‹ zu nennen) gab nur allzu gern seine Zustimmung zu der Heirat. Viele Jahre vorher, als sein elegantes Anwesen noch die vornehmste Straße von Leeuwarden in der nördlichen Provinz Friesland zierte, konnte er seine Kinder – besonders das älteste, Margarethe, seine einzige Tochter – mit allem nur erdenklichen

Luxus verwöhnen. Damals hätte er jeden in Frage kommenden Freier einem äußerst scharfen Kreuzverhör unterzogen. Heute hingegen, wo er erst kürzlich wieder geheiratet hatte, drei Söhne in der Ausbildung standen und sein Geschäft auseinanderfiel, reichte ein flüchtiger Blick. Er war zutiefst erleichtert, daß Margarethe sich einen so vornehmen Mann ausgesucht hatte, und gab ihnen seinen Segen. Am 11. Juli 1895, vier Monate nach ihrer ersten Begegnung, heirateten die beiden.

Die Heirat gab Margarethe genau jene Unabhängigkeit, die sie sich ersehnte. Nach den Flitterwochen in Wiesbaden kehrten die frisch Verheirateten nach Den Haag zurück, und Margarethe fing an, Rudolphs Geld auszugeben. Sie mußte sich unbedingt eine Garderobe zulegen, die nicht nur ihrem neuen Status als Frau eines Hauptmanns entsprach, sondern die auch genug Variationsmöglichkeiten bot, um dem gesellschaftlichen Trubel gerecht zu werden, in den sie sich fest entschlossen stürzen wollte. Zunächst neigte Rudolph dazu, ihre Verschwendungssucht als vorübergehende Phase nachsichtig zu behandeln, doch bald machte er sich um seine Finanzen ernsthaft Sorgen. Glücklicherweise nahm die Belastung seines Geldbeutels dank Margarethes Schwangerschaft, die ihre Begeisterung für Feste zumindest eine Zeitlang zügelte, wieder ab.

Rudolph war erleichtert, als er die Bestätigung erhielt, wieder nach Java abkommandiert zu werden. Man konnte nämlich in der Kolonie nicht nur weitaus billiger als in Holland leben, sondern man mußte dort auch weniger Feste besuchen und weniger Schneider beschäftigen. Doch als nun die SS *Prinses Amelia* Java immer näher rücken ließ, dämmerte ihm allmählich, daß vielleicht nicht allein Margarethe ihre Maßlosigkeit würde zügeln müssen. Verheiratet und mit Familie würde er all jene zusätzlichen Annehmlichkeiten nicht mehr genießen können, die den Kolonialdienst in Ostindien erträglich machten. Mit einem Anflug des Bedauerns dachte er an die langen Abende zurück, die er zechend in der ungezwungenen Kameradschaft des Offiziersklubs verbracht hatte, an seine schön eingerichtete Junggesellenunterkunft und an die Reihe zurückhaltender, dunkelhäutiger Schönheiten, die er dort einquartiert hatte, damit sie Leben in seine einsamen Nächte brachten. Mit wachsender Beunruhigung erinnerte er sich daran, wie er seine Offizierskollegen bedauert hatte, die wegen ihrer gelangweilten, nörgelnden Ehefrauen ans Haus gebunden waren, und wie diese ihn um seine Freiheit beneidet hatten. Hatte er etwa einen fürchterlichen Fehler gemacht?

Er betrachtete Margarethe erneut und sagte sich, daß es bei ihnen beiden anders sein würde. Bei einer solchen Frau, was brauchte man da noch eine Geliebte? Sie konnte sich an Schönheit mit all seinen *nyays* messen und war bestimmt genauso leidenschaftlich. Schon vor ihrer Heirat hatte sie eine lebhafte Sexualität an den Tag gelegt, die ihn überrascht und erfreut hatte. Sicher, sie hatte einen Hang, dickköpfig, manchmal sogar eigensinnig zu sein, doch hatte sie ihm bislang wirklich keinerlei Grund gegeben, die Heirat zu bereuen. Im Gegenteil, sie hatte ihm mit der Geburt eines Sohnes seinen sehnlichsten Wunsch erfüllt.

Trotz seines anders klingenden Namens war Rudolph MacLeod Holländer. Mit ihm diente nun bereits die sechste Generation der MacLeods in der holländischen Armee, seit Norman MacLeod von der Isle of Skye am Ende des siebzehnten Jahrhunderts in die Holländisch-Schottische Brigade eingetreten war. Während seines Militärdienstes in den Niederlanden hatte Norman MacLeod eine Holländerin geheiratet, und ihr Sohn hatte es im selben Regiment bis zum Rang eines Oberst gebracht; doch zu diesem Zeitpunkt war die Brigade nicht mehr schottisch, sondern in die holländische Armee eingegliedert worden. Nacheinander hatten Generationen von MacLeods mit Auszeichnung in den holländischen Streitkräften gedient, und viele waren bis zu einem hohen Rang aufgestiegen.

Das gegenwärtige Haupt dieses Familienzweiges, Rudolphs Onkel Norman, hatte zur Zeit den Rang eines Vizeadmirals in der holländischen Marine, und in Anerkennung für seine Dienste waren ihm eine Reihe von Auszeichnungen verliehen worden: Ritter des Ordens der Eichenkrone; Ritter des Ordens des Niederländischen Löwen; Ritter zweiter Klasse (mit Stern) der Preußischen Krone und Kommandant des Ordens von Nassau-Oranien – um nur einige aufzuzählen. Wenn sich die MacLeods jetzt auch für genauso holländisch hielten wie alle de Vries oder van den Bosch, blieben sie doch unheimlich stolz auf ihre schottische Abstammung. Dadurch, daß Rudolph seinem Sohn den Namen Norman gab, huldigte er seinen Vorfahren und beabsichtigte, ihre Linie fortzusetzen. Als er das im Schatten schlafende, lockige Baby betrachtete, spürte er, wie seine Zweifel sich legten.

Es war für einen Offizier der holländischen Armee nicht ungewöhnlich, daß er seine Frau mit in den Fernen Osten nahm. An der Verwaltung der holländischen Kolonien in Ostindien waren über einen langen Zeitraum hin viele Leute beteiligt. Seit der Gründung der Niederländisch-Ostindischen Kompanie im Jahre 1602, dann über ihre Auflösung und Übernahme durch die Regierung 1799 bis hin zur endgültigen Unabhängigkeit Indonesiens in den vierziger Jahren unseres Jahrhunderts strebten die Holländer in Richtung Osten. Soldaten und Staatsbeamte, Kaufleute und Missionare, Politiker, Pflanzer und mittellose Abenteurer hatten sich auf den Weg gemacht, um durch Handel und Spekulationen reich zu werden und um diese entlegene, ganz anders geartete Kolonie zu verwalten, zu überwachen, zu beschützen und auszubeuten. Viele von ihnen nahmen auch ihre Frauen und Familien mit.

Doch wenn sie auch ausgetretenen Pfaden folgten, so betraten sie gleichfalls das Land aus den Märchen ihrer Kindheit. Augusta de Wit, die sich in Java auskannte, erinnerte sich daran, wie diese sagenhafte Insel sie schon früh faszinierte. »Es gab einmal eine Zeit, da konnte ich mir keinen Globus ansehen – über den sich ein Netz von Breiten- und Längenkreisen wie bei einem riesigen Spinnengewebe hinzog –, ohne leicht erschreckt und überrascht festzustellen, daß Java auch in diesem Geflecht hing. Wie konnte solch ein Traum- und Phantasiegebilde Breiten- und Längengrade haben? Der Versuch, den Flächeninhalt eines Regenbogens zu bestimmen, wäre mir kaum weniger absurd erschienen.«

Die Übergangszeit war für Männer in vielerlei Hinsicht leichter. Sie mußten an ihre Karriere denken, ihrem Beruf nachgehen, Befehlen gehorchen, ihr Glück und ein Vermögen machen. Für die Frauen muß es jedoch eine nervenaufreibende Erfahrung gewesen sein. Sie ließen ihr bequemes, gewohnt häusliches Leben hinter sich, wo man stets genau zwischen Richtig und Falsch unterscheiden konnte und genug Verwandte aufpaßten, daß man sich an die Regeln hielt. Ihr Leben in Holland war in allen Einzelheiten völlig klar, genau festgelegt und ihnen vertraut gewesen; versuchten sie hingegen, sich ihre Zukunft in Java vorzustellen, so wurde das Bild verschwommen und verzerrt, schimmerte, als betrachtete man es durch sich kräuselndes Wasser oder aufsteigende Hitze. Alles würde anders sein: Klima, Landschaft, Menschen, Religion, Essen, Sitten, Etikette und Umgangsformen. Statt eines fahlen Himmels und kühler, frischer Winde jetzt eine sengende Tropensonne und strömender Monsunregen; statt großgewachsener Männer mit geröteten Gesichtern und blonden Stoppelbärten oder ›wohlgepolsterten‹, mißbilligend die Stirn runzelnder Frauen jetzt geschmeidige Körper, die lose in helle, unruhige Farben gehüllt waren; statt ruhiger, friedlicher Sonntage mit Kirchenglocken und kräftigen Mahlzeiten in dicht möblierten Eßzimmern jetzt Gesang, Lachen und der Klang bloßer, trippelnder Füße auf Steinfußböden. Der Kontrast zwischen dem förmlichen Holland, ihrer Heimat, und dem romantischen, herrlichen Java, das jetzt das Ziel ihrer Reise war, muß die Frauen bestimmt mit Sorge erfüllt haben.

Jene Passagiere auf der SS Prinses Amelia, die schon zum zweiten Mal auf dem Weg zu ihrem Dienst waren, streuten immer wieder unbekannte Worte in ihre Unterhaltung ein – *Tuan, coolie, Hari Besar* –, vergewisserten sich aber zuvor, daß die Nichteingeweihten alles genau mithören konnten. Diese Zuhörer waren normalerweise entsprechend beeindruckt, waren je nach Natur entweder von dunklen Vorahnungen erfüllt oder zitterten vor freudiger Erregung. Margarethe MacLeod zitterte in Erwartung des Allerbesten.

Von all den Abenteuern ihrer Jugend war dieses das mit Abstand aufregendste. Im Alter von zwanzig Jahren hatten sich die Türen, die aus der Kindheit zur Erwachsenenwelt führten, hinter ihr noch nicht aufgrund von ehelicher und mütterlicher Verantwortung geschlossen. Ja, wahrscheinlich war Margarethe noch gar nicht der Gedanke gekommen, daß Ehe auch Verantwortung mit sich brachte. Aus ihr, der einzigen, liebevoll umsorgten Tochter eines nachgiebigen Vaters, war wie selbstverständlich die über alles geliebte und verwöhnte Frau eines erfolgreichen Soldaten geworden. Sie nahm ihren neuen Status an, wie sie auch ein neues Spielzeug oder ein schönes Kleid angenommen hätte, und wie bei jedem Geschenk konnte sie, sobald sie es hatte, damit machen, was sie wollte. Der Kamm einer jeden Woge entfernte sie ein wenig weiter vom langweiligen Holland und brachte sie dem magischen Java etwas näher – dem Sagenland der Gutenachtgeschichten, »der Insel Avalon; dem Land der Lotusesser; dem von Palmen beschatteten, am Meer gelegenen Böhmen; Merlins melodischem Grab«. Der Zauber ihrer ersten Zeit mit Rudolph war jetzt ein wenig verflogen – sein Verhalten ihr gegenüber hatte nun unverkennbar etwas, das sie an einen Lehrer erinnerte, und sie lernte allmählich, seinen schlimmsten Wutanfällen aus dem Weg zu gehen.

Es gab auch noch andere Warnzeichen. Trotz seines Aussehens, seiner Abstammung und seines Rufs war Rudolph, wie Margarethe bald feststellen sollte, ein Langweiler; ja, schlimmer noch, er war arrogant und rüpelhaft. Doch das war wahrscheinlich nicht ihm allein anzulasten. Das Leben eines holländischen Kolonialoffiziers führte dazu, daß sich diese Eigenschaften, wenn es dafür auch nur die geringste Anlage gab, garantiert ausgeprägt entwickelten.

Javas Plantagenwirtschaft war Anfang des 18. Jahrhunderts von der Ostindischen Kompanie ins Leben gerufen worden. Die Kompanie verlangte als Gegenleistung für ihre Hilfe bei den zahlreichen Fehden zwischen rivalisierenden indonesischen Staaten riesige Landgebiete und erhielt diese auch. Da der Gewürzhandel immer mehr an Bedeutung verlor, hatte die Kompanie die Möglichkeit, neue und ertragreichere Feldfrüchte einzuführen. Die erste und erfolgreichste davon war in Java der Kaffee, dem bald darauf Zucker, Tee, Indigo, Tabak und Kautschuk folgen sollten. Im Jahre 1799 stellte die Ostindische Kompanie den Handel ein und wurde von der niederländischen Regierung übernommen. Ostindien entwickelte sich zu einer richtigen Kolonie, und es flossen auch weiterhin enorme Profite nach Holland zurück. Doch die Veränderungen im 18. und 19. Jahrhundert – in der Verwaltung und auch in der Landwirtschaft – waren für die Menschen auf den Inseln von zweifelhaftem Nutzen.

Im Jahre 1830 wurde Johannes van den Bosch zum Generalgouverneur der Inseln ernannt und erhielt den speziellen Auftrag, die Arbeit und Agrarproduktion neu zu organisieren. Unter seinem sogenannten Kultursystem verlangte er von den Inselbewohnern, daß sie, statt der Regierung einen Anteil ihrer Ernte zu entrichten, einen Teil ihres Landes und ihrer Zeit für den Anbau dieser neuen bargeldträchtigen Feldfrüchte zur Verfügung stellten. Wer kein Land stiften konnte, mußte auf regierungseigenen Plantagen arbeiten. Es war ein nur mühsam getarntes System der Zwangsarbeit. Die Arbeitsbedingungen auf den riesigen Gütern waren entsetzlich und lassen sich mit denen der Sklaven in den amerikanischen Südstaaten vergleichen.

Eine solche Unterdrückung war ganz untypisch für die Holländer, die sich schon lange den Ruf erworben hatten, tolerant zu sein. Doch die Besetzung der Niederlande unter Napoleon hatte dem Land eine erdrückende Staatsverschuldung beschert; die Aussicht auf gewaltige Reichtümer, die sich aus der Entwicklung der Kolonie ansammeln würden, machte die Holländer für das damit verbundene Unrecht blind. Sie wurden immer autokratischer und verlangten von allen ›Braunen‹ als Gegenleistung für die ›Wohltaten der weißen Zivilisation‹ vollständige Unterwerfung.

Als Rudolph mit Margarethe und Norman im Jahre 1897 nach Java zurückkehrte, war die Haltung der offiziellen Regierungskreise in den Niederlanden im Wandel begriffen. Dank des wiederauflebenden traditionellen Liberalismus lautete nun die erklärte Devise: »Für die Menschen der Inseln sorgen und ihre Interessen fördern«. Es sollte jedoch noch zwanzig Jahre dauern, bevor die Auswirkungen dieser löblichen Absicht auch jene erreichten, zu deren Nutzen sie gedacht waren. Da weder Margarethe noch Rudolph zu den Vorkämpfern radikalen Denkens zählten, kommt es kaum überraschend, daß zunächst einmal Margarethe sich dieser Probleme gar nicht bewußt war. Zum Glück der Unwissenheit gesellte sich bei ihr die Unbekümmertheit der Jugend, und sie sah nur die Blumen.

Die Holländer, das kann man wohl sagen, unternahmen alles, um die Dornen aus dem Blick zu verbannen. Sie tauften die Stadt Djakarta in Batavia um, den römischen Namen für Niederlande, und nach der bekannten Art im Ausland lebender Menschen umgaben sie sich mit einer Schutzhülle des Holländertums, bis Batavia genauso aussah wie ein Vorort von Den Haag. Sie ließen lediglich solche fremden Einflüsse eindringen, die den Lebensstil der innendrin versammelten Menschen verbesserten.

Eine Zeitgenossin von Margarethe, Augusta de Wit, war eine der ersten Holländerinnen, die von ihren gesellschaftlichen Verpflichtungen Zeit abzweigte, um Java und seine Menschen zu studieren. Doch obschon sie sich besser ausdrücken konnte und auch genauer beobachtete als Margarethe, müssen ihre ersten Eindrücke wohl sehr ähnlich gewesen sein.

Der Neuling in der Gesellschaft von Batavia wird von einer gewissen Anmut und Leichtigkeit der Umgangsformen überrascht, die sich eindrucksvoll von der etwas kühlen Zurückgezogenheit des typischen Holländers abheben. Obgleich das Familienleben bei den Holländern auf Java und in ihrem eigenen Land im wesentlichen gleich ist, gibt es doch insofern Unterschiede, als es hier mehr körperliche Bequemlichkeit, jedoch weniger geistige Interessen aufweist. Ähnliche Kontraste begegnen einem auf Schritt und Tritt. Das Leben hat hier weniger Würde als im Mutterland; aber es hat mehr Armut.

Während Augusta de Wit den Mangel an Theatern, Opernhäusern, Konzerten, Vorträgen und guten Zeitungen beklagte, kostete Margarethe MacLeod, die nur wenige geistige Interessen hatte, den Mangel an Würde aus. Und da körperliche Bequemlichkeit auf ihrer Prioritätenliste ganz oben stand, fiel es ihr leicht, sich einzugewöhnen. Zuerst lebten sie auf Java in Semarang, einer kleinen, jedoch wachsenden Hafenstadt an der Nordküste der Insel. Sobald Margarethe ihr Haus erblickte, war sie darin verliebt: Die schattige Veranda stützte sich auf anmutige Pfeiler; offene Türen führten in luftige Räume; auf den kühlen Steinböden lagen einfache Matten herum; und eine schwache Brise verstreute die Blätter der Tanjongblüte und erfüllte die Luft mit köstlichem Duft.

Das relativ bescheidene Einkommen eines Hauptmanns der Armee reichte hier viel weiter als zu Hause; deshalb konnten sie sich Dienstboten leisten, die kochten, saubermachten und den Haushalt führten, und sie hatten auch eine *babu*, ein einheimisches Kindermädchen, das sich um den kleinen Norman kümmerte. Margarethe brauchte keinen Finger mehr zu rühren. In Holland mußte sie dauernd langweilige Pflichten erfüllen, sinnlosen Vorschriften gehorchen und lächerliche Konventionen beachten. Sie hatte sich über diese Einschränkungen geärgert – das Leben war zum Feiern da, zur Freude und zum Flirten, zum Vergnügen. Hier fand sich endlich der Luxus, den sie verdiente, und sie glitt mit größtmöglicher Leichtigkeit in das Mußeleben einer Kolonialfrau hinein.

Sie blieben nur kurze Zeit in Semarang, denn Rudolph wurde schon bald nach Tumpang in der Nähe von Malang im Osten Javas versetzt. Der Umzug paßte Margarethe gut ins Konzept, denn sie hatte schnell erkannt, daß Semarang zwar eine reizende Stadt war, die Gruppe der Europäer jedoch nur klein und das gesellschaftliche Leben enttäuschend eingeengt. In Malang würde sie Läden und Märkte erkunden, Besuche machen und empfangen oder zu Abendgesellschaften und Einladungen gehen; und es würde vor allem Gelegenheiten geben, etwas zu sehen und gesehen zu werden. Auch Rudolph begrüßte den Ortswechsel. Er hatte an Margarethe die ersten Anzeichen der Rastlosigkeit bemerkt, war aber, da er wieder ernsthaft arbeiten mußte, zu beschäftigt, um viel daran ändern zu können.

Doch selbst in Malang war nicht alles zu Margarethes Zufriedenheit. Sie brauchte nicht lange, um festzustellen, daß die vielgepriesene Ungezwungenheit innerhalb der holländischen Gruppe nur sehr oberflächlich war. Die Konventionen mochten zwar den Tropen angepaßt sein, aber sie waren durchaus noch voll in Kraft. Im eigenen Heim war nichts dagegen einzuwenden, daß sich eine Dame für die einheimische Tracht des *kabaya* und *sarong* entschied, doch nach sechs Uhr abends erwartete man von ihr, daß sie nur noch europäische Gesellschaftskleidung trug. Die Regeln der Etikette wurden immer noch strikt beachtet, wie Augusta de Wit bemerkte:

Es herrscht hier dasselbe Streben um eine Vorrangstellung, dieselbe Vertrautheit, derselbe Tratsch und dieselbe nachbarliche Freundlichkeit, dasselbe Wohlleben und bürgerlich schlichte Denken wie in einer reichen holländischen Provinzstadt . . . Man würde vermuten, daß solch ein Übermaß an bürokratischer Etikette unbeschreibliche Lustlosigkeit und Gezwungenheit erzeugt. Mit Sicherheit ärgert das den Neuankömmling etwas.

Und wenn man nur ein kleines bißchen aus der Reihe tanzte, wurde dies, wie Margarethe bestürzt feststellte, mit genau demselben mißbilligenden Stirnrunzeln registriert wie in Den Haag oder Amsterdam.

Obwohl die Kontakte zwischen den Holländern und den Stammesgemeinschaften auf ein Mindestmaß beschränkt waren, konnten Margarethe wie Augusta de Wit das scheinbar idyllische und sorglose Leben der Javaner beobachten.

Sie leben praktisch im Freien. Die Frauen lieben Blumen sehr, und man sieht sie kaum einmal ohne eine ins Haar geflochtene Rosenknospe; und die nackten braunen kleinen Körper der Kinder werden mit Tanjong-Kränzen behängt. Sie baden sich im Fluß – die Männer springen in den Strom und tauchen unter; wenn sie wieder hochkommen, glänzen ihre bloßen Körper wie Bronzestatuen. Die Frauen halten einen Augenblick am Rande des Wassers inne, heben beide Arme und knüpfen ihr Haar auf dem Kopf zu einem Knoten zusammen. Am Ufer, halb verborgen in einem Schilfgebüsch mit hohen Blättern, tummeln sich junge Mädchen und tun so, als nähmen sie ein Bad, während sie sich gegenseitig Wasser aus kleinen Eimern, die aus Palmblättern gefertigt sind, über Kopf und Schultern gießen, bis ihr schwarzes Haar glänzt und das fließende Wasser ihre Kleidung in wallende, sich anschmiegende Umhänge verwandelt, die ihren geschmeidigen Gestalten von Kopf bis Fuß Form geben; ihre wohlgeformten Schultern setzen sie dabei nackt der Sonne aus.

In dem kleinen Kreis von Gleichgesinnten gab es nur wenige, die Margarethe an Vitalität gleichkamen oder ihre Frustration darüber teilen konnten, von diesen einfachen Freuden ausgeschlossen zu sein. Wer noch nicht ohnehin vorzeitig und matronenhaft den mittleren Lebensabschnitt erreicht hatte, erschien Margarethe hoffnungslos langweilig und fade. Wie konnte das Blut dieser Frauen angesichts der pulsierenden Schönheit um sie herum nur nicht in Wallung geraten? Warum sehnten sich die anderen nicht wie sie danach, Farben und Düfte, Hitze und Sonnenschein bis zur Berauschung einzuatmen? Sie erfreute sich an der reinen Sinnlichkeit der Tropen und pflegte barfuß in der schweren, duftgeschwängerten Dämmerung im Garten herumzulaufen, wobei ihr das Haar lose um die Schultern fiel. Aber noch lieber hätte sie sich den lachenden Menschen am Fluß angeschlossen.

Sie sah Rudolph nur wenig, denn seine militärischen Pflichten nahmen ihn völlig in Anspruch; wenn er endlich in seinen Bungalow heimkam, war er vollkommen ausgelaugt, nachdem er den ganzen Tag über in seiner schweren europäischen Uniform in der Hitze hatte schwitzen müssen. Inzwischen hatte sich das neue Gefühl, von jenen körperlichen Annehmlichkeiten umgeben zu sein, die sie so schätzte, abgenutzt – Margarethe langweilte sich. Sicher hatte das Leben mehr zu bieten, als Rudolphs Vorgesetzten oder – was noch schlimmer war – ihren langweiligen, spießigen Ehefrauen gegenüber immer nur höflich sein zu müssen. Selbst an jenen seltenen Abenden, an denen sie ins Haus eines einheimischen Würdenträgers eingeladen waren, war die Unterhaltung förmlich, zeigten ihre Gastgeber Höflichkeit, aber auch eine unbewegte Miene, waren schließlich die unvermeidlichen Auftritte örtlicher Theater- und Tanzgruppen so lang, so unfaßbar kompliziert und so formell, daß echtes Vergnügen ausgeschlossen war. Margarethe fühlte sich unterdrückt. Die Frauen anderer Männer mochten sich damit begnügen, auf ihren Samtstühlen zu sitzen und die Unfähigkeit ihrer Dienstboten zu beklagen oder sich die Sitzordnung für das nächste Regimentsessen auszudenken; sie war absolut nicht damit zufrieden. Da draußen lag eine wunderschöne Insel, die dem Stirnrunzeln der Menschen weit entrückt war und nur darauf wartete, daß man sich an ihr ergötzte. Gegen die Mißbilligung der anderen rebellierend, warf sie den Kopf in den Nacken und machte sich auf den Weg, die Insel zu erforschen.

Die sanft wogende Landschaft rund um Tumpang wurde dem, was sie sich im Geiste vorgestellt hatte, mehr als gerecht. Sie war wie ein magischer Garten Eden – Vögel in herrlichen Farben sausten durch die Wipfel; seltsame Pilze lauerten versteckt im feuchten Schatten von Farnen wie aus Spitze; und Schmetterlinge so groß wie Fledermäuse huschten und flatterten durch den gefleckten Schatten der riesigen Waldbäume. Margarethe vergrub ihr Gesicht in herrlich duftenden Jasminblüten, schmückte sich mit Girlanden aus wilden Orchideen und Kletterblumen und tanzte ihnen freudetrunken im Kreise nach. Als sie jedoch in die starke Sonne einer Dschungellichtung heraustrat, begann es plötzlich in ihr zu prickeln, denn sie sah riesige Steinskulpturen direkt vor sich, halb verborgen im dichten Unterholz. Mit suchenden Fingern folgte sie den Umrissen und konnte kunstvoll gemeißelte Figuren erkennen, phantastische Tiere und wilde Vögel – genau der Stoff von Märchen und Legenden –, die ganz anders waren als alles, was sie je gesehen oder sich vorgestellt hatte.

Tumpang ist nämlich von einer erstaunlichen Fülle alter hinduistischer und buddhistischer Tempel umgeben. Sie stammen hauptsächlich aus dem 11., 12. und 13. Jahrhundert und reichen von kleinen Statuengruppen über abgelegene Türme und einzelne verzierte Torbögen bis zu kunstvollen, mehrgeschossigen Tempelkomplexen, von denen einige noch unversehrt sind, andere dagegen in Trümmern liegen. Manche beherbergen prächtige Buddhastatuen; ein paar werden von gewaltigen Steinwächtern flankiert, die mit Schädeln und sich windenden Schlangen geschmückt sind; andere hingegen sind reichlich mit Reliefbildern verziert, die Szenen aus Hindu-Epen, dem *Mahabharata* und dem *Ramayana*, beschreiben.

Der Islam ist zwar heute die Hauptreligion von Java, doch läßt sich auf die Moslems der Insel eine Variation von Napoleons Diktum über die Russen anweden: Kratzt man an einem Moslem, entdeckt man einen Hindu, und kratzt man an einem Hindu, entdeckt man einen Heiden. Jede neu hinzukommende Religion – der Buddhismus etwa zu Beginn der christlichen Zeitrechnung, der Hinduismus im 5. Jahrhundert n. Chr. und der Islam nicht vor dem 14. Jahrhundert – wurde den Verhältnissen angepaßt und bis zu einem gewissen Grade durch indonesische Anschauungen und Bräuche verwässert. Die in Java immer nur geringen Unterschiede zwischen Buddhismus und Hinduismus ließen eine Form von tantrischem Synkretismus mit starken magischen Untertönen entstehen. Die Tempel rund um Malang und Tumpang stammen aus der Zeit der kulturellen Vorherrschaft Ostjavas zwischen dem 10. und 16. Jahrhundert und veranschaulichen deutlich, wie sich der shivaitische und buddhistische Kult in dieser Gegend überlappen und schließlich verschmelzen.

Der größte und eindrucksvollste dieser verfallenen Tempel, Candi Jago, liegt etwas mehr als eine Meile von Tumpang entfernt und stammt aus dem 13. Jahrhundert. Innerhalb seiner Stützmauern existieren buddhistische Plastiken und Krischna-Reliefs Seite an Seite mit den frühen *panakawan*-Skulpturen, die einen ausgesprochen javanischen Beitrag zu den Hindu-Epen darstellen. Der kleine, jedoch prächtige Candi Kidal und der äußerst gewaltige Candi Singosari liefern einen weiteren Beweis für die reiche religiöse, kulturelle und architektonische Tradition Ostjavas; und beide Tempel sind von Malang aus leicht zu erreichen.

Margarethe aber wußte weder etwas von der Geschichte dieser Tempel noch von den Religionen, die sie entstehen ließen. Doch als sie auf Zehenspitzen und mit angehaltenem Atem durch die Ruinen lief, fand sie die ganze Atmosphäre berauschend. Einmal sah sie sich plötzlich dem alles überragenden Steinbild einer ehrfurchtgebietenden Göttin gegenüber. Es gab keinerlei Zweifel an der Stärke dieser gewaltigen, sechsarmigen Gottheit, wie sie da mit gespreizten Beinen auf dem Rücken eines Stieres stand und einen lüstern blickenden Dämonen an den Haaren gepackt hielt. Margarethe war jedoch erstaunt, daß die aggressive Haltung der Göttin ihren femininen Charakter nicht im geringsten schmälerte. Das hier war kein schwächliches Spielzeug, kein schüchternes Pflänzchen – das war die Personifizierung herrlicher, ungezügelter Weiblichkeit. Engstirniges, kleinliches Denken konnten dieser Göttin keine Angst einjagen; kein mißbilligendes Stirnrunzeln konnte dieses stolze Haupt dazu bringen, sich unterwürfig zu beugen. Tief in Gedanken versunken kehrte Margarethe zu ihrem Bungalow zurück.

Bei jeder sich bietenden Gelegenheit stahl sie sich nun weg in den Wald. Manchmal entdeckte sie nichts, aber allein schon die Spannung war schön. Dann wiederum wurde ihre Ausdauer belohnt, und sie stieß auf einen weiteren vergessenen und überwucherten Tempel. Sie betrat ihn durch den Bogengang, zitterte erwartungsvoll und sah sich dann einem großen, ruhigen Gott gegenüber; er ritt auf dem Rücken eines feurigen Rosses, das halb Mensch, halb Vogel war und dessen tiefliegende Augen bedrohlich funkelten. Im dem blinden Blick der Gottheit lag etwas seltsam Bezwingendes, eine unnahbare Gelassenheit, die die Gedanken beruhigte und das aufgeregt schlagende Herz wieder langsamer arbeiten ließ. Margarethe schreckte vor den bösen Blicken der unzähligen steinernen Schlangen zurück, die sich um die Füße dieser Erscheinung wanden, und fühlte sich trotzdem durch die Begegnung fast zu religiöser Ehrfurcht getrieben. Als sie anschließend ständig in Gedanken vertieft war, sah sich Rudolph veranlaßt, nachzufragen, ob sie krank sei; und aus Angst, jemand könnte in ihre geliebte geheime Welt eindringen, blieb sie ihren Schätzen eine Weile fern und konzentrierte sich ganz auf ihren Mann und ihren Sohn.

Doch der Reiz des Exotischen war zu groß, und schon bald kehrte sie dorthin zurück, dieses Mal erblickte sie ungläubig, so daß es ihr den Atem raubte, eine noch irdischere Schönheit. Eine Reihe riesiger Reliefbilder, die die Mauern einer weiteren von Weinreben umrankten Ruine schmückten, ließ an die Stelle religiöser Ehrfurcht ein vertrauteres Gefühl treten – das wohlige Prickeln körperlicher Erregung. Hier fanden sich nämlich verträumte himmlische Nymphen mit nackten Brüsten und wallenden, durchsichtigen Röcken, die sich zu lautloser Musik in einem unendlichen Tanz bewegten. Attraktive junge Männer, deren muskulöse Körper nur mit einem äußerst kleinen Lendenschurz oder gar nichts bekleidet waren, verführten ihre wohlgestalteten Gefährtinnen inmitten des üppigen tropischen Laubwerks zu unvorstellbaren Freuden.

Die Bilder auf einer der Tafeln stellten offensichtlich in ihrer Abfolge eine Geschichte dar. Zunächst erhielten die Nymphen von einem rundlichen, auf einer Blume sitzenden Gott Anweisungen; anschließend saßen sie an einem Teich, ließen ihre Füße im Wasser baumeln und ordneten in seinem Spiegelbild ihr Haar; dann schienen sie zu tanzen und sich voreinander lachend und anmutig zu brüsten; in der letzten Szene scharten sie sich um einen anderen sitzenden Gott, stellten ohne Scham ihre Nacktheit vor seinem gelassenen Blick zur Schau und ließen ihre Finger neckend unter seine Gewänder gleiten, um seine Frömmigkeit in Versuchung zu führen.

Margarethe stand da wie gebannt. Obwohl es in Ostjava nichts gibt, was so erotisch ist wie die berühmten Tempel von Khajuraho in Indien, versetzten die verführerische Lebensfreude und die schamlose Sinnlichkeit, die aus diesen alten Kunstwerken sprach, ihr Blut in Wallung. Wie sie Freiheit und jegliches Fehlen von Scheinheiligkeit offen kundtaten, stieß bei ihrem dafür empfänglichen Wesen auf Gegenliebe und machte es ihr noch schwerer, die kleinlichen Willkürlichkeiten in Niederländisch-Indien zu ertragen. Sie war keineswegs die erste, die diese verborgenen Ruinen entdeckte. In Batavia gab es sogar Experten, die sie über den ruhigen Gott Vishnu und die Rachegöttin Durga aufklären und ihr die Geschichte hätten erzählen können, wie die schamlosen Nymphen Arjuna in Versuchung führten. Doch sie hatte kein Verlangen danach, ihre Schätze mit anderen zu teilen oder sie zu entschlüsseln – damit hätte sie nur ihren Zauber zerstört. Ihr genügte es zu wissen, daß es sie dort gab.

Unter dem beflügelnden Einfluß ihrer archäologischen Streifzüge blühte Margarethes Bewußtsein um ihre Körperlichkeit auf. Weibliche Gesellschaft war bei den vielen ungebundenen Pflanzern und Soldaten, die während ihrer Kurzurlaube in die Stadt strömten, sehr gefragt, und Margarethe – ohnehin immer gerne Mittelpunkt der Aufmerksamkeit – reagierte herzlich auf ihre Bewunderung. Wie in jeder Gemeinde von Ausländern ging das Gerede los, und Gerüchte gediehen. Erneut durch die Tropen angegriffen, vielleicht auch aufgrund der immer stärkeren Ansprüche seiner Frau, ließ die Gesundheit des Hauptmanns nach, und seine Stimmung, die nie besonders freundlich gewesen war, verschlechterte sich noch entsprechend. Weil er auf ihre Verehrer eifersüchtig und sich des Altersunterschiedes von zwanzig Jahren schmerzlich bewußt war, beschuldigte er sie, mit seinen Untergebenen zu flirten und ihn vor seinen Kollegen zu blamieren. Wie vorauszusehen, tat Margarethe seine Vorwürfe verächtlich ab und hielt ihm nun ihrerseits vor, er kümmere sich mehr um seinen Ruf als um seine Frau. Rudolph bekam einen heftigen Wutanfall, doch Margarethe zahlte ihm alles mit gleicher Münze zurück, und der leichte Bungalow erbebte unter der Gewalt ihrer Streitereien. Margarethes zweite Schwangerschaft stellte die eheliche Harmonie vorübergehend wieder her und bot eine Zeitlang die Gewähr dafür, daß sie sich Rudolphs Forderungen fügte und weniger Zeit für Frivolitäten aufwandte, dafür mehr für ihre Familie. Im Mai 1898 kam ihre Tochter Jeanne-Louise zur Welt.

Norman war zwar Rudolphs besonderer Liebling, doch liebte er beide Kinder abgöttisch. Er machte sich andauernd Sorgen um ihre Gesundheit und trieb die Dienstboten mit dem fortwährenden Aufheben, das er um Nahrung und Hygiene machte, zum Wahnsinn. Allerdings war seine Sorge bei dem bekanntermaßen ungesunden Klima durchaus berechtigt, doch Margarethe deutete das als Vorwurf, als sei sie nicht imstande, sich um ihre Kinder zu kümmern. Vor seinen Zwangsvorstellungen suchte sie bei ihren geliebten Ruinen Zuflucht und verbrachte manchmal ganze Tage damit, ziellos ihre Pracht zu durchstreifen. Je mehr er sie tadelte, weil sie sich weigerte, seinem Ideal zu entsprechen, um so mehr revanchierte sie sich – ihretwegen kam er zu offiziellen Verpflichtungen, zu denen sie beide pünktlich zu erscheinen hatten, zu spät; sie lehnte es auch ab, sich den Frauen höhergestellter Offiziere unterzuordnen, und versäumte es, Neuankömmlinge zu Besuchen einzuladen. Dieses Verhalten brachte Rudolph zwar in akute Verlegenheit, schien ansonsten aber beinahe unbemerkt geblieben zu sein; in ihrem Lächeln lag genug Charme und Liebenswürdigkeit, daß ihr alle, außer Rudolph, sofort wieder verziehen. Die Harmonie geriet erneut ins Wanken, und dann kam der Schritt, der zum endgültigen Zusammenbruch führen sollte; Rudolph wurde nach Sumatra versetzt.

Rudolph kam diese Beförderung gelegen, und seine unmittelbare Abreise – Margarethe blieb noch da, um ihren Besitz zusammenzupacken, und sollte in einigen Monaten nachfolgen – gab beiden die dringend benötigte Atempause. Aber Sumatra war etwas ganz anderes als Java. Die Einwohner dieser Nachbarinsel waren fanatische Moslems, und die Anhänger des Islam hatten weder hier noch sonstwo das koloniale Joch bereitwillig akzeptiert. Es gab hier auch nur wenige von den leiblichen Genüssen und gesellschaftlichen Anlässen, die auf Java so sorgfältig gepflegt wurden. Die gesamte holländische Energie galt der Umwandlung des Urwalddschungels in gepflegte Plantagen. Die Effizienz, mit der dieses riesige Unternehmen in die Tat umgesetzt wurde, war atemberaubend; in einer Zeit von zwanzig Jahren wurden zweieinhalb Millionen Morgen dichter tropischer Wald gerodet und für die Produktion von Tabak und Kautschuk nutzbar gemacht. In jenen noch nicht vom Umweltbewußtsein geprägten Tagen war dies eine Leistung, die den Holländern die Bewunderung einer jeden anderen Kolonialmacht mit tropischen Besitzungen eintrug. Welche Maßstäbe man auch anlegte, dies war eine außergewöhnliche Tat, die Bände sprach für die organisatorischen Fähigkeiten der Holländer. Aber den

Preis für solch einen gewaltigen Angriff auf das Land – gemessen am menschlichen Leiden und auch am Schaden für das Ökosystem – berücksichtigte man nie.

Tabak aus Sumatra erwies sich in Amerika als so beliebt, daß selbst dieses unglaubliche Tempo bei der Rodung des Dschungels nicht ausreichte, um die Holländer zufriedenzustellen. Die Arbeiterschaft mußte vergrößert werden, damit noch mehr Geld hereinkam – wie, das spielte keine Rolle, solange nur ein nicht endender Nachschub an Arbeitern gesichert war, die das Holz schlugen, den riesigen Wald fällten, verbrannten und zerstörten, um noch mehr Platz für den Tabakanbau zu schaffen.

. . . die Holländer ließen chinesische Kulis aus Singapur und Penang kommen, und nun begann der grimmige Kampf zwischen dem menschlichen Willen und dem unberührten Wald, der sich verzweifelt zur Wehr setzte. Im Herbst starben die Männer wie die Fliegen. Aus dem Wald entwichen Krankheitserreger; sie übertrugen sich auf die Eindringlinge, und die so infizierten Kulis starben scharenweise. Die Gesunden räumten die Toten aus dem Weg und setzten den Kampf auf Leben und Tod fort.

Ein junger Ungar namens Laszlo Szekely, der zwanzig Jahre als Pflanzer auf Sumatra lebte, konnte sich dank seiner Nationalität ein distanzierteres und objektiveres Urteil über die Zustände auf den Plantagen bilden, als es einem Holländer möglich war. Er beschrieb die Ankunft eines neuen Trupps von Kulis, die meist noch sehr jung, manchmal fast noch Kinder waren und die man in entfernten javanischen Dörfern angeworben hatte: »Gerissene Werbeoffiziere reisten von einem versteckt gelegenen *kampong* zum anderen und lockten die gutgläubigen, gutmütigen javanischen Landarbeiter mit herrlichen Geschichten, mit Silbermünzen und Versprechungen.« Wenn der Junge, dem nichts Böses schwante, den angebotenen Vertrag mit seinem Daumenabdruck besiegelt hatte, mußte er feststellen, daß »die Importgesellschaft für Kulis ihn in Gewahrsam genommen hatte und ihn nach Sumatra, Borneo oder anderen Inseln schickte, wo Arbeitskräfte knapp waren«.

Er gehörte jetzt im Grunde genommen dem Pflanzer und war mindestens drei Jahre – die für gewöhnlich durch irgendwelche, sein Auffassungsvermögen übersteigende Tricks auf unbestimmte Zeit ausgedehnt wurden – an ein Leben in ständiger Not und Armut gebunden.

Er darf nicht weglaufen, denn das verbietet ihm sein Vertrag. Er verrichtet Zwangsarbeit – er ist ein Sklave. Er schuftet von morgens bis abends, die Arbeit ist mühselig und sein Rücken gebeugt; bis zum Hals muß er in stinkendem Marschland stehen, während ihm die Blutegel gierig das dünne Blut aussaugen und Moskitos seinen kränklichen Körper mit Malaria vergiften. Doch er kann nicht weglaufen, denn sein Vertrag bindet ihn. Die *tjentengs,* die Wächter der Firma, die Bärenkräfte haben, brutal und grausam sind, spüren den Flüchtigen auf. Wenn sie ihn gefangen haben, geben sie ihm eine schreckliche Tracht Prügel und sperren ihn ein, denn sein Vertrag bindet ihn.

In geringerem Maße war auch das Leben eines holländischen Pflanzers auf Sumatra zu dieser Zeit hart. Das Klima und der Dschungel waren für die Konstitution eines Europäers eine Qual und die Lebensbedingungen auf den entfernt gelegenen, neugeschaffenen Plantagen primitiv; die Arbeit schließlich, selbst die eines Aufsehers, war unvorstellbar mühsam. Normalerweise lebte er ohne Unterbrechung wochenlang mitten im tiefsten Wald, abgeschnitten von allen anderen Europäern und umgeben von mehreren hundert Malaien, Javanen und Chinesen, für die er die Verantwortung trug und auf deren Wohlwollen er sich bestimmt nicht verlassen konnte. So war er abwechselnd erschöpft, erschrocken, krank, einsam und wiederum erschöpft. Jeden Monat gestattet man ihm einige Tage Urlaub. Dann fuhr er direkt nach Medan, dem wichtigsten Hafen und der Hauptstadt Nordsumatras, und begann sogleich, sich bis zur Bewußtlosigkeit zu betrinken.

Rudolph MacLeod war zum Kommandanten der Garnison in Medan befördert worden, einer Rolle, in der er die von den vertraglich verpflichteten Arbeitern so gehaßte und gefürchtete Unterdrückung personifizierte; und hier stießen im Mai 1899 Margarethe und die Kinder wieder zu ihm. Es war keineswegs ein idealer Ort für eine junge Familie, aber Rudolphs Finanzen waren durch Margarethes Extravaganzen sichtlich erschöpft, und er konnte sich zwei Haushalte nicht leisten. In einem seiner seltenen Briefe warnte er Margarethe vor den Gefahren im Haushalt, unterließ es aber bezeichnenderweise, weiterreichende Fragen mit ihr zu diskutieren.

Du wirst, wenn Du hierherkommst, so wachsam sein müssen wie nie zuvor – es ist doppelt wichtig, sich zu vergewissern, daß alles ständig gesäubert wird. Wenn man nicht dauernd fegt, besonders um die Blumentöpfe herum und auch darunter, dann wimmelt es von Ungeziefer. Gestern abend habe ich den größten Skorpion gesehen, der mir je unter die Augen gekommen ist. Sein Biß wäre zwar nicht sogleich tödlich, doch verursacht er hohes Fieber und ist gerade für kleine Kinder besonders gefährlich. Du mußt die Zimmer jeden Tag selbst inspizieren, die Kinderbetten säubern und Dir Deiner schweren Verantwortung für die Kinder immer voll bewußt sein.

Zum ersten Mal sah sich Margarethe gezwungen, sich den Dornen zu stellen. Wenn sie sich nun herauswagte, um die Frau eines von Rudolphs Offizierskollegen zu besuchen oder auf dem Basar nachzuschauen, welche kleinen Luxusartikel denn mit dem letzten Schiff aus Holland gekommen waren, dann wurde sie nicht etwa mit dem liebenswürdigen Handkuß eines errötenden Verehrers begrüßt, sondern wurde von schwitzenden jungen Männern mit geröteten Gesichtern, die beim Gehen taumelten, angerempelt und anzüglich angegrinst. Außerdem hatte die Art, wie ihr die Eingeborenen auf dem Bürgersteig auswichen, etwas Bedrohliches an sich, was schon an Unverschämtheit grenzte – ein Funkeln in den Augen, das sicherlich nicht Zuneigung bedeuten sollte. Die aufkommende Bedrohung, die über der Insel schwebte, erdrückte sie und weckte in ihr die Sehnsucht nach der Ruhe des Bungalows in Tumpang; die Nachbarn, die sie einst als unerträglich geistlos abgetan hatte, erschienen ihr nun im nachhinein wegen ihrer Gelassenheit beruhigend. Es konnte hier gar keine Rede mehr davon sein, daß sie unaufgefordert und unbemerkt zwischen den vergessenen Schätzen der Vergangenheit umherstreifen konnte.

Margarethe hatte Angst vor dieser spürbaren Spannung und klammerte sich, Trost suchend, an Rudolph. Dieser aber hatte keine Lust, ihr gefällig zu sein. Seine Stellung als Kommandant der Garnison lastete schwer auf ihm. In den vergangenen dreißig Jahren waren die Holländer sporadisch in Guerillakriegen mit den Stämmen der Atjeh und Batak aus Nordsumatra verwickelt gewesen. Die holländische Kolonialherrschaft hatte den Lebensunterhalt dieser einstmals erfolgreichen Händler schwer getroffen, und unter der Führung ihrer *mullahs* hatten sie sich zu einem *jehad* gegen die Ungläubigen verschworen. Durch verstärkte Militärpräsenz und durch eine Politik der ›unaufhörlichen Verfolgung‹ waren die Holländer in den Jahren zuvor bei der Unterwerfung der Guerillas erfolgreich gewesen. Aber sie konnten ihre Herrschaft nur dadurch aufrechterhalten, daß sie immer wachsam blieben. Der Druck dieser Verantwortung machte sich langsam bei Rudolph bemerkbar. Die Krankheit, die ihn schon im Jahre 1895 nach Holland zurückgeführt hatte, drohte wieder auszubrechen, und wie die meisten seiner Altersgenossen trank er stark, um sich zu bestätigen, daß er mit den Problemen zurechtkam. Er hatte keine Zeit, sich Margarethes Klagen und Ängste anzuhören; das einzige, was er von ihr verlangte, war, daß sie ihre Rolle als Ehefrau erfüllte, seine Gäste bewirtete und sich um die Kinder kümmerte. Sie sollte doch aufhören, sich irgend etwas auszudenken und ihn in Ruhe lassen, damit er mit seiner Arbeit vorankam – eine Haltung, die Margarethe vor Ärger aufschluchzen ließ und ihr nichts von ihrer Ängstlichkeit nahm.

Dann schlug das Schicksal zu und rechtfertigte auf grausame Art und Weise sowohl Margarethes Sorge um die Sicherheit der Familie als auch Rudolphs zwanghafte Angst um die Gesundheit der Kinder. Am Abend des 25. Juni

1899 wurden sowohl Norman als auch Jeanne-Louise von heftigen Brechanfällen gepackt. Margarethe und Rudolph ließen den Garnisonsarzt kommen, hielten die ganze Nacht verzweifelt Wache und mußten mitansehen, wie die kleinen bleichen Körper der Kinder von Würgekrämpfen geschüttelt wurden.

Bei Sonnenaufgang hatte das kleine Mädchen die Krise überstanden, und mittags schlief sie, erschöpft, aber außer Gefahr. Doch als die Stunden verrannen und der Tag voranschritt, gab es für den zweijährigen Norman keine Rettung mehr; seine Kraft ließ nämlich mit jedem Krampf nach. Wasserentzug, diese gefürchtete Folgeerscheinung einer jeden Tropenkrankheit, verwandelte seine Haut in ein schuppiges Grau. Der Arzt konnte da auch nichts mehr machen, und in den frühen Morgenstunden des 27. Juni starb der kleine Junge. Die Diagnose lautete: Vergiftung.

Der Giftmörder soll der Geliebte des Kindermädchens gewesen sein; doch ob er nun das Kind umbrachte, weil McLeod, wie man munkelte, das Kindermädchen gelegentlich verführte oder weil MacLeod den Mörder selbst wegen irgendeines Vergehens brutal geschlagen hatte, ist nebensächlich. Es steht jedoch außer Frage, daß es nie zu solch einer grausamen Rache gekommen wäre, hätten nicht tiefgreifende rassische, kulturelle und gesellschaftliche Spannungen bestanden, die selbst die Luft von Sumatra durchdrangen. Normans Tod war eine Anklage und zugleich eine direkte Folge der überheblichen, gefühllosen Einstellung der Holländer gegenüber den Menschen, die sie regierten.

Die Sterbeziffer unter den Europäern im Fernen Osten war immer schon erschreckend hoch gewesen. ›Zwei Monsune‹ galten als durchschnittliche Lebenserwartung der Briten in Indien, und unter den Holländern in Ostindien hielt sich gleichbleibend eine Sterblichkeitsziffer von fünfzig Prozent im ersten Jahr bis weit ins 19. Jahrhundert hinein. Ende des Jahrhunderts war diese Ziffer dank der Fortschritte in der Medizin auf unter zwanzig Prozent gefallen, doch insbesondere Kinder waren immer noch in erschrekkendem Maße von Malaria, Typhus, Ruhr, Cholera und Tollwut bedroht, ganz zu schweigen von Hitzschlag, Insekten- und Schlangenbissen. Plötzliche Todesfälle gehörten einfach zum Leben in Niederländisch-Indien; nur wenige Familien kamen unbehelligt davon, und auf jedem Friedhof legten zahlreiche kleine Gräber ein schmerzliches Zeugnis von solch immer wiederkehrenden tragischen Ereignissen ab.

Aber der Schmerz ließ sich nicht etwa deshalb leichter ertragen, weil er vorauszusehen war; für Rudolph und Margarethe verschlimmerte er sich noch wegen der Umstände von Normans Tod. Es war schon äußerst grausam, daß sie es geschafft hatten, ihr Kind sicher durch die gefährlichen ersten Monate des Lebens zu bringen, nur um dann mitansehen zu müssen, wie es ihnen ein kaltblütiger Mörder entriß. Der für das Unglück als verantwortlich geltende Dienstbote war – keineswegs überraschend – spurlos verschwunden, und so gingen die leidgeprüften Eltern in ihrem Kummer und Zorn aufeinander los. Rudolph übte scharfe Kritik an Margarethe, weil sie seine Ermahnungen mißachtet habe: Wenn sie sich so um die Kinder gekümmert hätte, wie es sich gehörte, wäre das nie geschehen. Sie schrie ihn gleichfalls an; zuerst einmal hätte er sie gar nicht an diesen gottverlassenen Ort bringen sollen, denn in Java seien sie alle vollkommen in Sicherheit gewesen.

Den Rest seines ganzen Lebens pflegte Rudolph den Verlust seines Sohnes in aller Öffentlichkeit zu betrauern, und selbst zwanzig Jahre später brach er immer noch in Tränen aus, wenn jemand Normans Namen auch nur erwähnte. Margarethe reagierte jedoch anders: Sie konnte sich ihrem Schmerz nicht direkt stellen, sondern mußte zu ihm, wie zu einem weißglühenden Brandeisen oder zu einem tollwütigen Hund, einen Sicherheitsabstand einhalten, ihn weit von sich weg verschließen, da, wo er ihr nicht mehr weh tun konnte. Die undurchdringliche Mauer, mit der sie ihren Schmerz umgab, barg in späteren Jahren noch manch andere nackte Wirklichkeit und unangenehme Wahrheit in sich; selbst in ihrer Todesstunde verschloß Margarethe ihre Gedanken fest vor den Greueln drinnen.

Niedergeschmettert von diesem Unglück, war Rudolph völlig außerstande, den nächsten Schlag auszuhalten; er wurde wieder nach Java versetzt, allerdings ohne die erwartete Beförderung zum Oberstleutnant, die eigentlich nach seiner Stelle in Medan hätte folgen sollen. Seine berufliche Karriere von vierundzwanzig langen Jahren war bis hierin gediehen, würde nun aber nicht mehr weitergehen. Er verfiel in einen Zustand krankhafter Depression, lediglich unterbrochen von unbeherrschten Wutanfällen, in denen er Margarethe nicht nur die Schuld an Normans Tod gab, sondern auch dafür, daß ihm die Beförderung versagt geblieben war. Er trank ständig und wurde so gewalttätig, daß Margarethe um ihre Sicherheit fürchtete. Auch festere Ehen wären unter solchen Umständen gescheitert – diese hatte nicht die geringste Chance weiterzubestehen.

Ihre Rückkehr nach Java schaffte keine Abhilfe, da Rudolph als nächstes zu einer abgelegenen Garnison abkommandiert wurde, weit entfernt von den Unterhaltungsmöglichkeiten Batavias oder Malangs. Margarethe hatte jetzt das Gefühl, als sei sie zu einem sich langsam hinziehenden Erstickungstod verurteilt. Da war sie nun, trotz allem erst dreiundzwanzig Jahre alt, abgeschnitten und am Ende der Welt, mit einem Mann, der sie terrorisierte, den sie zu verabscheuen begann und bei dessen bedrückender Anwesenheit sie dazu bestimmt schien, auch den Rest ihrer kostbaren Jugend zu vergeuden. Fast zwei Jahre lang war das unglückliche Paar in dieser Zwangsgesellschaft gefangen. Rudolphs Arbeit fesselte ihn an Java, und Java fesselte sie beide aneinander, denn aus finanziellen Erwägungen und aus Gründen der Konvention war es Margarethe einfach nicht möglich, dort für sich allein zu leben.

Schließlich entschied sich Rudolph, seinen Abschied von der Armee zu nehmen – das war die einzig mögliche Lösung in einer unerträglichen Situation. Im März 1902 kehrten sie nach Holland zurück. Für Margarethe war es das Ende eines fünfjährigen, ständig wechselnden Lebens; fünf Jahre, in denen sich Leidenschaft, Langeweile, Euphorie, Angst, Unterwürfigkeit, Frustration und Leid in verwirrender Folge überstürzt hatten. Nach all diesem Wirbel konnte sie nur noch einen klaren Gedanken fassen, nämlich jenem Mann zu entkommen, der sie diesem stürmischen Leben ausgesetzt, sie aber gehindert hatte, auch etwas Freude daran zu haben und ihr Leben nach eigenen Vorstellungen zu gestalten, wie auch immer diese aussehen mochten.

Metamorphose

Margarethes Pläne brachten sie jedoch nicht weiter als bis zum Kai von Amsterdam. Als sie in kläglicher Stimmung einen Weg durch die Pfützen auf dem grauen Pier suchte und ihr Gesicht gegen das Prickeln der eisigen Meeresgischt schützte, erschien ihr plötzlich die Zukunft so trostlos wie ihre Umgebung. Die Aussicht, von Rudolph frei zu sein, hatte sie in Gedanken so sehr beschäftigt, daß sie an nichts anderes mehr gedacht und keine Alternativen in Erwägung gezogen hatte. Um allerdings ein unabhängiges Leben führen zu können, mußte man auch finanziell unabhängig sein; doch dazu fehlte es Margarethe an Geld. Seit ihrer Heirat hatte ihr Vater, Adam Zelle, es praktisch abgelehnt, sich um sie zu kümmern und sich nicht mehr für sie verantwortlich gefühlt; und selbst wenn er zur Hilfe bereit gewesen wäre, so ging es ihm doch finanziell nicht besser als fünf Jahre vorher, und er hätte die Heimkehr einer verschwenderischen Tochter keineswegs begrüßt. Obschon Margarethe in ihrem Entschluß etwas ins Wanken geriet, als sie sich ihres Dilemmas bewußt zu werden begann, ließ sie sich nicht entmutigen. Es war bestimmt die Pflicht eines Ehemannes, für seine Familie zu sorgen; deshalb mußte Rudolph für Jeanne-Louise und für sie selbst aufkommen. Wenn er ihnen ein Haus beschaffte und ihnen genug Geld zum Leben gab, würde sie ihn nicht weiter behelligen.

Eigentlich hätte sie Rudolph besser kennen müssen. Nichts lag ihm ferner, als ihr zu helfen; ja, er schien sogar fest entschlossen, mehr noch als in Java, ihr das Leben zur Hölle zu machen. Als sie mit ihrem Vorschlag an ihn herantrat, beschimpfte er sie nur wüst. Reichte ihr es denn nicht, daß sie seine Karriere zerstört und den Tod seines Sohnes verschuldet hatte? Wollte sie ihn jetzt auch noch finanziell ruinieren? Er würde für Jeanne-Louise und für sich in Amsterdam eine Wohnung mieten, und seinetwegen konnte sich Margarethe zum Teufel scheren. Sie war fassungslos – es war ihr nämlich nie in den Sinn gekommen, daß Rudolph versuchen könnte, Jeanne-Louise zu behalten. Aber er hatte die Oberhand, hatte Geld, Ansehen, Freunde und Verwandte, sie dagegen nichts, keine einzige Waffe, die sie gegen seine Entschlossenheit einsetzen konnte.

Rudolph nutzte seine Macht voll und ganz aus, um Margarethe leiden zu lassen. Er gestattete ihr zwar, zu ihnen in die Wohnung zu ziehen, doch dann ging er dazu über, sie auf Schritt und Tritt zu demütigen. Er schikanierte sie unbarmherzig und behandelte sie wie das niedrigste Dienstmädchen; zwischen seinen Zechtouren schrie er sie an, bedrohte sie und schlug sie sogar. Er ließ keine Gelegenheit aus, ihr ihre Hilflosigkeit zu beweisen; dann lehnte er sich zurück und sah zu, wie sie vor ihm am Boden kriechen mußte. Margarethe ertrug das alles. Sie hatte niemand anders, an den sie sich wenden konnte, und wollte Jeanne-Louise nicht im Stich lassen. Schließlich verlor Rudolph die Lust daran, weil sie sich ihm nicht widersetzte. Als sie ungefähr zwei Monate wieder in Amsterdam waren, wartete er, bis Margarethe eines Tages die Wohnung verlassen hatte, um Besorgungen zu machen, packte dann seine Sachen zusammen, schnappte sich Jeanne-Louise und ging weg.

Er hatte sie vernichten wollen, doch dieses Mal war es an ihm, sich zu verschätzen. In der Zeit zusammen mit Jeanne-Louise hatte Margarethe noch etwas zu verlieren. Wo das Kind nun weg war, war das nicht mehr der Fall; im Gegenteil, sie konnte jetzt alles gewinnen, und ihr Zorn über Rudolphs Gemeinheit wirkte wie ein Katalysator. Das demütige, heimatlose Geschöpf verwandelte sich über

Nacht in eine Löwin. Sie brauchte zwei Tage, um Rudolph in Arnheim aufzuspüren, wo er sich bei einem Cousin aufhielt, und zwei weitere Tage, um vor Gericht eine gesetzliche Trennung und die Vormundschaft für ihre Tochter zu beantragen; das Gericht entschied in nur einer Woche zu ihren Gunsten und legte zusätzlich fest, daß Rudolph monatlich hundert Gulden Unterhalt für Jeanne-Louise zahlen mußte.

Wie so viele Kinder in ähnlichen Situationen wurde Jeanne-Louise zwangsläufig zu einer Waffe, die die Eltern gegeneinander einsetzten. Sowohl Rudolph als auch Margarethe liebten ihre Tochter, doch die Entschlossenheit von beiden, sie für sich zu behalten, wurde noch durch eine gleich große Entschlossenheit verstärkt, daß der andere sie nicht bekommen sollte. Es war ein ungleicher Kampf, wie Margarethe im Grunde ihres Herzens von Anfang an gewußt hatte. Rudolph weigerte sich, ihr auch nur einen Pfennig Unterhalt zu zahlen, und warf das ganze Gewicht seines Ansehens und seines Standes, seiner Herkunft und Familie in die Waagschale. Er ließ seine zahlreichen Bekannten wissen, daß Margarethe für seinen guten Namen eine Schande sei, und veröffentlichte in allen führenden Zeitungen Anzeigen, in denen er die Geschäftsleute davor warnte, Margarethe mit Waren oder Bargeld zu versorgen; er würde nämlich nicht für ihre Schulden aufkommen. Als Margarethe voller Verzweiflung Jeanne-Louise zu ihrem Vater brachte, drohte ihm Rudolph damit, die wenigen, ihm noch verbliebenen Überreste seines Geschäfts zu zerschlagen, falls er den beiden weiterhin Obdach gewährte, so war Margarethe gezwungen, das Haus zu verlassen. Sie suchte Schutz bei ihrem zerstreuten Onkel in Den Haag, der sie vor ihrer Hochzeit bei sich zu Hause aufgenommen hatte, doch er war inzwischen der Vergreisung nahe, und Rudolph hatte keine Mühe, ihn davon zu überzeugen, daß gegenüber einer gefallenen Frau, die jedes ihrer Ehegelübde gebrochen hatte, Mitleid fehl am Platze sei. Als letzten Ausweg flehte Margarethe Rudolphs Schwester an, die immer sehr freundlich zu ihr gewesen war, sie doch bei sich wohnen zu lassen. Dann kam Rudolph zu Besuch, heuchelte Reue und machte sich mit Jeanne-Louise auf und davon, als Margarethe nicht auf der Hut war. Sie sah daraufhin ihre Tochter nie wieder.

Margarethe war zu diesem Zeitpunkt geistig, gefühlsmäßig und körperlich von dem sich hinziehenden Kampf erschöpft. Rudolph hatte es verstanden, ihr alles zu nehmen: Sie hatte kein Zuhause mehr, kein Geld, keinerlei Hoffnung auf Sympathie seitens der Familie oder der Freunde und – was am schlimmsten war – keine Kinder. Dieses Mal war es ihm beinahe gelungen, sie am Boden zu zerstören.

Aber doch noch nicht ganz. Normans Tod drei Jahre vorher war für sie weitaus grauenvoller gewesen als alles, womit sie jetzt fertig werden mußte. Bei zukünftigen Gelegenheiten sollte ihre Fähigkeit, jede ihr unbequeme und widerwärtige Realität abzusondern und auszulöschen, sie in schreckliche Schwierigkeiten bringen. Aber dieses Mal bewahrte das sie davor, wahnsinnig zu werden. Hätte sie nämlich über ihr Elend nachgedacht, besonders über den Verlust von Jeanne-Louise, dann hätte sie sich ihm gebeugt. All das mußte sie aus ihrem Gedächtnis streichen, wenn sie überleben wollte.

Inmitten dieses Aufruhrs hatte sie eine weitere nützliche Lektion gelernt: Selbst an der Spitze der gesellschaftlichen Hierarchie herrschte das Gesetz des Dschungels; die Starken überlebten auf Kosten der Schwachen. Erfolg war der Schlüssel zum Überleben, und an die Macht gelangten nur die Reichen oder aber Leute mit guten Verbindungen. Wenn sie jemals die Oberhand über Rudolph gewinnen wollte, mußte sie sich mit diesen Waffen – mit seinen Waffen – wappnen, bevor sie sich wieder in den Kampf wagen konnte. Doch jetzt mußte sie sich erst einmal auf das konzentrieren, was ihr noch geblieben war, nämlich auf sich selbst.

Sie war sechsundzwanzig Jahre alt, auf sich allein gestellt, und in ganz Holland kümmerte es niemanden, was mit ihr geschah. Nur langsam dämmerte ihr, was sie machen konnte; sie brauchte nun nicht mehr mit dem Kopf gegen die undurchdringliche Wand aus Mißbilligung anzurennen, die Rudolph so sorgsam um sie herum aufgebaut hatte; sie konnte auf die hochnäsigen, stirnrunzelnden Damen pfeifen, all ihre Fehler und Mißerfolge hinter sich lassen und dem widerwärtigen Zwang von Ehrbarkeit und Konventionen entschlüpfen. Sie brauchte gar nicht einmal in Holland zu bleiben, sie konnte nach Paris gehen.

Wenn Java der Garten Eden war, dann war Paris Aladins Höhle. Es war die geistige Heimat von Künstlern, Dichtern und Musikern, die Quelle, an der die müßige Aristokratie ihren abgestumpften Gaumen labte, und das Wunschziel für jeden Vergnügungssüchtigen, Mitgiftjäger und Emporkömmling in Europa. Es war kultiviert, kosmopolitisch und freigeistig. Es war all das, was Amsterdam und Den Haag nicht waren, und das Allerbeste war: Niemand hatte dort je etwas von Rudolph MacLeod gehört. Margarethes Entschluß, nach Paris zu ziehen – statt nach Rom, Berlin oder Wien –, wurde wahrscheinlich dadurch beeinflußt, daß sie in der Schule Französisch gelernt hatte; doch die einzige Erklärung, die man von ihr selbst zu dieser Wahl je zu hören bekam, war der beißende Kommentar: »Ich habe geglaubt, alle sitzengelassenen Frauen würden schließlich in Paris landen.« Die französische Hauptstadt war bestimmt der einzige Ort, wo sie mit Sicherheit die Schrecken der letzten Jahre hinter sich lassen konnte. In solch einer schwindelerregenden, strahlenden Stadt konnte sie vielleicht sogar etwas von dem Erfolg und Einfluß finden, die sie für ihre Rache an Rudolph brauchte. Im Frühjahr 1903 kam sie in Paris an.

Im Herbst war sie jedoch schon wieder in Amsterdam – abgebrannt, erschöpft und sehr nachdenklich. Ihr Aufenthalt in Paris war zwar kurz, unerfreulich und finanziell wie gesellschaftlich eine Katastrophe gewesen, nicht aber vertane Zeit. Ruhm und Glück waren ihr nicht in den Schoß gefallen, aber beides war zu haben, wenn man es nur richtig anfaßte. Sie hatte sich ein winziges Zimmer in einer Pension gemietet und die erstbeste Arbeit, sie die bekommen konnte, angenommen. Doch selbst in der Ville Lumière, einer Stadt, die solche Meister wie Henri de Toulouse-Lautrec und Camille Pissaro zu ihren Kindern zählte und wo Auguste Rodin und Paul Cézanne ihre größten Werke ausstellten, zahlte man Künstlermodellen den reinsten Hungerlohn; Margarethe war gezwungen, auf die herkömmliche Alternative eines Modells zurückzugreifen, um zu überleben, und hatte insgeheim keinen Hehl daraus gemacht, daß Prostitution eine weitaus amüsantere Art war, seinen Lebensunterhalt zu verdienen. Eine Zeitlang hatte sie sogar Pferde in einem Zirkus geritten; es gab absolut keinen Weg nach oben, den sie nicht unversucht lassen wollte. Allerdings hatte sich bald deutlich gezeigt, daß es selbst in Paris das alte Lied war: Ohne Beziehungen führte kein schneller Weg aus der Armut heraus.

Margarethe hatte jedoch Augen und Ohren weit offen gehalten. Aus ihrer bescheidenen Perspektive hatte sie mit angesehen, wie sich der glanzvolle Gesellschaftstrubel von Paris um die privaten Salons drehte, wo die Reichen und Berühmten miteinander konkurrierten, um für die verschwenderischste Unterhaltung zu sorgen, wo Geld und Champagner zu gleichen Teilen flossen; wo die jüngsten Skandale eifrig diskutiert, Juwelen und Kleider verglichen und protegierte Künstler nach Lust und Laune in die Gesellschaft eingeführt und wieder ausrangiert wurden. Liane de Pougy, einer der strahlendsten Stars der Pariser Gesellschaft, schrieb Jahre später in ihren Erinnerungen, daß ihr Leben »nur aus Freuden, Vergnügungen, Festen und Feiern« bestand. »Jeden Abend fand ein Fest statt – immer mindestens siebzig Leute und immer die amüsantesten und berühmtesten; sie alle vergnügten sich damit, zu beobachten, Komplimente zu machen, zu tratschen und sich vollaufen zu lassen. Und was für Juwelen: Marthe Besnut trug einmal bei einer Einladung Schmuck im Wert von drei

Millionen.« Es war eine herzlose Welt, die sich nur mit sich selbst beschäftigte und dauernd auf der Jagd nach etwas Neuem war, um die Langeweile zu vertreiben; doch sie hatte alles zu bieten, wonach Margarethe suchte.

Diese Welt war freilich auch exklusiv. Margarethe hatte sich die Leute, denen der Zutritt zu diesen geheiligten Gesellschaften gestattet wurde, sorgfältig angesehen und festgestellt, daß die Damen in mindestens zwei erkennbare Gruppen zerfielen. Gehörte man der *beau monde* an, war man entweder verheiratet oder verwitwet (oder für eine Heirat besonders geeignet), wahrscheinlich adelig und mit Sicherheit äußerst reich. Man mußte einen altberühmten Namen haben, die eigene Abstammung (oder die des Ehemannes) mußte makellos sein, und man hütete sorgsam seinen Ruf, unermüdlich für wohltätige Zwecke Geld zu beschaffen, eine Förderin der Künste zu sein und voller Stolz den besten Koch von Paris zu beschäftigen. Da Margarethe alle Brücken hinter sich abgebrochen hatte, soweit es darum ging, die Aufmerksamkeit eines in Frage kommenden Mannes auf sich zu lenken, und da sie ohnehin aufgrund ihrer Eheerfahrungen keinen Wunsch mehr verspürte, das Experiment zu wiederholen, war diese Gruppe für sie ausgeschlossen. Außerdem war sie sich der Doppelmoral, die selbst in dieser freizügigen Welt herrschte, nur allzu bewußt; die Frau war gezwungen, die Feinheiten sorgfältig zu beachten und die artigen Komplimente ihres Mannes entgegenzunehmen, selbst wenn sie genau wußte, daß er auf dem Wege zu einem Rendezvous mit jemandem aus der zweiten Gruppe, der *demi-monde,* der Halbwelt, war. Die *demi-monde* konnte Margarethe nicht schrecken, denn sie brauchte nicht auf ihren Ruf zu achten, und sie mußte auch keine ehrbaren Verwandten täuschen. Es würde für sie vielmehr eine Wohltat und Erleichterung sein, die feine Fassade fallenzulassen, die sie sich bei ihrer Heirat mit Rudolph zugelegt hatte. Was für eine herrliche Aussicht war das: in einem entzückenden Appartement zu wohnen, für das ein attraktiver Verehrer zahlte, tagsüber bei Couturiers und Juwelieren, Schönheitssalons und Kürschnern die Runde zu machen und die Nächte bei Kerzenschein und Küssen mit Lebensfreude zu erfüllen.

Die Entscheidung war also gefallen; das nächste Problem bestand darin, einen reichen Liebhaber auf sich aufmerksam zu machen. Offensichtlich reichte es nicht aus, einfach nur schön zu sein – in Paris wimmelte es nur so von schönen Frauen –, man mußte etwas Besonderes sein, sich von der Masse abheben und sich einen eigenen Namen machen. Margarethe zog sich nach Amsterdam zurück, setzte sich hin und überlegte, welche Vorzüge sie zu bieten hatte.

Wer zählte zu den berühmtesten Kurtisanen in Paris? Und von wo waren sie gekommen? Viele waren Schauspielerinnen gewesen; Margarethe dachte über diese Möglichkeit nach, doch sie verstand nichts von der Schauspielerei oder vom Theater, und der Gedanke, einen Text lernen zu müssen, ließ sie erschaudern. Einige hatten sich ihren Ruf als Sängerinnen erworben; das kam jedoch für sie auch nicht in Frage, denn sie hatte noch nie singen können. Dann gab es noch die Tänzerinnen; das war eine Idee, der sich nachzugehen lohnte. Um eine klassische Tänzerin zu werden, brauchte man zwar eine jahrelange Ausbildung, doch es mußte auch weniger technische, ihr mehr entsprechende Arten des Tanzens geben. Sie hatte schon von Isadora Duncan gehört, jener ungewöhnlichen Amerikanerin, die Paris mit ihren höchst eigenwilligen Darbietungen in Erstaunen versetzt hatte. Diese hatte keinerlei formale Ausbildung absolviert und doch einen sensationellen Erfolg gehabt, und zwar dank ihrer freien Interpretation von allem möglichen, von Chopin-Walzern und Liszts Rakoczy-Marsch bis zu Szenen nach italienischen Gemälden des 15. Jahrhunderts und Geschichten aus der griechischen Mythologie.

Isadora war zur selben Zeit in Paris gewesen, als Margarethe dort ankam, und die Künstlergemeinde hatte sie zum Vorboten »einer liberaleren und aufgeklärteren Haltung«

erkoren, »nicht allein gegenüber dem Tanz, sondern gegenüber dem Leben im allgemeinen«. Ihre Darbietungen faszinierten jene kleine und überhebliche Gruppe, die sich aus Angehörigen der feinen Gesellschaft zusammensetzte, sich aber für *tout Paris* hielt und zu deren Kreisen Margarethe liebend gerne Zugang gewinnen wollte. Isadora hatte sich jedoch mehr vorgenommen. Sie wollte, daß die Zuschauer sie achteten und sie nicht nur als irgendeine erregende Neuheit behandelten; und sie träumte davon, die Theater zu füllen, die gesamte Auffassung der Öffentlichkeit vom Tanz als Kunstform zu beeinflussen und Tanzschulen zu gründen, die zukünftigen Generationen ihre Theorien und Methoden vermittelten. Empört darüber, daß Paris sie nicht recht ernst nehmen wollte, zog sie nach München weiter, wo sie bereits treue und leidenschaftliche Anhänger hatte. Margarethe hatte nie einer Aufführung von Isadora beigewohnt, war jedoch von den Bildern fasziniert, die sie von diesem seltsamen, schwebenden Geschöpf mit dem verträumten Gesichtsausdruck und den wallenden, durchsichtigen Kostümen gesehen hatte.

Überall in Paris war auch von der Exposition Universelle, der Weltausstellung, die Rede gewesen, die drei Jahre vorher stattgefunden und zu einer unglaublichen Vorliebe für alles Orientalische geführt hatte. Margarethe hatte die Ohren gespitzt, als die auf der Ausstellung gezeigten Pavillons aus dem Nahen Osten erwähnt wurden: Auf den Champs de Mars waren Paläste und Tempel nachgebaut worden; auf der Esplanade des Invalides hatte man ein ganzes javanisches Dorf naturgetreu reproduziert; und auch eine Gruppe von Bedaja-Tänzerinnen war dort, begleitet von einem einheimischen *gamelan*-Orchester, aufgetreten. Solche Gespräche hatten sie mit Wehmut an ihre Streifzüge durch die vergessenen Ruinen von Java erinnert, doch nun brachten sie ihr die Antwort.

Margarethe gestand immer bereitwillig ein, daß sie nur wenige Qualifikationen insgesamt und überhaupt keine akademischen hatte. Trotzdem war ihr klar, daß es in Paris nur wenige Leute geben konnte, die über gründlichere Kenntnisse von Java verfügten als sie selbst. Ihre Vertrautheit mit den Tänzen der Insel beschränkte sich außerdem nicht auf die glücklichen Stunden, in denen sie eifrig alte Skulpturen und Statuen studiert hatte. Sie hatte zahlreichen Darbietungen von feierlichen *serimpi*-Liebestänzen beigewohnt, war verwirrt von ihrer Kompliziertheit und entzückt von den prächtigen Kostümen und vom Kopfschmuck der Tänzer gewesen. Mehr nach ihrem Geschmack waren die Gruppen gewesen, die volkstümliche Unterhaltung boten und denen sie häufig zugeschaut hatte. Diese zogen durch Dörfer und Städte und gaben auf den Marktplätzen oder dem *maidan* des Ortes zwanglose Darbietungen zum besten. Der pulsierende Rhythmus ihrer Musik und die ansteckende Atmosphäre, die die Darbietungen erzeugten, schlugen mit ihrer intensiven Wirkung die Zuschauer in den Bann. Margarethes Motivation, sich mit Lehr- und Handbüchern über indonesische Tänze zu beschäftigen, war mehr aus dem Wunsch entstanden, ihre Sinnenfreude zu befriedigen, als ihr künstlerisches Verständnis zu fördern, doch hatte sie dabei zwangsläufig auch von dem letzteren etwas in sich aufgenommen.

Ihre nur oberflächliche Vertrautheit mit diesen verschiedenen Tanzstilen ließ sie annehmen – was ein ernsthafter Schüler nie getan hätte –, daß man dabei eigentlich nicht viel können müsse. Mit einer überzeugenden Atmosphäre und hinreichend exotischen Kostümen konnte man bestimmt eine Vielzahl von technischen Ungenauigkeiten und Mängeln überspielen; und wenn sie auch nie offiziell Tanzunterricht gehabt hatte, so wußte sie doch, daß sie einen Großteil ihrer Schönheit ihrem geschmeidigen, anmutigen Körper verdankte. Es war einen Versuch wert; schließlich hatte sie ja nichts zu verlieren.

Am 4. Februar 1905 schrieb Francis Keyzer, der Pariser Korrespondent der Londoner Zeitschrift *The King*, einen aus einer Reihe von Artikeln über »Die Pariser von Paris«.

Er trug den Untertitel »Eine Tänzerin aus dem Osten« und handelte von einer exklusiven Abendgesellschaft, der der Autor beiwohnte und auf der »eine Lady MacLeod die Wirkung ihres Talents und ihrer Schönheit auf die verwöhnten Pariser erproben wollte«.

Vage Gerüchte waren bis zu Keyzer durchgedrungen: »Eine Frau aus dem Fernen Osten, die aus Java stammende Gattin eines Offiziers, war von Düften umgeben und mit Juwelen beladen nach Paris gekommen, um etwas von der Farbenpracht und dem Leben des Orients in die übersättigte Gesellschaft der europäischen Großstädte einfließen zu lassen.« Das sorgfältig ausgewählte Publikum platzte fast vor Neugierde; das Gemurmel aus aufgeregten Vermutungen ebbte ab, als sich die Tür öffnete.

Eine große dunkle Gestalt schwebte herein. Ihre Arme waren auf der Brust unter einem Blumenmeer verschränkt. So stand sie einige Sekunden regungslos und starrte wie gebannt auf eine Statue Shivas am Ende des Raumes. Ihre dunkle Haut verschmolz mit den fremdartigen Juwelen in der mattgoldenen Fassung. Auf ihrem dunklen Haar hatte sie einen Helm aus gehämmertem Gold und unter ihren Armen einen ähnlich kunstvoll gefertigten Brustschild. Sie trug ein durchsichtiges weißes Gewand, und eine sonderbare Spange hielt das Tuch um ihre Hüften zusammen. Sie war in verschiedene zartfarbene Schleier gehüllt, die Schönheit, Jugend, Liebe, Keuschheit, Sinnlichkeit und Leidenschaft symbolisierten.

Das Publikum ahnte nur wenig davon, daß der ›Dame‹ unter all den Juwelen und Schleiern die Nerven flatterten, und sah verzaubert zu:

...mit langsamen, wiegenden, tigergleichen Bewegungen bat sie inständig den Geist des Bösen, ihr dabei zu helfen, ein Unrecht zu rächen. Die Bewegungen wurden immer heftiger, fieberhafter und hingebungsvoller. Zunächst warf sie die Blumen weg; denn entledigte sie sich nacheinander aller Schleier, womit sie andeuten wollte, daß sie ihm Schönheit, Jugend und Liebe opferte, und schließlich löste sie, im Zustand der Verzückung angelangt, ihren Gürtel und fiel ohnmächtig zu Shivas Füßen nieder.

Margarethe hatte all ihren Mut zusammennehmen müssen, um diese ergreifende Szene vorzuführen. Doch sie hatte damit einen Riesenerfolg. Zum ersten – und möglicherweise auch zum letzten – Mal in ihrem Leben war ihr Urteil ohne Fehl und Tadel. Ihre Darbietung war eine erstaunliche Mischung von Stilen, Religionen und Kostümen und enthielt sowohl Elemente der feierlichen *serimpi* als auch der erotischen hinduistischen Tempeltänze; wahrscheinlich aber hatte alles noch mehr Ähnlichkeit mit den beliebten *ronggeng* (Straßentänzen in Java) als mit den beiden anderen Formen.

Nach Sir Stamford Raffles, dem Generalgouverneur von Ostindien während der kurzen Zeit der britischen Herrschaft dort im 19. Jahrhundert, sanken die *ronggengs*

im allgemeinen nicht herab auf die Darbietung jener widerlichen und schändlichen Posen und Bewegungen, die, wie man behauptet, auf dem indischen Kontinent so häufig anzutreffen sind, aber sie sind in dieser Hinsicht auch nicht frei vom Vorwurf der Unanständigkeit. Die Kleidung ist derb, ähnelt aber in anderer Hinsicht der von erleseneren Tänzerinnen. Ihr Haar wird nach einer seltsamen Mode frisiert, im Übermaß geölt und mit Blumen geschmückt. Normalerweise machen sie Verrenkungen und scheinen sich besonders dadurch auszuzeichnen, daß sie Arme und Hände in unnatürlicher Weise zurückbiegen und ein oder zwei Finger in schwingende Bewegungen versetzen.

Margarethe hatte keineswegs die Absicht, ihre Gestik auf schwingende Bewegungen von einem, zwei oder auch allen Fingern zu beschränken. Sie mißachtete ganz bewußt sowohl das strikte Tabu, das für ›schlängelnde Bewegungen des Körpers‹ galt, als auch die goldene Regel, die von Tänzerinnen ›Sittsamkeit und Zurückhaltung‹ verlangte. Sie umging den Vorwurf der Unanständigkeit und unterlief auch die Epitheta ›widerlich und schändlich‹ dadurch, daß sie ihre Vorführung als ›sakrale orientalische Kunst‹ bezeichnete; dann ging sie dazu über, dies mit einigen sinnlicheren Themen der Wandzeichnungen ihrer geliebten Hindu- und Buddha-Tempel zu verflechten. Auch ihr

Kostüm verdankte mehr ihrer eigenen Phantasie als irgendeinem überlieferten Stil, und den Künstlernamen ›Lady MacLeod‹ hatte sie als Anreiz für die Snobs hinzugefügt.

Ganz gleich, wie widersprüchlich dies alles jemandem erscheinen mochte, der etwas von Orientalistik verstand, das Endprodukt war eine sehr geschickte Kombination, die zeigte, daß sich Margarethe über die Scheinheiligkeit der ›verwöhnten Pariser‹ voll und ganz im klaren war: Sie wollten unterhalten werden, gewiß, aber sie hatten ihre Ansprüche. Wie spektakulär die Unterhaltung auch sein mochte, sie mußte eine angemessene intellektuelle Verpackung, eine Prise Kultur und zum Ausgleich ein wenig von der Aura vornehmer Eleganz haben, bevor Paris so etwas überhaupt akzeptieren konnte. Dadurch, daß Margarethe sich selbst als Aristokratin und ihre Darbietung als Interpretation heiliger Tänze von höchster kultureller Integrität ausgab, befriedigte sie die intellektuellen Ansprüche der Pariser und rechtfertigte ihre vergnügte Wertschätzung von Margarethes unverhohlener Sexualität. Die Salons waren entzückt.

Keyzer berichtete darüber folgendermaßen:

...Worte können vielleicht eine Vorstellung von der Schönheit und Poesie der Tänze geben, aber nichts Lebloses kann das Gefühl beschreiben, das der Künstler vermittelt, auch nicht die Farbe und Harmonie der Gestalt aus dem Osten. Sie war eine tropische Pflanze mit all ihrer Pracht, die man in nördliche Gefilde verpflanzt hatte. Man stellte seltsame und interessante Vergleiche zwischen Lady MacLeod und Miß Duncan an, die Paris mit ihren klassischen Tänzen begeisterte, bis sie nach einem Aufenthalt in Berlin von der bedrückenden Atmosphäre in Deutschland geprägt wurde. Es gibt keine zwei Kunstauffassungen, die sich noch mehr unterscheiden. Miß Duncan ist die Vestalin, Lady MacLeod die Venus.

In Paris lebten bestimmt Kenner des Orients, die, wenn man sie befragt hätte, Margarethe hätten entlarven können, weil ihre Tänze keinerlei Ähnlichkeit mit irgendeiner anerkannten orientalischen Tanzform aufwiesen. Aber in den Salons bestand keinerlei Verlangen, die Experten zu konsultieren. Ja, hätte man die Leute wirklich aufgefordert, bei einer Darbietung der förmlichen und hochanständigen javanischen *serimpi*-Tänze oder der komplizierten, stilisierten und körperlich wie geistig anstrengenden *kathakali* aus Südindien in voller Länge auszuharren, dann hätten sie schon vor der ersten Pause angefangen zu gähnen. Lady MacLeods Vorführungen entsprachen vielmehr völlig dem Geschmack der Salons, und es wäre deshalb geradezu idiotisch gewesen, irgendeinen hochtrabenden Intellektuellen zu bitten, doch ihren schönen Ballon zum Platzen zu bringen.

Margarethe war völlig überrascht, mit was für einer Begeisterung sie aufgenommen wurde. Paris hatte ihre exotische Pantomime bis ins kleinste Detail für bare Münze genommen und schickte sich nun an, bei dem falschen Spiel mitzumachen. Aber Margarethe schaltete schnell. Als sich Gerüchte verbreiteten, die hinreißende Lady MacLeod sei die Tochter irgendeines orientalischen Potentaten, erkannte sie sogleich den Wert einer solchen Publicity. Nach ihrer Vergangenheit befragt, gestand sie zurückhaltend, sie sei wirklich in der heiligen Stadt Jaffnapatam an der malabarischen Küste Indiens geboren. Ihr Vater sei ein hochangesehener Brahmane gewesen und ihre Mutter eine Tempeltänzerin, die mit vierzehn Jahren bei der Entbindung gestorben sei. Ihre Kindheit habe sie in der Obhut von Tempelpriestern verbracht; diese hätten sie darin unterwiesen, als Tempeltänzerin in die Fußstapfen ihrer Mutter zu treten. Paris klatschte vernügt in die Hände und verlangte nach mehr. Margarethe aber flüchtete sich voll und ganz in ihre Phantasievorstellungen.

Von der Zeit an, als ich die ersten unsicheren Schritte unternahm, sperrte man mich in den berühmten Tempel Shivas, wo ich in den heiligen Tänzen unterwiesen wurde, um die Nachfolge meiner Mutter anzutreten. An diese frühen Jahre habe ich nur noch die vage Erinnerung an ein eintöniges Leben; während der langen

Morgenstunden lernte ich die Bewegungen der *bayaderes* nachzumachen, und nachmittags durfte ich in den Gärten herumlaufen, wobei ich Girlanden aus Jasmin flocht, die als Altarschmuck dienten. Als ich die Schwelle des Frau-Seins erreichte, beschlossen meine Hüter, mich Shiva zu weihen, und ich wurde in die heiligen Mysterien der Liebe und göttlicher Verehrung eingeführt.

Ihr Aussehen ließ die Maskerade glaubwürdig erscheinen; sie entsprach nämlich garantiert nur wenig der weitverbreiteten Vorstellung, alle Holländerinnen seien strohblonde Milchfrauen. Dieses Bild ist jedoch irreführend; die holländische Bevölkerung ist so vielfältig zusammengesetzt wie die eines jeden anderen Landes in Europa. Als die Holländer endlich im späten 16. Jahrhundert das Joch der spanischen Herrschaft abschüttelten, wurden die Niederlande zu einem Zufluchtsort für Unterdrückte und Verfolgte, für Freidenker und Geächtete aus allen Teilen Europas, die Schutz und Freiheit suchten. Das breite Spektrum unterschiedlicher rassischer Typen, die über Holland hereinbrachen, hat sich über die Jahrhunderte hinweg mit der einheimischen Bevölkerung vermischt und diese Vielfalt geschaffen. Margarethes Vorfahren gehörten vielleicht, so vermutet man, zum dunkelhaarigen und dunkelhäutigen Stamm der Woudker aus Friesland, und für uns heute hat ihr Aussehen sicher eher etwas Zigeunerhaftes als Orientalisches an sich. Unter den Zuschauern in Paris befanden sich jedoch nur wenige, die mehr als nur eine vage Vorstellung davon besaßen, wie denn wohl eine indische Tempeltänzerin aussehen mochte. Wiederum reichte es ihnen zu wissen, daß sie eben anders war. Marcel Lami vom *Courrier Français* versuchte, die Wirkung, die sie auf das Publikum hatte, zu erklären.

Kräftig, braun, heißblütig; ihr dunkler Teint, ihre vollen Lippen und glänzenden Augen zeugen von weitentfernten Landen, von sengender Sonne und tropischem Regen. Sie wiegt sich unter den Schleiern, die sie zugleich verhüllen und enthüllen. Und es läßt sich mit nichts vergleichen, was wir bisher gesehen haben. Ihr Busen bebt verführerisch, und ihre Augen funkeln. Ihre Hände heben und senken sich wie Fragmente leidenschaftlichen Sonnenlichts. Ihr gegenüber steht ein goldener Götze, eine alte Skulptur, die Hände verehrt haben, die nicht unseren Händen gleichen, und zu der betelbefleckte Münder gebetet haben, die nicht unseren Mündern gleichen: Ihr profaner Tanz ist ein Gebet, ihre Leidenschaft ist ein Gebet. Wir verstehen nicht, was sie eigentlich sucht. Das Geheimnis in den zitternden Händen der Tänzerin wird durch das Geheimnis in den starren Augen des Götzen widergespiegelt. Es ist ein ewiges Verlangen nach Wir-wissen-nicht-Was, das Wir-wissen-nicht-Wem dargeboten wird. Der liebliche Körper biegt sich flehend, zieht sich schlängelnd zusammen und wieder auseinander; das Verlangen löst sich gleichsam in Verlangen auf.

Ihr spontaner Entwurf einer so exotischen Kindheit, die vom Publikum begeistert aufgegriffen wurde, drohte ihrer Kontrolle zu entgleiten. Sie mußte ihre neue Rolle beibehalten und die Geschichte auf den neuesten Stand bringen, ohne die Glaubwürdigkeit zu sehr zu gefährden oder das Interesse der Leute zu verlieren. Es war ein heikler Balanceakt, und das Bewußtsein darum, wieviel für sie auf dem Spiel stand, lastete fürchterlich auf ihren Nerven und auf ihrer Phantasie.

Um Zeit zur Vollendung des nächsten Teils zu gewinnen, heuchelte Margarethe Zurückhaltung, und Paris mußte sich mit ein paar pikanten Bröckchen zufriedengeben: Ein schneidiger schottischer Offizier habe sich wahnsinnig in sie verliebt, sie aus dem Tempel gerettet und nach Java entführt. Nach ihrer Heirat habe er sich jedoch als brutales Ungeheuer entpuppt, sie grausam mißhandelt, ja, ihr sogar – wie man munkelte – in rasender Eifersucht die Brustwarze abgebissen. Paris hielt die Luft an. Sie habe zwei Kinder zur Welt gebracht (oder war es nur eines – die Geschichte schien in diesem Punkt zu variieren, doch Paris schrieb diese Ungereimtheit seinem eigenen Hang zur Übertreibung zu), die durch einen trunksüchtigen Diener einen tragischen Tod gefunden hatten. Wahnsinnig vor Gram habe sich die todunglückliche Mutter ein Messer geschnappt und es dem Mörder eigenhändig mitten ins Herz gestoßen.

Die Geschichte geriet allmählich außer Kontrolle, entwickelte eine Eigendynamik und erzeugte alle nur denkbaren Absurditäten. Aus jeder Einzelheit, die Margarethe entschlüpfte, entstanden im Nu sechs neue. Als ihr das letztgenannte Prachtexemplar zu Ohren kam, wurde sie beinahe von panischem Schrecken gepackt – selbst die Gutgläubigkeit der Pariser kannte Grenzen. Doch in bester Märchentradition trat genau an dem Punkt, wo sich zu ihren Füßen der Abgrund des Zweifels auftat, Emile Guimet auf den Plan, als erster in einer Reihe männlicher Feen, die immer dann wundersam zu erscheinen pflegten, wenn Margarethe einer kritischen Situation gegenüberstand.

Guimet war ein gewiefter und erfolgreicher Industrieller aus Lyon, der mit der Herstellung von Waschpulver ein Vermögen gemacht und dieses dann in den Aufbau einer prächtigen Sammlung orientalischer Kunstschätze investiert hatte. Dabei hatte er sich auch ein umfassendes Wissen und eine gründliche Kenntnis von Malerei, Bildhauerei, Schmuck, Stoffen und Geräten aus China, Japan, Südostasien und Indien angeeignet. Seine Sammlung war schließlich groß genug geworden, um eine ständige öffentliche Ausstellung zu rechtfertigen, und so hatte er im Jahre 1885 sein eigenes Museum gegründet, in dem er die Schätze aufbewahrte und aller Welt zeigte. Das Musée Guimet wurde bei seiner Eröffnung mit Lobeshymnen überschüttet; die gesellschaftliche Elite von Paris strömte dorthin, und Guimet konnte sich mit dem hocherfreulichen Mantel eines kulturellen Mentors für die *beau monde,* die feine Gesellschaft, umgeben. Die Exposition Universelle, die Weltausstellung von 1900, hatte das öffentliche Interesse an seiner Sammlung wachsen lassen; nun mußte er dieses Interesse wachhalten, wenn er nicht miterleben wollte, wie sein Stolz und Glück als nur eine von vielen Attraktionen der Pariser Szene still und heimlich der Vergessenheit anheimfiel.

Im Jahre 1905 sah Guimet Margarethe Anfang März bei einem privaten Fest, das die Baronesse Kirejewskij gab, tanzen. Als einer der führenden Orientalisten seiner Zeit hätte Guimet Margarethe mit Leichtigkeit als Betrügerin entlarven können. Doch unter dem ästhetischen Äußeren schlug das kühl kalkulierende Herz eines Geschäftsmannes. Er verfügte über genug praktisches Denkvermögen, um zu erkennen, daß er, wenn er sie als Schwindlerin denunzierte, nur an Selbstgerechtigkeit gewann, sich aber bestimmt nicht bei jenen beliebt machte, um deren Unterstützung er so ernsthaft nachsuchte.

Im Gegenteil, wenn er sie zu seinem Schützling machen und sie dazu überreden konnte, in seinem Museum aufzutreten, würde ihr Publikum auch kommen. Und da Guimet auch nur ein Mensch und gegen Margarethes ansehnliche Reize nicht unempfindlich war, hatte er sicher nicht den Wunsch, die Ursache ihrer Schande zu sein – da war es doch weitaus besser, wenn sie sich gegenseitig helfen konnten. Er trat mit seinem Vorschlag an sie heran; würde sie einverstanden sein, für ihn zu tanzen? Margarethe konnte ihr Glück kaum fassen. Unter dem Schutz eines so hervorragenden Fachmannes zu stehen, würde ihren Ruf über alle Zweifel erhaben machen.

Schließlich tat Guimet jedoch noch viel mehr für sie. Um das Interesse der Öffentlichkeit auf sich zu lenken, war er gewillt, ein Risiko einzugehen, doch er war nicht gewillt, seinen Ruf aufs Spiel zu setzen. Die Vorstellung mußte sorgfältig geplant und aufwendig präsentiert werden. Margarethe konnte sich aus seiner Sammlung orientalischer Schmuckstücke und Seidengewänder irgend etwas aussuchen, um ein wirklich echtes Kostüm zu kreieren; er selbst würde dann einen angemessenen exotischen Schauplatz entwerfen und ihn mit geeigneten Dingen aus seiner unschätzbaren Ausstellung ausstatten. Außerdem wollte er Tänzer engagieren, die ihr zur Seite standen, die besten Musiker sollten sie begleiten, und es würden Einladungen an alle ergehen, die Rang und Namen hatten. Paris würde staunen. Da war nur eine Kleinigkeit, die ihn störte, ein Mißton in seiner orientalischen Symphonie, nämlich ihr

Name. Wie konnte sie denn tatsächlich erwarten, als echte orientalische Tänzerin Erfolg zu haben, wenn sie sich beharrlich Lady MacLeod nannte?

Margarethe dachte nach. Sie sah, worauf er hinaus wollte. Lady MacLeod mochte vielleicht aristokratisch klingen, hatte aber nicht den geringsten Hauch von Romantik an sich und war mit Sicherheit nicht orientalisch. Und der Name paßte auch nicht zu ihrem neuen, sich noch entwickelnden Tanzstil, der mit jeder Aufführung dank der Ermunterung und der offensichtlichen Billigung durch das Publikum immer aufreizender und herausfordernder wurde. MacLeod erinnerte sie ständig an die Vergangenheit, an Rudolph, an Holland und an alles, was sie vergessen wollte. Urplötzlich schien es auf der Hand zu liegen: Ein neuer Name wäre ein Mittel, sich von dieser unbefriedigenden Vergangenheit zu lösen und ihre Verwandlung von einer unbedeutenden Figur zu einer berühmten Persönlichkeit zu vollenden.

Es würde eine äußerst wichtige Entscheidung für sie sein. Ihr neuer Name mußte beziehungsreich, aber eingängig sein, orientalisch klingen, ohne obskur zu sein, mußte sowohl zum bezaubernden Glanz als auch zum Geheimnis ihres Images einen Beitrag leisten. Es hat eine Unmenge Spekulationen darüber gegeben, wie sie ihre endgültige Wahl traf. Die gängigste besagt, daß sie ihren Namen direkt von dem zusammengesetzten malaiischen Wort für ›Sonne‹, *matahari*, übernahm; *mata* bedeutet ›Auge‹ und *hari* ›Tag‹. Wäre Margarethe für die Wahl des Namens allein verantwortlich gewesen, hätte in dieser Wahl eine gewisse Logik gelegen. Aber Guimet stand ihr mit seinem Rat zur Seite; er hätte ihr nie gestattet, einen Tanz vorzuführen, der dem Hindu-Gott Shiva geweiht war, wenn nicht auch der Name in irgendeiner Weise angemessen gewesen wäre. Während Margarethe in ihrem Gedächtnis nach etwas Malaiischem suchte, an das sie sich erinnern konnte, konzentrierte sich Guimet auf den hinduistischen Göttertempel.

Er hatte die Qual der Wahl: Die meisten hinduistischen Götter und Göttinnen haben nämlich mehr als nur einen Namen, die wichtigsten Gottheiten sogar mehrere, und zwar für jede Seite ihrer Persönlichkeit und Macht einen. So hat Shiva, der vielfältigste und mächtigste Gott, mehr als hundert Namen. Margarethe hatte sich entschieden, ihre Darbietung Shiva zu weihen, weil er ihr als Schöpfer und Zerstörer zugleich eine weite Palette von herrlichen, dramatisch wirksamen Themen für ihre Interpretation zu bieten schien. Ihre Wahl war jedoch unwissentlich treffend ausgefallen, denn neben seinen anderen Namen – Subramanya, Bhola Mahadeo, Hari und Schankar, um nur einige zu nennen – ist der Gott, was Guimet gewußt hätte, auch als Shiva Nataraja, als Herr des Tanzes, bekannt.

Bei dem Versuch, solch ein passendes Motiv abzustützen, hätte Guimet natürlich des weiteren alle weiblichen Verbindungen in Betracht gezogen. Hätte er es nicht bereits gewußt, hätte er aufgrund von Nachforschungen festgestellt, daß Shivas Gemahlin Parwati die weibliche Tatkraft Shivas verkörpert, aber auch eine eigenständige Göttin ist. Sie hat ebenfalls eine Vielzahl von Namen. Einige davon, wie etwa Schakti, repräsentieren die milde, wohltätige Seite ihres Charakters; andere hingegen, darunter die besser bekannten Durga und Kali, stellen ihre grimmigen und furchterregenden Aspekte dar. Als Guimet unter den Namen, die die am wenigsten sittsamen Seiten der Göttin betrafen, auch Mata fand, muß er gejubelt haben – er hatte nämlich die Verbindung gefunden, nach der er gesucht hatte: Mata Hari, die Gattin oder Gemahlin des Gottes Shiva. Das war perfekt.

Eine bizarre Göttin

Die Einladungen wurden verschickt. Monsieur oder Madame wurden ersucht, einer Darbietung brahmanischer Tänze beizuwohnen, die Madame Mata Hari am Abend des 13. März in der Bibliothek des Musée Guimet vorführen würde. Guimets Entschluß, die Vorstellung in dem Rundbau zu veranstalten, der die Bibliothek beherbergte, war genial. Es war zwar einer der kleinsten Museumsräume, aber er eignete sich hervorragend zur Umwandlung in einen hinduistischen Tempel. Die auf Regalen an den Außenwänden aufgestellten Bücher waren weit weg, und ein Säulengang bildete einen inneren Ring um den offenen Raum, wo sie tanzen konnte. Vor einem reich geschmückten Wandbehang stand auf einem improvisierten Altar ein Bild Shivas. Auf Sockeln, die mit exotischen Stoffen drapiert waren, waren seltsame Statuen aufgestellt, und um die Pfeiler rankten sich Girlanden aus weißen Blumen. Brennende Räucherstäbchen erfüllten die Luft mit dem starken Duft von Jasmin und Sandelholz; auf dem Boden lagen Blütenblätter verstreut, und die hinter getönten Glasscheiben verborgenen Kerzen erfüllten das Bild mit einem intimen rötlichen Leuchten.

Von diesem verschwenderischen Rahmen inspiriert, tanzte Margarethe wie nie zuvor. Zwar hatte vorher noch nie ein Publikum Einzelheiten ihres Kostüms oder Tanzens kritisiert, doch sie selbst war zu keiner Zeit ganz zufrieden gewesen; die quälenden Zweifel an dem, was sie zu erreichen versuchte, hatten sie nervös gemacht, und die Unsicherheit ließ sie nicht recht zur Entfaltung kommen. Jetzt jedoch, wo Guimet sie mit seinem Sachverstand und ermutigenden Worten unterstützte, verschwanden all diese Ängste, und ihre Zuversicht nahm sehr schnell zu. Wie sie nun das ›Gedicht von der Prinzessin und der Zauberblume‹ interpretierte, war ergreifender, der ›Kriegstanz des Subramanya‹ majestätischer und die ›Anrufung Shivas‹ sinnlicher als je zuvor.

Obschon sie sich selbst als Tänzerin bezeichnete und niemand auf den Gedanken kam, diese Bezeichnung in Zweifel zu ziehen, war das, was sie auf der Bühne zeigte, strenggenommen kein Tanzen. Gewiß, bei ihrer Interpretation der Geschichten aus der Hindu-Mythologie bewegte sie sich rhythmisch zum Klang passender Musik, aber die Darbietung bestand mehr aus einer Folge dramatischer Posen, die von – wie es damals verschiedentlich hieß – »anmutigen Gesten«, »geschmeidigen, sich schlängelnden Bewegungen«, »leidenschaftlichen Windungen« oder »schlangenartigen Drehungen«, zusammengehalten wurden. Es handelte sich ganz bewußt um eine veränderliche Struktur, die es Margarethe erlaubte, den Stil einer jeden Vorführung dem jeweiligen Publikum anzupassen. Sie enthielt keine klar erkennbaren Tanzschritte und hatte keinen formalen Aufbau; es war nur deshalb Tanzen, weil es offensichtlich nichts anderes war, und die Tatsache, daß sie aus so wenig eine glaubwürdige Darbietung zustande brachte, spricht Bände für ihre körperliche Anmut, für ihre lebhafte Phantasie und für die bloße Kraft ihrer Persönlichkeit.

Es erforderte ein gutes Urteilsvermögen, um Anstand und Kühnheit, Einfachheit und Sinnlichkeit, Zurückhaltung und Wagemut im Gleichgewicht zu halten; hinterher entwickelte Margarethe ein erstaunliches Geschick in dieser Kunst, doch am Anfang ihrer Karriere fiel es ihr nicht immer leicht, genau den richtigen Ton zu treffen. Zum Glück wirkte im Musée Guimet ihre Begeisterung anstekkend, und die von der berauschenden Atmosphäre stimulierten, gebannt zuschauenden Gäste wurden immer mehr in den dramatischen Ablauf einbezogen. Ihr begeisterter

Applaus ermutigte Margarethe zu noch kühneren Posen, und wenn die Zuschauer vor Entzücken tief durchatmeten, fühlte sich Margarethe zu noch provozierenderen Gesten veranlaßt, bis ihre Darbietung Gefahr lief, in anstößige Ausschweifungen abzugleiten. Nur Margarethes rührendes, glückliches Lächeln, fast schon ein breites Lachen, das gegen ihren Willen über ihr Gesicht glitt, bewahrte sie vor einem Fiasko. Es baute die Spannung ab und machte sie bei dem Publikum beliebt, das sich sonst leicht gegen die Zurschaustellung solcher Leidenschaften hätte wenden können. So aber liebten alle sie.

Da Emile Guimet mit der Präsentation Mata Haris für sein Museum Reklame machen wollte, hatte er auch dafür gesorgt, daß die Presse in großer Zahl anwesend war. Die einzige englische Zeitschrift, die einen Bericht über den Auftritt brachte, war – eher unangemessen – ein Magazin mit dem Titel *The Gentlewoman*, und der Korrespondent war offensichtlich bemüht, das Zartgefühl seiner Leser nicht zu verletzen.

Ganz Paris redet von jener schönen Frau, die unter dem Namen Mata Kari *[sic]* bekannt ist, tatsächlich aber Lady MacLeod heißt. Mata Kari ist erst knapp vor einem Monat aus Java hierhergekommen, wo sie als Kind europäischer Eltern zur Welt kam und Sir George MacLeod heiratete, einen Schotten, der als Oberst in der holländischen Kolonialarmee diente. Aus Gründen, die uns nicht interessieren, entschloß sich Lady MacLeod, nach Paris zu gehen und die Pariser in die klassischen Tänze ihrer Wahlheimat einzuführen. Nachdem sie zunächst bei ein oder zwei privaten Empfängen getanzt hatte, wurde M. Guimet auf sie aufmerksam und bot ihr sein berühmtes Museum in der Nähe des Trocadéro als Rahmen für ihre interessanten Vorführungen an. An zwei aufeinanderfolgenden Abenden drängte sich in den Fluren und Treppenhäusern, die zu der kreisförmigen Bibliothek führen, alles, was Paris an Künstlern, Wissenschaftlern und Literaten aufzuweisen hat.

M. Guimet hatte mehr als 600 Einladungen verschickt, und dem Gedränge am zweiten Abend nach zu urteilen, waren nur wenige seiner Einladung nicht gefolgt.

Die Pariser Presse war da allerdings weit weniger zurückhaltend. *Le Matin* sprach mit ehrfürchtiger Scheu von den »geheimnisvollen und heiligen Tänzen Indiens«, von der »Séance, begleitet von harmonischer und wilder Musik« und von den »geschmeidigen und lüsternen Gesten der orientalischen Tänzerin«. *La Presse* legte sich gewaltig ins Zeug.

Von der Insel Java, auf deren glühendem Boden sie aufwuchs, bringt sie uns eine unglaubliche Geschmeidigkeit und zauberhaften Charme. Niemand zuvor hat es gewagt, sich so wie sie zu verhalten, bebend vor Begeisterung und ohne jeden Schleier vor den Gott zu treten, und das mit solch schönen, zugleich kühnen und keuschen Gesten. Sie ist in der Tat Absaras, die zur Verdammnis der Männer und Weisen von Sundra geschaffene Schwester der Nymphen und Najaden. Mata Hari tanzt nicht nur mit den Füßen, Armen und Augen, mit dem Mund und den purpurroten Fingernägeln. Mata Hari tanzt – ohne hemmende Kleidung – mit ihrem ganzen Körper. Aufgerichtet in prächtiger Nacktheit, bot sie den Göttern die in ihr brennende Leidenschaft dar, und dann erhob sie sich, ohne jegliches Gefühl von Scham, graziös, hüllte sich in einen ihrer Schleier und ging, Shiva und den Parisern dankend, von stürmischem Applaus begleitet, weg.

Margarethe frohlockte, und sie war auch sehr erleichtert. Die Presse war verständlicherweise sehr verunsichert, woher Margarethe und ihre Tänze kamen, doch schien sich niemand sonderlich darum zu kümmern, und keiner hatte sich die Mühe gemacht, Nachprüfungen anzustellen. Man hatte ihren Auftritt als vom Himmel gesandte Gelegenheit begrüßt, um sich in brillanter Prosa zu üben; niemand aber hatte daran gedacht festzustellen, aus welchem Himmel denn dieses Geschenk kam. Emile Guimets Ansehen hatte die Zweifel der Presse – genauso wie die Margarethes – beseitigt. Wenn Margarethe seine Billigung fand, wie konnte dann die Presse Bedenken anmelden?

Margarethe muß schon große Augen gemacht haben, als sie die Stelle las, wo von ihrer »prächtigen Nacktheit« die Rede war. Selbst sie hatte es nämlich nicht gewagt, so weit zu gehen. Die Nacktheit war – wie auch alles andere – eher angedeutet als deutlich sichtbar. Sie hatte sich sogar größte Mühe gegeben, sich ein alles verhüllendes, hautfarbenes Körperkostüm zu beschaffen, das von ihrem juwelenbesetzten Büstenhalter (oder »Brustschild«, wie es ein verschämter Journalist eher peinlich umschrieb) bis zu ihrer goldenen Fußspange reichte. Es war möglich, wenn auch etwas unwahrscheinlich, daß das gedämpfte Licht der Bibliothek das Publikum getäuscht und es glauben gemacht hatte, sie sei völlig nackt. Doch es war ein weiteres Beispiel für den Aufschwung ihres Rufs, daß sich die Geschichte verbreitete, zweifellos von jenen angestiftet, die den Vorzug einer Einladung genossen hatten und diesem Ereignis nun ihren weniger glücklichen Bekannten zuliebe eine besondere Faszination verliehen. Es schien wirklich so, dachte Margarethe in Gedanken versunken, als wenn man sich in Paris alles erlauben konnte.

Innerhalb von einer Woche nach ihrem Triumph im Musée Guimet wurde Margarethe mit Einladungen überhäuft, bei Soirees, Empfängen, Wohltätigkeitsbällen und intimen gesellschaftlichen Zusammenkünften aufzutreten. Bei jeder Einladung murmelte sie bescheiden, daß sie, weil dies ihr Beruf sei, natürlich eine Gage in Rechnung stellen müsse. »Aber ja, gewiß doch, meine Liebe, ganz nach Ihrem Ermessen«, so lautete die Antwort atemloser Gastgeberinnen, die ihren Konkurrentinnen unbedingt einen Schritt voraus sein wollten. Margarethe konnte den Preis selbst bestimmen – und tat das auch. Ihre ursprüngliche Patronin, die Baroneß Kirejewskij, veranstaltete einen Wohltätigkeitsball zugunsten des russischen Roten Kreuzes, um Geld für die Opfer des Krieges mit Japan zu beschaffen. Für die Unterhaltung sorgte Madame Mata Hari, und ihre Gage belief sich auf eintausend Francs in Gold. Für eine ähnliche Summe tanzte sie bei einem literarischen Festmahl; die Akademiker erklärten, sie seien »köstlich unterhalten« worden, und die Schlange vor ihrer Tür wurde immer länger.

Ihr spektakulärer Erfolg katapultierte sie mitten in jene Welt, die ihr nur wenige Monate vorher so unerreichbar erschienen war. Im Mai erhielt sie eine Einladung, bei einem Fest von Cecile Sorel aufzutreten. Nach bescheidenen Anfängen hatte Sorel inzwischen den Gipfel erreicht, den Margarethe mittels der Bühne erstrebte. Als glanzvoller Star der *Folies Bergères* war Sorel jetzt auch eine der angesehensten Gastgeberinnen von Paris. Selbst ihre Erzrivalin, Liane de Pougy, mußte zugeben, daß Sorel ihr Leben höchst erfolgreich gestaltet hatte. »Sie ist wirklich klein, wie es heute Mode ist, und ihre blonden Ringellocken umrahmen das Unschuldslächeln eines Kindes. Sie hat einzig und allein das Verlangen, jeden zu bezaubern, und wirkt dabei so echt, daß es immer klappt.«

Das berühmte Lächeln, von dem Liane de Pougy argwöhnte, es sei selbst dann immer noch da, wenn *la superbe Sorel* schon fest schlafe, schenkte diese mit dem gleichen Charme Gräfinnen wie Küchenmädchen. Das liebenswürdige Lächeln nahm Margarethe alle Nervosität und Angst, die sie vielleicht gespürt haben mochte, wenn sie in so erlesenen Kreisen auftrat, und es ermutigte sie, mit der Heuchelei aufzuhören; da man weiterhin beharrlich munkelte, sie tanze nackt, konnte sie das eigentlich auch tun. Als der letzte Schleier auf den Boden des Salons flatterte, begriff das Publikum – darunter Gaston Menier, der ›Schokoladenkönig‹ –, daß Maragarethe auch das Körperkostüm abgelegt hatte und daß der Liebling der Gesellschaft nur mit einem reich verzierten Büstenhalter und mit einem winzigen, juwelenbesetzten *cache-sexe* bekleidet vor ihnen stand. Das war in der Tat Nacktheit.

Achtzig Jahre später fällt es leicht, das Aufsehen, das die nur leicht bekleidete Margarethe erregte, geringschätzig abzutun. Doch in demselben Jahr, 1905, scheiterte beinahe Isadora Duncans Karriere vor den Augen der Kaiserin Auguste Victoria, die schockiert reagierte, als sie sah, wie ihre Schüler, alles Kinder im Alter zwischen vier und acht Jahren, mit *bloßen Gliedmaßen* auf der Bühne auftraten. Damen, die an englischen Stränden badeten, vergewisserten sich immer noch, daß reichliche und züchtige Badekleidung sie von der Schulter bis zum Knie bedeckte, bevor sie sittsam aus den Umkleideräumen auftauchten. Die New Yorker Presse hatte Isadora Duncans durchsichtiges und mehr oder weniger enthüllendes Kostüm mit »einer Art Operationsverband aus himbeerfarbenem Mull und Satin« verglichen, der »während der gesamten Darbietung herunterzufallen drohte«. Aber die Pariser waren nie der moralischen Diktatur einer Königin Victoria ausgesetzt gewesen; sie hätten die beharrliche Forderung der Kaiserin, die einzigen Aufgaben für eine Frau seien »Kinder, Kirche und Küche«, mit Hohnlachen quittiert, und sie hätten auch Isadoras »Operationsverbände« als »künstlerische Drapierungen, die ein vortreffliches Knie enthüllten«, zu schätzen gewußt. Doch trotz all ihrer Toleranz waren die Pariser in der Mehrzahl genauso moralisch und tugendhaft wie ihre deutschen oder britischen Pendants. Jene launenhafte und überhebliche Elite, die *beau monde,* glaubte dagegen, daß Reichtum, Begabung, Herkunft oder schlicht gesellschaftliche Brillanz allen Konventionen überlegen waren. Prüde zu sein, hieß bürgerlich zu sein; Moral galt nur für die Masse, und ihre eigenen Wünsche waren lediglich dazu da, daß man ihnen nachgeben konnte. In der privaten Abgeschlossenheit ihrer Häuser gab es wenig, was sie nicht zu tun wagten.

Margarethes Kühnheit verblüffte sie jedoch vollkommen. Es war schon ein wenig ärgerlich, daß ein Neuling die Grenzen der Schicklichkeit sprengte, doch sich darüber zu entrüsten, wäre ein Verstoß gegen die eigenen Spielregeln gewesen. Sie hatten ihren Ruf zu verteidigen; und sie würden der ganzen Welt beweisen, daß Paris zu allem fähig war.

Margarethe konnte nur schwer entscheiden, was ihr größere Freude bereitete: der Erfolg, das Geld oder die Unabhängigkeit. In der Tat reichte das Vergnügen, das ihr diese drei Dinge bescherten, vollständig aus, um alle Gedanken an Rudolph, wenn auch nicht an Jeanne-Louise, zu vertreiben. Sie sonnte sich in ihrem Erfolg, gab ihr Geld aus und unterstrich ihre Unabhängigkeit, indem sie sich eine elegante Wohnung in der vornehmen Rue Balzac mietete. Sie kaufte sich ein Pferd, und jeden Morgen konnte man sie mit einer Schar von Verehrern im Schlepptau im Bois de Boulogne ausreiten sehen. Ihr ursprünglicher Plan, sich einen reichen Geliebten zu angeln, der ihr ein Leben in Luxus ermöglichte, schien Grenzen zu haben. Da war es doch viel befriedigender, wenn man sich selbst zu einem Leben in Eleganz verhalf. Und warum sollte sie sich nur an einen Geliebten binden, wenn sie von einer ganzen Schar potentieller Kandidaten umgeben war, von denen sie sich welche auswählen konnte? Die Herren der *beau monde* stritten nun genauso um die Gunst der aufsehenerregenden Mata Hari, wie ihre Frauen miteinander um die Dienste des vornehmsten Couturiers wetteiferten.

Mrs. Clarke, eine Engländerin, die damals in Paris lebte, war höchst erstaunt über die Macht und den Einfluß der elegantesten Couturiers, jedoch auch entsetzt über ihre Arroganz.

Der Raphael seiner Branche hatte das Gehabe eines ausgezeichneten Künstlers; er empfing seine Kunden mit ungeschliffener Herablassung, und sie unterwarfen sich seiner Unverschämtheit, ganz gleich, welches Standes sie waren, weil sie sich erhofften, dank seines Könnens ihre Rivalinnen auszustechen. Frauen von Botschaftern und Damen von Rang pflegten sich bei diesem Typ zum Tee einzufinden und stritten sich um die Ehre, ihm seine Tasse füllen oder Zucker hineingeben zu dürfen. Wenn ein Ball anstand, baten ihn die Damen auf Knien, sie zu verschönern. Königinnen und Kaiserinnen sind bei ihm als Kunden nicht so beliebt wie Millionärsfrauen oder populäre Schauspielerinnen, und seine Preise entsprechen in der Höhe durchweg der Überheblichkeit seiner Umgangsformen.

Die erfolgreichsten Kurtisanen konnten – wie auch die erfolgreichsten Couturiers – verlangen, was sie wollten, denn sie konnten gewiß sein, daß die Begierde über den gesunden Menschenverstand triumphieren würde. Aber es wäre Margarethe nie in den Sinn gekommen, sich gegenüber der Schlange von Kavalieren herablassend oder unverschämt zu verhalten, wenn sie mit Blumen in der Hand und Schmuckstücken in der Tasche an die Tür der Rue Balzac 3 klopften. Sie hatte vielmehr ein Talent dafür, jedem ihrer männlichen Besucher das Gefühl zu geben, auf der ganzen Welt sei er der einzige, den sie gerne sehen wollte. Wer sie schlicht aus Neugierde besuchte oder weil es gerade die Mode war, kehrte bald ein zweites und auch ein drittes Mal aus reiner Freude an ihrer Gesellschaft zurück. Gewiß, sie verstand es, einem Mann zu schmeicheln und ihn zu faszinieren, aber sie verstand es auch, ihn zu unterhalten und zum Lachen zu bringen; und selbst der Verehrer, der vor Verlegenheit absolut keinen Ton herausbrachte, fühlte sich in ihrer Gegenwart wie ein König. Unter den jungen Männern von Paris herrschte übereinstimmend die Meinung: »On s'amuse vachement bien chez Mata Hari« – bei Mata Hari kann man sich hervorragend amüsieren. Wem die allerletzte Belohnung nicht zuteil wurde, der schien sich damit zufriedenzugeben, sie zu ihren Füßen anzubeten.

Doch sosehr die männlichen Verehrer Margarethes schnellen Aufstieg zum Star schätzen mochten, das trug nicht dazu bei, sie bei jenen beliebt zu machen, die dieser Starkult in den Schatten zu stellen drohte. Liane de Pougy, deren Herrschaft als Königin der *demi-monde* sich dem Ende zuneigte, die aber immer noch eine Meisterin spitzer Komplimente und versteckter Beleidigungen war, gab sich keine Mühe, ihre Gefühle gegenüber Mata Hari zu verbergen, und beschrieb diese so: »Ungeschliffen, ohne Eleganz, sehr aggressiv und sicher keine Freundin von mir. Ihre Augen mögen schön sein, doch sie hat einen gehässigen und verstohlenen Blick, und ihr Ausdruck ist insgesamt hart und gewöhnlich. Ihre Stimme ist zu laut, sie kleidet sich schlecht, und wenn sie geht, dann macht sie, was ganz und gar nicht weiblich aussieht, große Schritte.«

Colette dagegen, die Romanschriftstellerin und Journalistin, deren unerhörte Abenteuer – sowohl im privaten Kreis als auch in der Öffentlichkeit – dann in zukünftigen Jahren die Creme von Paris schockieren sollte, hielt sich ausnahmsweise einmal etwas zurück. Aber sie machte doch ganz deutlich, daß Margarethes Stil sie nicht beeindruckte.

Eigentlich war das, was sie machte, überhaupt kein Tanzen, aber sie verstand es, sich auszuziehen; sie hatte einen langen, dunkelhäutigen, schlanken Körper und bewegte sich äußerst wirkungsvoll.

Colette erinnerte sich daran, wie bei einer von Freunden veranstalteten Gartenparty jemand auf sie zukam, und zwar

[...] eine großgewachsene, unbeholfen aussehende Frau in einem klassischen Kostüm mit großen schwarz-weißen Karos, gelben Schuhen, einem weißen Schleier mit aufdringlichem Muster und einem äußerst unpassenden Hut. Glücklicherweise nannte sie mir ihren Namen, denn sonst hätte ich nie erkannt, daß diese Erscheinung die Pseudo-Hinduistin war.

Daß alle Rivalinnen Margarethe nicht mochten, hatte nichts damit zu tun, daß sie eine Ausländerin war – drei der größten Kurtisanen der Belle Epoque, Caroline Otero, Lina Cavalieri und Cléo de Mérode, waren spanischer bzw. italienischer oder belgischer Herkunft. Es war vielmehr Margarethes Widerwillen, sich ihnen anzuschließen, sich bei dem Spiel an die Spielregeln der anderen Kurtisanen zu halten und ihren eigenen Platz in der Hackordnung einzunehmen, die ihre Konkurrentinnen gegen sie aufbrachten. Aber wenn sie Margarethe zu demütigen suchten, indem sie sie als ungeschliffen und gewöhnlich bezeichneten, unterschätzten sie bedauerlicherweise Margarethes Anziehungskraft. Ihr Sinn für Kleidung – oder vielmehr ihr fehlendes Gefühl dafür – hätte die vornehmelegante Cléo sehr wohl veranlassen können, sich vor Entsetzen die Augen zuzuhalten, und Margarethes Schönheit mochte vielleicht an klassischer Perfektion der ›La Belle Otero‹ unterlegen sein, doch ihre glutvollen Blicke und ihr langsames, sinnliches Lächeln hatten genug Kraft, um die Männer um sie zu scharen. Außerdem amüsierte sie sich viel zu gut, um den Bemerkungen der anderen Beachtung zu schenken. Schon als Kind hatte sie nicht in das Flüstern und Kichern ihrer Altersgenossinnen eingestimmt; sie hatte nie gute Freundinnen gehabt und vermißte ihre Freundschaft auch jetzt nicht.

Während die verstimmten *demi-mondaines* unter sich über den Neuling tuschelten, saßen die Gastgeberinnen der etablierten Gesellschaft etwas in der Klemme. Obwohl sie niemandem außer sich selbst Vorwürfe machen konnten, daß sie die bezaubernde orientalische Tänzerin in die Pariser Gesellschaft eingeführt hatten, hatte es ihnen gänzlich fern gelegen, Margarethe ihren Ehemännern auf den Leib rücken zu lassen. Doch sie nun öffentlich zu brüskieren, hieße an Würde zu verlieren, Zweifel an der Treue ihrer Ehemänner einzugestehen und das selbstgefällige Mitgefühl der überheblicheren Kameraden von ihnen herauszufordern. Auch ihre Ehemänner würden ihnen nur ungern den Versuch verzeihen, sie ihres neuen Spielzeugs zu berauben. Was die Frauen tun konnten, war lediglich, ein mutiges Gesicht aufzusetzen und darauf zu vertrauen, daß sich Mata Hari als eine der schnellebigen Modeerscheinungen erweisen würde. In der Zwischenzeit mußten sie die Farce fortsetzen; und Einladungen zu Auftritten gingen weiterhin massenweise in der Rue Balzac ein.

Margarethe hatte jedoch keineswegs die Absicht, eine schnellebige Modeerscheinung zu sein. Während des Jahres 1905 nahm sie zusätzlich zu ihren zahllosen Privataufführungen noch mehr als fünfunddreißig öffentliche Auftritte an. Im Varieté des Olympia-Theaters trat sie für die erstaunliche Summe von 10 000 Francs vor ihrem bislang größten Publikum auf. Sie tanzte im Trocadéro und in den *Folies Bergères,* im Privattheater der Comtesse de Tredern, im Haus der Prinzessin Murat und mehrere Male auch auf Einladungen von Henri de Rothschild.

Mit jeder Stufe, die sie auf der Leiter des Ehrgeizes nach oben kletterte, näherte sie sich zugleich auch ihrem eigentlichen Ziel. Sie hatte von einem reichen Geliebten geträumt; jetzt hatte sie viele und konnte es sich leisten, wählerisch zu sein. Von nun an brauchte sie ihre Gunst nur noch den reichsten zu schenken, den adeligsten, den attraktivsten oder – was am allerbesten war – jenen mit dem höchsten militärischen Rang und der schicksten Uniform. Sie hatte davon geträumt, reich zu sein; und nun war ihre Geldbörse prall gefüllt. Deshalb konnte sie dank des beruhigenden Wissens, daß da, wo das letzte Geld hergekommen war, immer noch mehr zu holen sei, ausgeben, soviel sie wollte, und ihrem extravaganten Geschmack, der Rudolph so in Rage versetzt hatte, ausgiebig frönen. Sie warf mit dem Geld nur so um sich, kaufte Kleider, Hüte, Schuhe (einmal soll sie mehr als fünfhundert Paar besessen haben), Juwelen, Pelze, Möbel und Schmuckgegenstände. Bei Schneidern und Geschäftsleuten ließ sie gewaltige Rechnungen auflaufen und versicherte ihnen leichtfertig, sie würde schon beizeiten dafür aufkommen. Sie hatte nach Ruhm gestrebt und traurige Berühmtheit erlangt.

Margarethes Tanzen war eigentlich Mittel zum Zweck gewesen, schien aber jetzt zum Selbstzweck zu werden, und sie machte große Pläne für ihre zukünftige Karriere. Wenn Kritiker gestanden, »solch ein Tanzen noch nie gesehen zu haben«, faßte sie das so auf, als seien ihre Interpretationen nicht nur außergewöhnlich, sondern bis zur Vollendung gereift. Vielleicht war es an der Zeit, die Möglichkeiten anderer Städte als nur von Paris zu erkunden. Sie hatte Wunderdinge über Berlin, Wien und Rom gehört, glaubte freilich, Amsterdam solle sie wohl am besten aus dem Wege gehen.

Auch wenn Margarethe an die Zukunft dachte, achtete sie doch sehr darauf, mit einem Auge fest die Gegenwart im Blick zu behalten. Sie mußte sich wieder ein paar phantastische Geschichten ausdenken, um weiter in Paris im Gespräch zu bleiben. Im September ließ sie einen Klatschspaltenkolumnisten allen Ernstes wissen, sie wolle ihre Karriere als Tänzerin aufgeben und sei mit einem gewissen Prinz Troubetskoi verlobt; schon bald nach ihrer Hochzeit würden sie nach Tibet aufbrechen und sich dort in ein Lamakloster zurückziehen. Diese Nachricht schlug wie eine Bombe ein und hatte genau die gewünschte Wirkung. Ihre Verehrer ersuchten sie nun nicht nur flehentlich, ihnen doch die Ehre zu geben, einige Stunden in ihrer Gesellschaft verbringen zu dürfen; sie baten Margarethe außerdem leidenschaftlich, sie doch nicht im Stich zu lassen – ohne Margarethe wäre Paris nur noch ein Nichts.

Aus ihrer Erfahrung mit Emile Guimet hatte Margarethe gelernt, daß es sich auszahlte, einen Experten um Rat und Hilfe fragen zu können, wenn man ein neues Abenteuer plante. Sollte sie wirklich an der Schwelle einer internationalen Tanzkarriere stehen, brauchte sie nicht etwa irgendeinen Agenten, sondern den allerbesten. Im Gefolge ihrer Verehrer lief am Rande auch ein feiner, bescheidener Anwalt namens Edouard Clunet mit. Er strebte zwar nicht danach, zum erlesenen Kreis ihrer Geliebten zu zählen, sollte sich aber in Zukunft als ihr treuester Freund erweisen. Margarethe war von seiner Ergebenheit gerührt und empfand seine zurückhaltende Gesellschaft als wohltuende Abwechslung gegenüber der ihrer anspruchsvollen Freier. Als sie Clunet von der Idee erzählte, sich einen Agenten zu nehmen, der ihre Angelegenheiten erledigen würde, riet er ihr, sich einen Spitzenmann auszusuchen. Auf seine Empfehlung hin wandte sie sich an denjenigen, der als der führende Impresario und Theateragent im Vorkriegseuropa galt.

Gabriel Astruc, ein enger Freund von Marcel Proust, hatte die Pariser Debüts der polnischen Pianistin und Cembalistin Wanda Landowska im Jahre 1903 und auch das des jungen Artur Rubinstein im Jahre 1904 arrangiert; später ging noch das Auftreten des unvergleichlichen Opernbasses Fjodor Schaljapin sowie des russischen Balletts von Diaghilew auf seine Initiative zurück. Zusammen mit Sergej Diaghilew sollte er in Paris einen Wandel in der Beurteilung des klassischen Balletts bewirken, einer Kunstform, die die Franzosen nie ernst genommen hatten. Da er sich dieser Verständnislosigkeit bewußt war, kam er richtigerweise zu dem Schluß, daß die Franzosen für die komplexe Darstellung einer Isadora Duncan noch nicht aufgeschlossen waren, und lehnte es deshalb ab, die Amerikanerin zu vertreten. Mata Hari stellte jedoch an ihr Publikum keine solch intellektuellen Ansprüche, und sie hatte bereits unter Beweis gestellt, daß sie die Massen anlocken konnte. Da Astruc die Aufgabe hatte, für volle Theater zu sorgen, akzeptierte er sie gerne als Klientin und sollte für die nächsten zehn Jahre ihr Agent und schwer geprüfter Berater bleiben.

Astruc war gleichfalls der Meinung, es gäbe keinen Grund zu der Annahme, daß sie nicht im Ausland genauso großen Erfolg wie in Frankreich haben könne. Er mag vielleicht sogar erkannt haben – was ihr selbst zweifellos nicht klar war –, daß ihre Tage als gefeierter Star von Paris mit ziemlicher Sicherheit gezählt waren. Doch er hatte überall in Europa Verbindungen, und im Januar 1906 engagierte er sie für einen zweiwöchigen Auftritt im Central Kursaal in Madrid. Beruflich verlief dieses erste Experiment außerhalb Frankreichs enttäuschend. Margarethe beschloß, als Zeichen für das neue Image einer ernsthaften Tänzerin ihr hautenges Körperkostüm wieder zu Ehren kommen zu lassen, sehr zur Enttäuschung des spanischen Publikums. Wo blieb denn die ›berühmte Nacktheit‹, von der sie so viel gehört hatten? Die Leute nahmen sie begeistert, aber keineswegs hingerissen auf. Von weitaus größerer Wichtigkeit für sie war jedoch, selbst wenn ihr das zur damaligen Zeit noch nicht bewußt wurde, eine Bekanntschaft, die ihr ihr treuer Freund Edouard Clunet vermittelte. Da er darauf bedacht war, daß sich Margarethe, der seine ganze

Verehrung galt, in einer fremden Stadt nicht einsam fühlte, hatte er ihr vorgeschlagen, sie solle sich mit Jules Cambon in Verbindung setzen, einem guten Freund von ihm, der damals französischer Botschafter in Madrid war. Im Gegensatz zu Clunet strebte Cambon nicht nur danach, Margarethes auserlesenem, jedoch ständig wachsendem Kreis von Geliebten anzugehören, sondern er schaffte dies sogar. Doch wie Clunet sollte sich auch Cambon, ein Diplomat, der über selten anzutreffenden Weitblick und Integrität verfügte, als wertvoller und geduldiger Freund erweisen.

Seine Gesellschaft trug sicherlich viel dazu bei, den Schlag abzumildern, den die enttäuschende Aufnahme Margarethes Stolz versetzt hatte; aber sie hatte ohnehin keine Zeit, über beides nachzudenken. Astruc verständigte sie über ihr nächstes Engagement, und das war in der Tat eine Rechtfertigung ihrer Hoffnungen – sie sollte nämlich an der Monte Carlo Opéra in der berühmten Ballettszene von Massenets Oper *Le Roi de Lahore* tanzen. Bei dem Gedanken, zum ersten Mal vor einem Publikum kultivierter Musikliebhaber aufzutreten, die zwangsläufig kritischer waren als die sensationslüsternen Besucher der Salons und Varietés, mußte Margarethe zwar etwas schlucken, doch dann machte sie sich auf den Weg nach Monte Carlo.

Ihr Auftritt in der Ballettszene war ein voller Erfolg. Jules Massenet weilte selbst unter den Zuschauern und bekundete sein Entzücken. Der gemeine Klatsch mochte sich zwar abfällig zu der Art von Mata Haris Wirkung auf solch einen berühmten Wüstling äußern, doch sein anerkennendes Urteil konnte ihren Ruf nur verbessern.

Margarethe genoß zwar gerne seine Bewunderung, doch dieser neue Erfolg veranlaßte sie trotzdem, sich ausgesprochen und unerwartet unbehaglich zu fühlen. Von dem Augenblick an, als sie zum ersten Mal ins Licht der Öffentlichkeit getreten war, und zwar vor ihrem Debüt im Musée Guimet, war sie dauernd von der Angst verfolgt worden, daß ihr Bluff eines Tages auffliegen könnte, daß ihre Phantasien der Lächerlichkeit preisgegeben und ihre Illusionen zerstört werden würden. Bislang war sie ungestraft davongekommen, weil sie es immer geschafft hatte, ihren Kritikern einen Schritt voraus zu sein und ihre Karriere fest unter Kontrolle zu haben. Sie hatte für ihr Publikum Verständnis gehabt und ihr Publikum für sie; die stillschweigende Übereinkunft zwischen ihnen beiden, daß keine Seite Fragen oder große Ansprüche stellen würde, war ein angenehmes Komplott gewesen, das die Selbstachtung aller Beteiligten förderte. Doch die Welt des klassischen Balletts und der großen Oper nahm sich selbst sehr ernst. Die Kulturelite würde noch weniger geneigt sein, einen Betrüger zu tolerieren, als die gesellschaftliche Elite, und der einzige greifbare Lohn schien in der Chance zu bestehen, Schiffbruch zu erleiden. Sie hatte ihre gesamte Energie für die Vorbereitung ihres Debüts in Monte Carlo aufgewendet, und dieses Mal hatte sie gesiegt. Aber wie lange würde es noch dauern, bevor man sie durchschaute? Und war sie wirklich gewillt, die enorme Anstrengung und Verpflichtung auf sich zu nehmen, die notwendig waren, um bei diesem herrlichen, freilich auch gefährlichen Balanceakt nicht den Halt zu verlieren?

Die Antwort auf diese letzte, entscheidende Frage lautete: »nein«. Sobald die letzte Aufführung von *Le Roi de Lahore* vorüber war, ergriff sie die Flucht und verfluchte den Ehrgeiz, der sie dazu getrieben hatte, nach Höherem zu streben. Doch ihr Stolz ließ eine sofortige Rückkehr nach Paris nicht zu. Die Nachricht von ihrem Triumph in Monte Carlo wäre ihr schon vorausgeeilt, und sie hätte keine Antwort für all die gewußt, die sich über ihre vorzeitige Rückkehr gewundert hätten. Sie war sich klar darüber, daß sie entwischen mußte, solange ihr Ruf noch unversehrt war; deshalb verließ Margarethe unter dem Vorwand, sie wolle neue Möglichkeiten für ihr Talent erkunden, überstürzt Frankreich und kam im Februar 1906 in Berlin an.

Sie brauchte nicht lange, um festzustellen, daß sich Berlin, dank des Einflusses der Kaiserin, immer noch von seiner besten Seite zeigte. Ein Künstler mußte schon unerschrocken sein, wenn er die Grenzen des Anstands überschritt, wie sie Ihre Kaiserliche Hoheit vorschrieb, und jede Gastgeberin beging gesellschaftlichen Selbstmord, wenn sie es wagte, einen Künstler mit zweifelhaften moralischen Ansichten – mochte er auch noch so begabt sein – zu unterstützen; diese Erfahrung hatte Isadora Duncan erst kurz vorher machen müssen. Die prominenten Mitglieder der Berliner Gesellschaft, die das Komitee des ›Verbandes zur Unterstützung der Tanzschule Isadora Duncan‹ bildeten, hatten sich gezwungen gesehen, diese Unterstützung einzustellen, als Gerüchte zu ihnen durchdrangen, Isadora unterhalte eine ›unziemliche Beziehung‹ zu dem Bühnenbildner und Regisseur Gordon Craig. Isadora war gewillt gewesen, ihrer geliebten Schule wegen einen dahingehenden Kompromiß zu schließen, daß sie ihre Schwester Elisabeth statt sich selbst zur Leiterin ernannte und so in den Augen der Gesellschaft den guten Ruf der Schule wiederherstellte. Sie war jedoch nicht gewillt gewesen, Gordon Craig aufzugeben. Statt dessen erörterte sie, dem Pianisten Victor Seroff zufolge, ihren Fall lieber in der Öffentlichkeit. Während eines Vortrags in der Berliner Philharmonie über den »Tanz als Kunst der Befreiung«

... ließ sie sich von ihrer Begeisterung und der Eloquenz ihrer Vortragsweise so hinreißen, daß sie es wagte, über ihre Vorstellungen von den Rechten einer Frau zu reden, die nach eigenem Gutdünken lieben und Kinder bekommen könne. Ihr öffentliches Bekenntnis ... löste eher einen Skandal als eine beifällige Reaktion aus. Einige Zuhörer zischten, andere warfen im Theater, was ihnen gerade in die Hände kam, auf die Bühne, und die Hälfte der Anwesenden verließ den Saal.

Als Margarethe in Berlin eintraf, war Isadora schon nicht mehr da, sondern lebte – ironischerweise – in einem kleinen Dorf an der holländischen Küste und wartete auf die Geburt ihres von Gordon Craig stammenden Kindes. So folgte Margarethe wieder einmal unabsichtlich den Fußstapfen jener Tänzerin, deren Vorbild sie zur Wahl ihrer eigenen Karriere veranlaßt hatte. Doch während Isadoras Beispiel den Weg für Margarethes Erfolg in Paris geebnet hatte, hatte dies in Berlin die völlig entgegengesetzte Wirkung. Margarethes Aussichten waren in der Tat so schlecht, daß sie ernsthaft in Erwägung zog, ihre Koffer zu packen und weiterzureisen. Dann führte eine zufällige Begegnung in ihr einen Sinneswandel herbei.

Das erste, worauf ihr Blick fiel, war zwangsläufig die Uniform: breite Epauletten mit schweren, herabbaumelnden Fransen, Reihen von glänzenden Knöpfen und eine ausgesprochen romantisch-abenteuerhafte, verschwenderische Fülle an Goldtressen. Ein zweiter Blick verriet ihr, daß der Mann, der in dieser Uniform steckte, groß, blond und fast genauso attraktiv wie seine Kleidung war. Wie ein Philatelist, der unverhofft auf eine Penny-Black-Briefmarke stößt, oder wie ein Trophäenjäger, der sich plötzlich einem Marco-Polo-Schaf gegenübersieht, so reagierte auch Margarethe auf diese Erscheinung spontan und wie vorherzusehen. Dieser Mann hier würde das Prachtstück in ihrer Sammlung abgeben – sie durfte ihn auf keinen Fall entwischen lassen.

Daß sie ihm vorgestellt wurde, ließ sich leicht arrangieren. Leutnant Alfred Kiepert von den Westfälischen Husaren machte eine steife Verbeugung, schlug vorbildlich die Hacken zusammen und war entzückt, die Bekanntschaft der schönen Mata Hari zu machen. Zufälligerweise war Kiepert überglücklich, sich einfangen lassen zu können. Als ältester Sohn eines reichen Landbesitzers aus Wuppertal und als Besitzer eines großen Privatvermögens war er mit einer berühmten Schönheit verheiratet, die ihn aber auch unheimlich langweilte; so fand der gutaussehende Leutnant ein Leben ohne Probleme einfach ein bißchen fade. Margarethe gab sich höchst verführerisch und versprach ihm all die Aufregung, die er sich nur wünschte. Mit geübtem Blick erfaßte sie die Situation und hielt ihn geschickt und verführerisch zum Narren, bevor sie einwilligte, seine Geliebte zu werden. Ende Februar hatte Kiepert

ihr dann schon eine luxuriöse Wohnung in der Nachod-
straße eingerichtet.

Das Arrangement paßte beiden hervorragend. Kiepert
erwies sich als großzügiger, wenn auch etwas stürmischer
Geliebter, und Margarethe verschaffte ihm genau die Pi-
kanterie und Erregung, nach denen er suchte. Da seine
Frau und seine Familie nicht weit von Berlin entfernt auf
dem Lande lebten, war Kiepert zeitlich sehr in Anspruch
genommen, doch wirkte sich dies auf ihre Beziehung nur
förderlich aus. Er war nie lange genug da, als daß sich der
Reiz abschwächen konnte, und Margarethe lief auch nicht
Gefahr, von seinen Ansprüchen erdrückt zu werden. Sie
freute sich, eine Zeitlang auf ihren ursprünglichen Plan zu-
rückgreifen zu können, nämlich auf Kosten von jemand
anders in Luxus zu leben; so konnte sie sich an einem gewissen Maß von Unabhängigkeit erfreuen, ohne dauernd
unter dem Druck zu stehen, ihre Karriere in Gang halten
zu müssen. Sie vervollkommnete ihr Deutsch, frönte weiterhin ihrer Leidenschaft, Geld auszugeben, und reizte
ihre anderen Verehrer durch Erinnerungen an ihre Auftritte und durch Andeutungen über ihre geheimnisvolle Vergangenheit. Vielleicht kam einmal die Zeit, wo Berlin für
ihr Tanzen aufgeschlossen sein würde; deshalb konnte es
keineswegs schaden, den Berlinern schon einmal Appetit
zu machen.

Dann wurde Margarethe ganz unerwartet von ihrer tatsächlichen Herkunft eingeholt; Rudolphs Anwälte in Holland schickten ihr nämlich einen Brief, daß sich ihr Klient
scheiden lassen wolle. Der Schock kam so plötzlich, daß er
Margarethes sorgfältig aufgebaute Deckung zertrümmerte.
Seit drei Jahren sah sie sich zum ersten Mal gezwungenermaßen mit all dem Elend und Leid konfrontiert, das sie
unwiderruflich begraben glaubte. Es erschütterte sie, feststellen zu müssen, daß selbst sieben Jahre nach Normans
Tod und drei Jahre nach ihrer Trennung von Jeanne-Louise
der Schmerz der Erinnerung an ihre Kinder sie immer
noch schluchzend in die Knie zwingen konnte.

Margaretha als junges Mädchen

Margaretha und ihr Ehemann,
der englische Offizier Cambell MacLeod,
vor ihrer Abreise nach Niederländisch-Ost-Indien,
1910

Mata Hari bei der Vorführung
eines javanesischen Tempeltanzes im
›Guimet Museum‹ in Paris,
13. März 1905

Mata Hari,
stürmisch gefeierte Tänzerin in allen
europäischen Metropolen

Aber dieselbe Kraft, die Margarethe früher einmal nach Paris geführt hatte, half ihr auch nun wieder auf die Beine. Sie hegte immer noch die Hoffnung, daß sie eines Tages in der Lage sein würde, mit Rudolph um das Sorgerecht für Jeanne-Louise zu kämpfen, und hatte deshalb nicht vor, widerstandslos auf ihr Recht zu verzichten. Sie war sich darüber im klaren, daß nach holländischem Recht die Zustimmung beider Parteien zu einer Scheidung erforderlich war; daher richtete sie ein Schreiben an die Anwälte, in dem sie jegliche Bereitschaft zur Kooperation ablehnte.

Rudolph hatte jedoch noch einen Trumpf – oder vielmehr ein Foto – im Ärmel. Er war irgendwie an ein Bild gekommen, das bei einem von Margarethes Privatauftritten in Paris gemacht worden war und sie in einer nackten Pose zeigte. Rudolph drohte ihr nun damit, dieses Foto vor Gericht als Beweis dafür vorzulegen, wie wenig sie sich zur Mutter eignete. Jeanne-Louise war jetzt fast acht Jahre alt, also durchaus alt genug, um sich des Skandals bewußt und von ihm betroffen zu sein; und ein Skandal würde zwangsläufig folgen, wenn der Fall publik werden sollte.

Für Margarethes Denkweise waren Mitleid und Selbstverleugnung genauso gefährlich wie tiefe Gefühle; alle drei vermochten sie nämlich zu sehr zu verletzen. Nur bei zwei Ereignissen in ihrem Leben sollte sie sich freiwillig dem verräterischen Stachel dieser drei aussetzen, und dieses hier war ein solches Ereignis. Sie war fest entschlossen, Jeanne-Louise nicht einem Skandal auszuliefern. Es tröstete sie nur wenig, zu wissen, daß Rudolph trotz all seiner Fehler seine Tochter immer beschützen und liebevoll umsorgen würde; und es tröstete sie überhaupt nicht, wenn sie verbittert daran dachte, daß Jeanne-Louise nie von Margarethes Qualen erfahren würde. Ohne weiteren Widerspruch willigte sie in Rudolphs Forderung ein. Im April 1906 wurde in Amsterdam die Scheidung ausgesprochen, und Rudolph erhielt das Sorgerecht für das Kind.

Nach diesem abrupten Übergang von einer angenehmen Gegenwart in eine qualvolle Vergangenheit fühlte sich

Margarethe ausgelaugt. Sie wurde so verschlossen und nachdenklich, daß Kiepert allmählich an seiner Investition zu zweifeln begann. Doch seine Zweifel wirkten wie Salz auf der offenen Wunde ihres Stolzes, und als sie sich mit Gewalt aus ihren melancholischen Träumen riß, geschah dies, um sich selbst zu beweisen, daß sie immer noch ein schlagender Erfolg war, und auch, um Kiepert weiter an sich zu fesseln. Entschlossen verheimlichte sie ihr Elend und stürzte sich in fieberhafte Aktivität. Es fand keine Party statt, an der sie nicht an Kieperts Arm teilnahm; keine Ausstellung, kein Vortrag und keine Show, ohne daß nicht die schöne Mata Hari anwesend war. Sie bestand sogar darauf, Kiepert auf einer Reise nach Schlesien zu begleiten, auf der er Militärmanöver begutachtete; noch schwante ihr nichts von jener Aufmerksamkeit, die man eines Tages diesem Besuch, der doch für sie nichts anderes war als ein weiteres gesellschaftliches Ereignis, widmen würde. Doch wenn auch ihre Lebensgeister wiederzukehren schienen, bestand da ein nur schwer faßbarer Unterschied in ihrem Verhalten: Ihr berühmtes Lächeln war nur noch selten zu sehen, und das Funkeln in ihren Augen hatte sich eher in ein Glitzern verwandelt. Sie schien die Fähigkeit verloren zu haben, sich zu freuen, obwohl doch gerade dies so viel zu ihrem Erfolg beigetragen hatte, und mochte sie sich auch noch so bemühen, eigentlich schaffte sie es nie mehr, diese Freude wiederzugewinnen.

Margarethe blieb bis zum September in Berlin. Als ein Brief von Astruc eintraf, in dem er ihr ein Engagement mitteilte, und zwar einen Tanzauftritt in einer Vorstellung ihrer eigenen Wahl in Wien, nicht in einem Ballett oder in einer großen Oper, war sie bereit weiterzureisen. Sie erklärte Kiepert, sie habe wegen ihrer Leidenschaft für ihn ihre Karriere vernachlässigt und könne das sie verehrende Publikum nicht mehr länger warten lassen. Sie küßte ihn zärtlich zum Abschied, versprach zurückzukommen, sobald man sie wieder fortlassen würde, und reiste dann nach Wien ab.

Die Hauptstadt des Österreichisch-Ungarischen Kaiserreiches befand sich auf dem Höhepunkt ihres Ruhms, war genauso kosmopolitisch und glanzvoll wie Paris und auch ebenso hedonistisch. Mata Hari konnte sich eines begeisternden Empfanges sicher sein. Sei es als Anreiz, um für Gesprächsstoff zu sorgen, oder auch, weil es ihr ohnehin ziemlich egal war, jedenfalls tanzte sie ohne das berühmte Körperkostüm im Salle d'Art und dann mit ihm im Apollo-Theater. Die hitzigen Diskussionen unter den jungen Männern in der Stadt, was von beiden denn erotischer sei, wurden von der Presse aufgegriffen. Die Wiener Zeitungen wetteiferten miteinander, um die pikantesten Geschichten über die Tänzerin abzudrucken, und blickten – wie vorher schon ihre französischen Pendants – absolut nicht mehr durch, wenn es um Margarethes Herkunft ging. Man beschrieb sie unterschiedlich als holländisch, javanisch, balinesisch und indisch; sie war »schlank und groß, dabei von der geschmeidigen Anmut eines wilden Tieres«, »eine auffallende Schönheit mit dem zarten Gesicht eines jungen Mädchens«, »eine bizarre Göttin, dunkel wie die Nacht«, und sie zählte, so hieß es, keinen Geringeren als den deutschen Kronprinzen zu ihren Geliebten – eines Tages sollte sie Grund haben, zutiefst zu bedauern, dieses Gerücht nicht dementiert zu haben.

Aber die Presse war nicht allein, ja nicht einmal hauptsächlich verantwortlich für die ungewöhnlichen Geschichten, die über Margarethe im Umlauf waren. Im Dezember 1906 erschien in Amsterdam ein Buch mit dem Titel *The Life of Mata Hari – the Biography of my Daughter*, von Adam Zelle geschrieben. Margarethe glaubte nie daran, daß ihr Vater das Buch selbst verfaßt hatte. Wahrscheinlich hatte sie recht, als sie meinte: »Zwei Schriftsteller suchten meinen Vater auf, weil ich berühmt war. Er war knapp bei Kasse, und sie boten ihm eine große Geldsumme, wenn er seinen Namen für das Buch hergab und ihnen einige Fotos von mir besorgte; und dann sind sie weggegangen und haben dieses schreckliche Buch geschrieben.« Wäre Adam tatsächlich der Verfasser gewesen, dann hätte er in der Tat eine Fähigkeit zum Phantasieren an den Tag gelegt, die selbst Margarethe zur Ehre gereicht hätte, denn es wimmelte in dem Buch nur so von adeligen Vorfahren und romantischerem Unsinn, als selbst sie sich hätte ausdenken können. Doch was sie mehr als alles andere veranlaßte, das Buch als »schrecklich« zu bezeichnen, war die Tatsache, daß es sie um sieben Jahre älter machte, als sie wirklich war. Voller Zorn schrieb sie an einen bekannten Rechtsanwalt in Amsterdam und frage nach, ob sie wohl den Verlag verklagen sollte. »Er teilte mir mit, es würde nichts helfen, die Leute zu verklagen, und meinte, ich solle gar nichts unternehmen, weil ich sonst nur noch mehr Scherereien bekommen würde.« Margarethe mochte sich zwar wegen der abschätzigen Bemerkung über ihr Alter ärgern, aber sie muß doch für die zusätzliche Publicity dankbar gewesen sein und möglicherweise sogar darüber gelacht haben, wie der unsinnige Inhalt des Buches noch zu der allgemeinen Verwirrung, die die geheimnisvolle Mata Hari umgab, beitrug.

Während dieser ganzen Zeit tanzte Margarethe in Wien trotzdem immer vor ausverkauften Häusern. Doch trotz des Rampenlichts und der sie anbetenden Menschen war sie ruhelos und unglücklich. Im Januar 1907 schrieb sie an Astruc, sie sei müde und brauche unbedingt etwas völlig anderes. Sie wolle eine Reise nach Ägypten machen, um bei den orientalischen Schätzen der Vergangenheit ihren Seelenfrieden wiederzufinden. Doch Ägypten hatte ihr nichts zu bieten, keine Geliebten und keinen Ruhm, selbst die Schätze waren eine Enttäuschung. Das einzige, was ihr während des zweimonatigen Aufenthalts auffiel, war, wie sehr sie es haßte, allein zu sein, und so eilte sie dankbar zu ihrem Geliebten in Berlin zurück. Doch Kieperts Leidenschaft für seine launische und extravagante Mätresse hatte sich schon vor ihrer Abreise abgekühlt, und sie war keineswegs so blind, die fehlende Herzlichkeit seines Empfangs falsch zu interpretieren, und auch nicht so unterwürfig, dort bleiben zu wollen, wo sie ganz offensichtlich unerwünscht war.

Entschlossen straffte sie die Schultern und tröstete sich mit dem Gedanken, daß sie ja immer noch ihr Aussehen, ihre Figur und ihre Jugend hatte (schließlich hatten auch die Wiener Zeitungen geschrieben, sie sähe, selbst wenn sie einunddreißig Jahre alt sei, noch wie ein junges Mädchen aus). Berlin hatte sie immer nur als Zwischenspiel gedacht; nun war es an der Zeit, ihre Karriere fortzusetzen. Warum – wenn sie einmal darüber nachdachte – hatte sie eigentlich ihr Erfolg in Monte Carlo so nervös gemacht? Hatte nicht sogar Jules Massenet sie eine »bezaubernde Künstlerin« genannt? Nun, jetzt schenkte sie ihm Glauben. Und hier bot sich ihr die ideale Gelegenheit, das auch beweisen zu können. Es war soeben bekanntgeworden, daß Gabriel Astruc die Uraufführung von Richard Strauss' neuer Oper inszenieren sollte. Wenn je eine Rolle für sie wie geschaffen war, dann die des ›Tanzes der sieben Schleier‹ in *Salome*. Plötzlich konnte sie es nicht mehr erwarten, wieder in Paris zu sein. Sie schrieb schnell eine Nachricht an Astruc, sie sei auf dem Weg zu ihm, und er möge doch bitte so freundlich sein, sich direkt mit Strauss in Verbindung zu setzen und sie für die Rolle vorzuschlagen. Voller Freude klammerte sie sich an den Gedanken, welch ein Empfang auf sie wartete, und nahm den nächsten Zug zurück in die Stadt, die sie nun als ihre Heimat ansah.

Margarethe ließ sich im großen Stil im Hotel Meurice nieder und verkündete, sie habe während ihrer Abwesenheit verschiedene neue und aufsehenerregende Tänze einstudiert, die sie nun der Öffentlichkeit vorführen wolle. Doch sie war fast achtzehn Monate weg gewesen, und Paris hatte keineswegs nur auf sie gewartet. Neue Namen und neue Gesichter beherrschten nun die Szene: Auf der Bühne des Trocadéro ließ Colette alle Hüllen fallen (oder zumindest mehr, als Margarethe je fallen zu lassen gewagt hatte); die exotischen marokkanischen Tänze der Sulamith

Raha zogen die Massen ins Olympia-Varieté; Mata Hari dagegen war schon etwas Altes. Astruc konnte ihr zwar hin und wieder Auftritte besorgen, doch die verschafften ihr weniger Ansehen, als sie erwartet hatte, und waren sicherlich auch nicht einträglich genug, um den großen Stil, für den sie sich entschieden hatte, aufrechterhalten zu können. Der größte Schlag für sie war freilich, daß Richard Strauss nicht einmal auf Astrucs Vorschlag geantwortet hatte, Mata Hari in der *Salome* tanzen zu lassen.

Doch mochte es auch schwer für Margarethe sein, an Tanzauftritte zu gelangen, so galt dies keineswegs für Geliebte. Im Jahre 1908 lag die Belle Epoque in den letzten Zügen. Eine neue Generation von Künstlern, die sich von Braque und Picasso inspirieren ließen, wandte sich gegen den naturalistischen Impressionismus eines Monet, Degas, Pissaro und Renoir und entwickelte den schmucklosen, fast geometrischen Stil, der dann verächtlich Kubismus genannt werden sollte. Auch die Impressionisten in der Musik – Debussy, Ravel, Massenet und Fauré – sollten bald feststellen, daß ihre lyrische, romantische Art von den auf Neuerung bedachten Stilen eines Strawinsky, Schönberg, Milhaud und Poulenc in Frage gestellt wurde. Die glanzvolle Ära, die solch eine Vielzahl von Talenten hervorgebracht und Paris seit den achtziger Jahren des neunzehnten Jahrhunderts fieberhaft in gesellschaftlicher, künstlerischer und musikalischer Erregung gehalten hatte, verblaßte rasch und sollte, wie so vieles andere auch, im Abgrund des Jahres 1914 zu Ende gehen. Die letzten Jahre standen im Zeichen einer Hysterie, die vermuten läßt, daß man schon etwas von den zukünftigen Schrecken ahnte. Die Hohenpriester der gesellschaftlichen Welt, jene privilegierten Mitglieder der *classe des loisirs*, deren abgestumpftem Verlangen Margarethe ihre Berühmtheit verdankte, saugten verzweifelt die wenigen noch verbleibenden Tropfen des Vergnügens aus einem beinahe leeren Faß heraus. Als letzte Generation jener wahrhaft müßiggängerischen Elite, die nicht für ihren Lebensunterhalt zu arbeiten brauchte, waren sie eine kurz vor dem Aussterben stehende Spezies. Sie dinierten, tanzten und brachten an Spieltischen ihr Vermögen durch; ihr hohes, schrilles Lachen erklang rund um die eleganten Jachten an der Côte d'Azur; sie kauften sich Rennpferde und sahen diesen bei den Rennen in Longchamps und Auteuil zu; und die noch Abenteuerlustigeren kauften sich Autos, donnerten damit durch die Straßen von Paris und versetzten Fußgänger wie Pferde gleichermaßen in Angst und Schrecken. Sie äfften Margarethes eigene, lange vertretene Überzeugung nach, »das Leben sei nur für Gesellschaften, zum Spaß, zum Flirten und zum Vergnügen da«, und während der Zeit, die sie als Pause in ihrer Karriere ansah, schloß sie sich ihnen gerne an.

In den drei Jahren seit ihrem Debüt im Musée Guimet hatte es Margarethe sehr weit gebracht. Die ›unvorteilhaften Hüte‹ hatte sie schon lange zugunsten schicker, von untadeligem Geschmack zeugender Kreationen aufgegeben, aus dem ›männlichen Schritt‹ war ein höchst weibliches Schweben geworden, und das Feuer ihrer Verehrer brannte noch stärker angesichts des erstaunlichen Kontrasts zwischen diesem Vorbild an vornehmer Eleganz und der sehr erotischen Dame, die – wie sie wußten – innen drin lauerte. Was sie bereitwillig für Margarethes Gunst zahlten, schien keine Grenzen zu kennen, und nie hörte man jemanden klagen, sie sei ihr Geld nicht wert gewesen.

Reichtum und Unabhängigkeit stellten bald Margarethes Zuversicht wieder her, doch hätte es in der Tat eines standhaften Wesens bedurft, von soviel Schmeichelei und Verehrung unbeeindruckt zu bleiben. Sie hatte es hartnäckig abgelehnt, sich über Strauss' Abfuhr aufzuregen, und beharrte auf ihrer Behauptung, sie lege nur eine ›Pause‹ in ihrer Karriere ein. Das war der einzige Standpunkt, den sie einnehmen konnte; die Alternative war nämlich, sich einzugestehen, sie habe versagt, und zwar nicht nur als Mutter, sondern auch als Tänzerin, und das hieß, sich eine Niederlage einzugestehen. Deshalb hörte sie lieber auf die honigsüßen Worte, die ihr hundert verschiedene Stimmen an hundert verschiedenen Abenden ins Ohr flüsterten: Sie sei wirklich hinreißend, bezaubernd, eine unvergleichliche Schönheit, und die Welt liege ihr tatsächlich zu Füßen. Als Astruc im Januar 1910 an sie herantrat und ihr das Angebot eines erneuten Engagements an der Monte Carlo Opéra unterbreitete, wußte sie, daß diese Stimmen die Wahrheit gesagt hatten.

Unter der Regie von Monsieur Antoine sollte sie in *Antar*, einem von Rimsky-Korssakow vertonten Stück des algerischen Dichters Chekri-Gavem, die Rolle der Kleopatra spielen. Die Inszenierung war ein triumphaler Erfolg; das Publikum empfing Mata Hari bei ihrer Rückkehr auf die Bühne voller Begeisterung, und selbst die strengsten Kritiker wußten nichts Schlimmeres an ihr auszusetzen, als daß die berühmte Tänzerin seit ihrem letzten Auftritt in Monte Carlo ein wenig zugenommen habe. Alle waren sich einig, sie tanze so verführerisch und anmutig wie immer. Alle, mit Ausnahme von Monsieur Antoine.

Um die Wirkung von Mata Haris Auftritten zu begreifen, muß man auch die zeitgenössische Einstellung zum Tanz verstehen. Ein bedeutender Musikkritiker faßte sie einmal sehr schön zusammen, als er eine Vorstellung von Isadora Duncan kommentierte: »Bis sie die Szene betrat und dem Tanz neue Formen und neues Leben verlieh, uns erkennen half, daß der Tanz eine Kunst sein kann, bezog er seine Daseinsberechtigung nur aus dem Unterhaltungswert. Wer sich für intellektuell hielt, verschwendete an den Tanz, so wie er damals war, keinen ernsthaften Gedanken. Entweder handelte es sich um die Form des Gesellschaftstanzes, dann konnte man ihn auch nicht als Kunst bezeichnen, oder der Tanz stand stellvertretend für das Ballett, eine Unterhaltung für weniger intellektuell Gesonnene und für alte, als ballettbegeistert bekannte Herren.« Und während es Leute gibt, die es als Blasphemie ansehen, Isadora Duncan und Mata Hari im selben Atemzug zu nennen, hatten doch die Vorführungen der beiden Tänzerinnen – zeitgenössischen Berichten nach zu urteilen – bestimmt sehr viele Gemeinsamkeiten, besonders im Hinblick auf den Stil. Ein Kritiker schrieb über Isadora einmal folgendes:

> ... sie übt die Kunst der Terpsichore nicht auf gewöhnliche Art und Weise aus, sondern veranschaulicht Gedichte oder dichterische Ideale, begleitet von Musik, mit, wie es scheint, völlig kunstlosen und natürlichen Tanzbewegungen ... Sie macht keinen einzigen routinemäßigen Schritt, und der ganze Tanz scheint mit etwas Ähnlichkeit zu haben, das im alten Griechenland hätte geschehen sein können ... Sie hatte sich die Schritte und Haltungen der klassischen Nymphen aus der antiken Kunst genau angesehen und eingeprägt.

Isadora hatte, um sich inspirieren zu lassen, auf die Mythen und Legenden der griechischen Mythologie zurückgegriffen, genau wie es Margarethe mit denen der Hindus gemacht hatte: Man braucht nur Griechenland durch Indien – oder manchmal Java – zu ersetzen, und der Kritiker hätte ebensogut Mata Hari meinen können.

Dem modernen Betrachter erscheinen Fotos der ›Isadorablen‹ (so nannte Miß Duncan ihre Schüler), wie sie in den nach griechischen Mythen entworfenen Kostümen durch das Gebüsch tanzen, lächerlich, wenn nicht geradezu peinlich. Und ebenso würde man Mata Hari, wenn sie ihre ›Demonstration der Tänze aus dem Fernen Osten‹ einem modernen Publikum präsentierte, höchstwahrscheinlich ausbuhen. Im nachhinein ist man immer schlauer, kann leicht zwischen den zwei Tänzerinnen differenzieren und sagen, welche von beiden denn nun den größeren Einfluß auf die weitere Entwicklung ihrer Kunst gehabt hat. Aber das sollte nicht das Urteil all jener schmälern, die Mata Hari als »die unbestrittene Königin der Tänze längst vergangener Zeiten« feierten. Was ihr an Talent fehlte, machte sie durch ihre Darbietung wett. Isadora glaubte, ihr Tanzen sei »mehr einem Publikum aus Künstlern und Intellektuellen als dem allgemeinen Publikum angemessen«, und sie hatte »kein Verlangen, die Aufmerksamkeit der

Zuschauer auf ihre Person zu lenken«; Mata Hari dagegen gab sich alle Mühe, das allgemeine Publikum zu umwerben und die größtmögliche Aufmerksamkeit auf sich selbst zu lenken. Angesichts der Tatsache, daß die Allgemeinheit Isadoras Verhalten nur als Arroganz deuten konnte, kommt es daher kaum überraschend, daß sie zwar Anerkennung bei Künstlern und Intellektuellen fand, Mata Hari aber den größeren populären Erfolg hatte.

Als Künstler war Monsieur Antoine – vielleicht kein Intellektueller, aber wenigstens ein Mann vom Fach – von Mata Haris Leistung in *Antar* keineswegs beeindruckt. Bei einer der Proben warf er sein Skript auf den Boden und schrie, so daß sie es auch hören konnte: »Das Mädchen tanzt ja wie ein Trampel.« Margarethe war nicht bereit einzuräumen, daß dies vielleicht eine temperamentvolle Übertreibung gewesen sein könnte, sondern nahm sogleich Anstoß daran. Von diesem Augenblick an machte sie ihm das Leben zur Qual: Sie erschien zu spät zu den Proben, stritt sich mit ihm über jede seiner Anweisungen und brachte alle an der Inszenierung Mitwirkenden gegen sich auf.

Zum Schluß triumphierte jedoch trotzdem Monsieur Antoine. Als *Antar* nicht mehr in Monte Carlo gespielt wurde, ging er mit seiner Inszenierung nach Paris, wo das Stück in seinem eigenen Theater auf dem Boulevard Strasbourg aufgeführt werden sollte. Auf keinen Fall aber mit Mata Hari. Sie hielt ihm ihren Vertrag unter die Nase, doch er kehrte ihr nur den Rücken zu. Sie drohte ihm damit, ihn wegen Schadenersatz und Vertragsbruch zu verklagen; er teilte ihr mit, sie solle das ruhig machen. Die Presse griff diese Geschichte vergnügt auf, und die ganze Affäre wurde zum Gegenstand hitziger öffentlicher Diskussionen, wobei Margarethes Verehrer sie empört gegen Antoines Anschuldigungen verteidigten, während ihre Kritiker verständnisvoll erklärten, daß der Regisseur nur das zum Ausdruck gebracht habe, was sie ohnehin schon immer gewußt hätten. Doch während Margarethe früher eine solche Geschichte mit einem Achselzucken abgetan und sich gesagt hätte, daß Publicity welcher Art auch immer gut sei, hatte Antoine sie dieses Mal an einem wunden Punkt getroffen. Sie gab ihren Anwälten Anweisung, die Angelegenheit gerichtlich zu regeln, und verkroch sich, um ihre Wunden zu lecken.

Die sechs Monate zusammen mit Kiepert in Berlin waren seit ihrer Heirat die längste Zeit gewesen, die sie sich an jemanden gebunden hatte. Solange ihre Karriere reibungslos verlief, zog sie es vor, unabhängig zu sein; in Paris hatte es ihr gut gefallen, ihre Gunst lieber mehr oder weniger gleichmäßig auf verschiedene Geliebte zu verteilen, als sich nur auf einen oder zwei zu konzentrieren. Doch nun war ihr Selbstvertrauen in Gefahr, und sie brauchte unbedingt Bestätigung. Ausnahmsweise einmal reichten Geld und Ruhm nicht aus – sie brauchte einen Freund.

Felix Rousseau war – natürlich – sehr reich. Als Bankier, Anfang Vierzig, und als ausdauerndster aller ihrer Verehrer in Paris ragte er in zweierlei Hinsicht aus der Masse heraus: Er war einer der wenigen, die tatsächlich, und zwar höchst erfolgreich, für ihren Lebensunterhalt arbeiteten, und er hatte Margarethe schon monatelang ersucht, ihn allein als ihren Protektor zu akzeptieren. Rousseau muß schon sehr in sie verliebt gewesen sein, denn als sie plötzlich in seinen Vorschlag einwilligte, nahm er ihren Sinneswandel ohne zu fragen hin, obwohl er sich über ihre Gründe im klaren gewesen sein muß. Er gab sogar seine Zustimmung, trotz riesiger Kosten und nicht geringer persönlicher Unannehmlichkeiten für sie ein Haus auf dem Lande zu suchen, wohin sie sich sogleich zurückziehen konnte, weg von Paris, Monte Carlo, den Theatern, ja eigentlich von allem, was sie an die *Antar*-Affäre erinnern konnte. Rousseau übertraf sogar noch ihre Erwartungen und quartierte sie in dem reizenden kleinen Château de la Dorée in dem Dorf Esvres in der Nähe von Tours ein.

Das Ende einer Ära

Margarethes Verehrer aus der Stadt hätten wohl kaum die einsame Frau wiedererkannt, die in den symmetrisch angelegten, sich wie ein Spitzenkragen rund um das Château ziehenden Gärten umherschlenderte. Es wäre ihnen schwergefallen, die etwas schlampige Gestalt mit dem Sonnenhut in der Hand, die sich über die Rosmarinbüsche beugte, um ihren Duft einzuatmen, oder die büschelweise staubigen blauen Lavendel sammelte, der in Hülle und Fülle jenseits der Gartenmauern wuchs, mit jener eleganten *femme du monde* in Einklang zu bringen, die sie aus Paris kannten.

Es lag zwar eine Spur von Schauspielerei in dieser Aufmachung, doch ausnahmsweise wollte Margarethe dieses Mal wirklich nicht erkannt werden. Das Verhängnis, vor dem sie jahrelang Angst gehabt hatte, hatte sie schließlich doch eingeholt: Monsieur Antoine hatte einen Zipfel ihres Schleiers gelüftet und den entscheidenden Fehler im Kern ihrer Maskerade aufgedeckt. Margarethe befand sich auf dem Rückzug.

Wenn sie auf die Wirkung des Vorfalls vorbereitet gewesen wäre, hätte sie vielleicht all ihren Mut zusammengerafft, um die Sache eisern durchzustehen. Es war schließlich kein Verbrechen, sich Phantasien hinzugeben oder sich zu verstellen. Doch die Schmach der Verachtung seitens Monsieur Antoine hatte ihr nachdrücklich die Demütigung in Erinnerung gerufen, die ihr Rudolph Jahre vorher in Amsterdam zugefügt hatte. Ihr Versuch, gegenüber Rudolph den Spieß umzudrehen, war kläglich gescheitert; sie hatte sich zwar mit den Waffen gewappnet, die ihr für einen wirksamen Gegenangriff notwendig erschienen, nämlich Ruhm, Vermögen und einflußreiche Beziehungen, trotzdem aber hatte sie Jeanne-Louise verloren. Wenn diese Waffen bei Rudolph versagt hatten, würden sie bestimmt auch bei Monsieur Antoine wirkungslos bleiben; und sie würden sicher keinen Eindruck auf all jene Rivalinnen und Gegnerinnen in Paris machen, die sich selbst jetzt über ihre Niederlage eins ins Fäustchen lachten. Wie ein Krebs, dem man die Schere zerbrochen hat, fühlte sie sich ungeschützt und verletzlich; das Château de la Dorée kam ihr als Spalt in den Felsen gelegen, und so war sie dorthin geeilt, um sich zu verstecken.

In den ersten Monaten ihres Aufenthaltes in der Touraine nahm Margarethe ihre Umgebung kaum wahr. Der Zauber ungewohnter Einsamkeit und Ruhe bewirkte in ihr eine Lethargie, die sie nur mühsam ablegen konnte. Denn soweit ihre Erinnerung zurückreichte, hatte sie ihre gesamte Energie der Suche nach Romantik und Aufregung gewidmet; zehn Jahre lang hatte sie damit zugebracht, ihren Sinnen zu frönen. Jetzt sah sie keine Veranlassung, die Jagd in Eile wiederaufzunehmen; sie gab sich damit zufrieden, die Dinge einfach laufen zu lassen.

Als Margarethes Panik abklang und ihre Wunden verheilten, stellte sie zu ihrer Überraschung fest, daß ein Leben ohne Gesellschaften, Geschäfte oder bewundernde Menschenmengen einen ganz eigenen Reiz hatte. Felix Rousseau war so überglücklich gewesen, sein Idol ganz für sich allein zu haben, daß er keine Mühe gescheut hatte, ihr alles, was sie nur brauchen oder sich wünschen konnte, zu beschaffen. Im ganzen Haus hatte er Blumen aufstellen lassen, zu ihrer Aufwartung ein ganzes Heer von Bediensteten eingestellt und – darauf bedacht, daß sie sich während seiner Abwesenheit in Paris nicht langweilte – ihr ein Pferd gekauft, damit sie die Umgebung nach Belieben erkunden konnte. Er mußte sich noch immer um seine Bankgeschäfte kümmern und konnte deshalb nur am Wochenende nach Esvres kommen, doch Margarethe vermißte ihn nicht. Obwohl man sich kaum einen größeren Unterschied als den zwischen der Touraine und Java vorstellen kann, entdeckte sie doch in der friedlichen französischen Landgegend etwas von demselben Vergnügen, das sie auch inmitten der tropischen Pracht jener weit entfernten Insel gefunden hatte. Sie befreite ihr langes schwarzes Haar von den Nadeln, die es hielten, vertauschte ihre vornehmen Gewänder mit einfacher Baumwollkleidung, bummelte durch die Schloßanlagen und durchstreifte, verträumt und zufrieden, die Felder und Wälder in der Umgebung. Als Schloßherrin von Dorée konnte sie dort sein, wo es ihr beliebte, sich kleiden, wie es ihr gefiel, und tun, was sie wollte; es war niemand da, der Einwände erhob, sich mißbilligend äußerte oder auch nur Kommentare abgab.

Doch als der Herbst den Sommer ablöste, ließ sich Margarethe von der Tristesse der Jahreszeit anstecken. Sie wurde nachdenklich und melancholisch und verband ihre neue Stimmung mit entsprechend großspurigen Gesten. Ihre gemächlichen Spaziergänge in der Sonne wurden zu ungestümen Galoppaden durch die vom Wind zerzausten Felder; daran schlossen sich Stunden an, in denen sie in einem nur vom Flackern der Kaminscheite beleuchteten Zimmer vor sich hingrübelte. Wenn sie über ihr rastloses Leben nachdachte, kam ihr der Gedanke, daß sie unter anderen Bedingungen vom Leben gar nichts anderes erwartet hätte, als in diesem dufterfüllten Sonnenschein eine Schar pausbäckiger Kinder aufzuziehen. Wenn doch nur Jeanne-Louise hätte hier bei ihr sein können! Wie sehr hätte sie dann die Gärten und die Weinberge, die Hunde und die Pferde geliebt! In der zunehmenden Düsterkeit des bevorstehenden Winters schienen plötzlich Geister der Vergangenheit umzugehen, und all ihre unterdrückten Gefühle, aller Kummer und alles Leid, die sie so entschlossen ignoriert hatte, schienen nun ihre Aufmerksamkeit zu fesseln, schienen aus dem Dunkel mit fahlen, gierigen Fingern nach ihr zu greifen und sie in die Hölle hinunterzuziehen. Von Bedauern und Sehnsucht gequält, fand

Margarethe nun die Einsamkeit, die sie einst so erfrischt hatte, wegen ihrer Intensität erschreckend. Der Gegensatz zwischen dem, was war und was hätte sein können, bedrängte sie im Laufe des Winters immer mehr. Der Reiz des Neuen hatte sich bei ihrer ländlichen Idylle abgenutzt, und es fiel ihr schwer, sich die Begeisterung für eine Rolle zu erhalten, die sie vor einem Publikum spielte, das nur aus höflichen, keine Miene verziehenden Bediensteten bestand. Sie brauchte Gesellschaft, um die Geister in Schach zu halten und sich aus dem Morast des Selbstmitleids zu befreien. Rousseaus häufige und manchmal auch lang anhaltende Abwesenheit, die ihr am Anfang so gelegen gekommen war, erschien ihr nun wie Vernachlässigung, wenn nicht gar wie böswilliges Verlassen.

Sie war schon länger als ein Jahr in Esvres, als sie zu dem Entschluß kam, sie könne es hier nicht mehr aushalten. Ein Brief von ihrem Anwalt, der genau zur rechten Zeit eintraf und ihr mitteilte, das Gericht habe endlich in der *Antar*-Affäre zu ihren Gunsten entschieden und Monsieur Antoine angewiesen, ihr dreitausend Francs Schadenersatz zu zahlen, besiegelte endgültig ihre Entscheidung. Als der schwergeprüfte Rousseau an einem Freitagabend aus dem Zug von Paris ausstieg, empfing ihn seine Geliebte mit der Mitteilung, sie langweile sich auf dem Lande und wolle zurück nach Paris.

Der arme Felix – er war zu großzügig und zu verliebt – reagierte sogleich auf diese neue Laune, indem er Margarethe ein vornehmes und äußerst gemütliches Haus in dem schmucken Pariser Vorort Neuilly-sur-Seine verschaffte. Er stand am Rande eines spektakulären und vollständigen finanziellen Zusammenbruchs, und der Kauf des Hauses Rue Windsor 11 war seine letzte extravagante Geste. Rousseaus Frau sollte später Margarethe diesen Ruin anlasten, doch eigentlich war es genauso seine eigene Schuld wie die ihre. In den vergangenen achtzehn Monaten hatte er seine Geschäfte ernstlich vernachlässigt, und daß er seine geliebte Mata Hari so prunkvoll im Château de la Dorée einquartiert hatte, war ein unglaublich teures Unternehmen gewesen. Er hatte ihr nichts abschlagen können; die ganze Welt hatte er ihr zu Füßen gelegt, und Mata Hari hatte sie um ein Haar auch genommen.

Als Margarethe sich in ihrem neuen Heim eingerichtet hatte, hatte sie auch die Geister abgeschüttelt und die Vergangenheit mit dem Gelöbnis gänzlich abgeschlossen, sie nie wieder in ihr Leben eindringen zu lassen; und wieder einmal konzentrierte sie sich eifrig auf sich selbst. Als Felix mit Tränen in den Augen von ihr Abschied nahm, war sie froh, daß er ging. Seine Gegenwart hätte sie nur ständig an die schmachvolle Schwäche erinnert, die sie zur Flucht veranlaßt hatte, und an die Zeit der schmerzlichen Selbstbespiegelung im Anschluß an ihre Flucht. Auch diese Schwäche gehörte nun unwiederbringlich der Vergangenheit an. Daß die Entscheidung des Gerichts zu ihren Gunsten ausgefallen war, hatte ihren Ruf und ihr Selbstbewußtsein wiederhergestellt; ihre Kraft war zurückgekehrt, und nun bedurfte sie seiner nicht mehr. Wieder einmal war sie da angelangt, wo sie hingehörte.

Als sie vier Jahre vorher, 1907, aus Berlin nach Paris zurückgekehrt war, hatte sie festgestellt, daß die Zeit während ihrer Abwesenheit nicht stehengeblieben war. Im Jahre 1911 sah sie sich nun derselben Situation gegenüber; ihr unmittelbares Interesse galt jedoch mehr der Frage, wie sich das auf ihre Garderobe auswirkte, als der Bedeutung, die das für ihre Karriere haben könnte. Und o Graus: Ihre gesamte Kleidung war unmodern. Ihre Hüte, ihre Kleider und ihre Schuhe – alles mußte sie sich neu anschaffen; es war undenkbar, daß sich die berühmte Mata Hari in der Mode des vergangenen Jahres präsentierte. Felix hatte ihr vor seinem finanziellen Ruin eine großzügig bemessene Geldsumme zur Verfügung gestellt, und mit ihrer bekannten Begeisterung fürs Geldausgeben stürzte sie sich in einen Großeinkauf. Während sich die Couturiers vergnügt die Hände rieben, als sie Margarethe kommen sahen, seufzten die Untergebenen resigniert. Einer der Schneider erinnerte sich später daran: »Ich fertigte für Madame Mata Hari mehrere Kleider an, und sie zählte zu meinen am wenigsten geschätzten Kundinnen, weil sie immer im Mittelpunkt stehen wollte und verlangte, daß sich alle Näherinnen nur auf sie konzentrierten.«

Margarethe begann sich nicht eher Gedanken um die Zukunft zu machen, als bis sie mit ihrer äußeren Erscheinung zufrieden war. Auf und nieder tanzende Straußenfedern, dazu ein spitzenbesetzter Sonnenschirm, der von ihrem mit einem eleganten Handschuh bedeckten Handgelenk herabbaumelte – so zog sie dann los, um zu erkunden, was sich in der Stadt seit ihrem Weggang alles ereignet hatte. Schon bald stieß sie auf die Antwort; das Ereignis hieß: Diaghilew. Sergej Diaghilew, vielseitig begabt und überlebensgroß, Impresario, Veranstalter, Moderator und Sprecher für alle Künste, hatte einen genialen und sorgfältig geplanten Angriff auf die kulturelle Hauptstadt Europas gestartet. Die erste Spitze dieses Angriffs war eine Ausstellung russischer Gemälde gewesen, die er im Jahre 1906 nach Paris geschafft hatte. 1907 hatte er dann eine Reihe von Konzerten mit russischer Musik organisiert und 1908 Modest Mussorgskijs Oper *Boris Godunow* mit Fjodor Schaljapin in der Titelrolle der Öffentlichkeit vorgestellt.

Jedes der nachfolgenden Experimente war erfolgreicher gewesen als das vorhergehende, und so fühlte sich Diaghilew ermutigt, sein ehrgeizigstes Unternehmen zu wagen, jenes, mit dem sein Name auf ewig verknüpft sein wird: das Ballett. Aus dem Petersburger und Moskauer Ballett hatte er eine Truppe von solch gewaltiger Begabung um sich geschart, daß kein anderer Sterblicher sie hätte zügeln, geschweige denn in geordnete Bahnen lenken können. Das Diaghilew-Ballett vereinte Tanzgenies wie Vaclav Nijinskij, Anna Pawlowa und Tamara Karsavina, dazu die choreographische Brillanz eines Michel Fokine, die Kostüme und Entwürfe eines Leon Bakst und Alexandre Benois und die Musik von Glinka, Borodin, Mussorgskij und

Rimskij-Korssakow. Dieses glänzende Ensemble stellte Diaghilew im Jahre 1909 zum ersten Mal vor.

Das Programm ihres ersten Auftritts erscheint heute nicht sonderlich revolutionär, doch es war sorgfältig geplant; Diaghilew hatte keineswegs die Absicht, das Publikum zu verwirren, gegen sich aufzubringen oder zu schokkieren, solange es noch nicht für seinen Stil bereit war. Doch Tschérépnins *Le Pavillon d'Armide*, die ›Polowetzer Tänze‹ aus Borodins *Fürst Igor* und eine Folge von Tänzen zu einem musikalischen Potpourri mit dem Titel *Le Festin* erregten schon genug Aufsehen bei einem weithin uneingeweihten Publikum. Zusammen mit Gabriel Astruc war Diaghilew zu dem Entschluß gekommen, daß das alte und altmodische Théâtre du Châtelet dem Ereignis nicht ganz angemessen war.

Er [Diaghilew] ließ das ganze Haus renovieren und mit neuem Teppichboden auslegen; die Sitze wurden herausgerissen, um Logen Platz zu machen, und mit der begeisterten Unterstützung von Astruc verwandelte Diaghilew Foyer und Rang in einen Garten . . . Astruc achtete sogar darauf, daß sein Premierenpublikum zur schmuckvollen Gestaltung beitrug, und bot den schönsten Schauspielerinnen von Paris Plätze im Hauptrang an. Zweiundfünfzig von ihnen nahmen die Einladung an, und Astruc gab sich größte Mühe, Blondinen und Brünette abwechselnd zu plazieren. Serow entwarf ein Plakat, und der junge Dichter und Maler Jean Cocteau erhielt den Auftrag, eine illustrierte Broschüre zu verfassen.

Sergej Grigoriew, Diaghilews Inspizient, beschrieb die Premiere folgendermaßen:

Als die Vorstellung vorbei war, war klar, daß sich die Zuschauer herrlich amüsiert hatten und von dem bemerkenswerten Schauspiel tief beeindruckt waren. An jenem Abend war es Diaghilew tatsächlich gelungen, Paris zu beweisen, was so lange in Vergessenheit geraten war, daß nämlich das Ballett eine wirklich wundervolle Kunst sein konnte. Diese Premiere öffnete zweifellos der Pariser Öffentlichkeit die Augen und markierte die Wiederauferstehung des Balletts außerhalb Rußlands.

Da Margarethe zu dieser Zeit in Paris war, muß sie diese Sensation ganz genau mitbekommen haben, ja sie hat vielleicht sogar selbst einer Vorstellung des Diaghilew-Balletts beigewohnt. Sie war jedoch in den zwei vorhergehenden Jahren die meiste Zeit nicht dagewesen, zwei Jahren, in denen dieser ungewöhnliche Russe die Einstellung der Öffentlichkeit zum Tanz wahrhaft revolutioniert hatte. Nach dem Erfolg von 1909 folgten im Jahre 1910 noch größere Triumphe, und nun war das Diaghilew-Ballett wieder in Paris, und die dritte Spielzeit versprach die ersten beiden sogar noch in den Schatten zu stellen.

Das Geheimnis von Diaghilews phänomenalem Erfolg lag in seiner inspirierenden Begeisterung für das Ballett als künstlerischem Medium und in seiner ungeheuer sorgfältigen Beachtung des Details. Unter seiner fachmännischen Leitung arbeiteten Bühnenbildner, Choreographen, Tänzer und sehr häufig auch Komponisten von Beginn einer jeden Inszenierung an eng zusammen, und diese Harmonie verlieh jeder Vorstellung noch eine zusätzliche Atmosphäre und Einheit. Für Zuschauer, die in Ballettänzern – falls sie sich überhaupt etwas darunter vorstellen konnten – wenig mehr als talentierte Puppen sahen und ihre Kunst für gewissenhaft, aber nüchtern und sterbenslangweilig hielten, waren Diaghilews Inszenierungen in der Tat eine Offenbarung. Als sich der Vorhang zur Premiere von *Scheherazade* hob, gingen die ersten Takte von Rimskij-Korssakows Musik in stürmischem Applaus unter. Die Pracht des Bühnenbildes – kräftige Blau- und Grüntöne auf einem strahlenden orangefarbenen Hintergrund – fand ihre Entsprechung in der atemberaubenden Virtuosität der Tänzer, ja wurde von diesen sogar noch übertroffen. Alle Vorurteile und Vorbehalte wurden förmlich hinweggefegt; Diaghilew hatte das Ballett von seinem intellektuellen Sockel gestoßen und aufgedeckt, wie gefühlsbetont, anregend und höchst unterhaltsam es sein konnte.

Die Wirkung dieser Läuterung verbreitete sich wie ein Lauffeuer; als Margarethe von ihrem Aufenthalt auf dem

Lande zurückkehrte, mußte sie feststellen, daß in ganz Paris plötzlich eine russische Atmosphäre herrschte und Lebhaftigkeit die derzeitige Stimmung prägte. Apathie war aus der Mode, zu posieren *passé*, und das Geheimnisvolle hatte seine Anziehungskraft verloren. Nichts davon verhieß etwas Gutes für die Arbeitsaussichten einer ›orientalischen Tänzerin‹, die die erste Blüte ihrer Jugend und Schönheit schon hinter sich hatte und ihren Erfolg genau diesen Eigenschaften verdankte.

Selbst Margarethes früher einmal aufsehenerregende Bereitschaft, in der Öffentlichkeit alle Hüllen fallen zu lassen, war keineswegs mehr ein Freibrief für Auftritte; es herrschte kein Mangel an jüngeren, schöneren und auch begabteren Mädchen, die dies sehr gerne zu jeder Zeit und Stunde machten. Margarethe war sich dessen voll bewußt und hatte, wie es hieß, einmal ironisch bemerkt, daß sie neuerdings wahrscheinlich für Aufsehen sorgen würde, wenn sie vollkommen angekleidet tanzte. Doch als sie allmählich das volle Ausmaß der Veränderungen, die während ihrer Abwesenheit eingetreten waren, begriff, fiel ihr das Lachen immer schwerer. Bei jedem ihrer Comebackversuche entgegnete man ihr höflich, aber mit kühlem Bedauern, es bestehe kein Bedarf für die Talente einer Madame Mata Hari; allerdings, wenn sie vielleicht einen neuen Stil entwickeln würde . . .?

Margarethe konnte es sich jedoch nicht erlauben, in ihrer Zuversicht schwankend zu werden, denn sie hatte nun einen neuen Grund zur Sorge. Die nie versiegende Quelle, als die sich Felix' Geldbeutel erwiesen hatte, war plötzlich ausgetrocknet, und sie brachte das Geld, das er ihr geschenkt hatte, in beängstigendem Tempo durch. Trotz der veränderten Verhältnisse hatte sie ihren luxuriösen Lebensstil beibehalten, und sie war ebensowenig imstande zu sparen wie zu fliegen. Es wurde Zeit, daß sie sich einen neuen vermögenden Beschützer suchte.

Außer für den äußerst kritischen Betrachter war Margarethe noch immer eine außergewöhnliche Schönheit, und selbst ihre schlimmsten Feinde hätten über die inzwischen Fünfunddreißigjährige kaum etwas Negativeres sagen können, als daß sie sich den mittleren Jahren ›näherte‹. Doch als sie plötzlich feststellte, daß ihre Dienste – weder als Künstlerin und, was bedenklicher war, auch als Kurtisane – nicht mehr gefragt waren, gelangte sie zu der Überzeugung, nicht mehr gut auszusehen. Während sie besorgt in den Spiegel schaute, muß ihr die Frage in den Ohren geklungen haben: Wenn deine Schönheit weg ist, was bleibt dir dann eigentlich noch? Die Antwort war nicht ermutigend.

Margarethe rief sich tapfer in Erinnerung, sie habe ihre Gefühle besiegt, den Schmerz hinter sich gelassen und wolle nun als nächstes ihre Neugier befriedigen; diesen Augenblick suchte sie sich aus, um den Versuch zu unternehmen, mit ihrer Tochter in Verbindung zu treten. Sie schrieb einen höflichen, ja respektvollen Brief an Rudolph und bat ihn um seine Zustimmung zu einem Treffen. Jeanne-Louise war inzwischen dreizehn Jahre alt, und Margarethe hatte seit mehr als sechs Jahren nichts mehr von ihr gehört. Hätte ihr jemand angedeutet, sie klammere sich angesichts einer einsamen Zukunft an einen Strohhalm, so hätte sie nur verächtlich gelacht. Ihr Versuch war jedoch zum Scheitern verurteilt. Rudolph hatte im Jahre 1907 wieder geheiratet, hatte aus dieser Beziehung eine weitere Tochter (die er Norma nannte, im Andenken an seinen geliebten Sohn Norman) und wollte sich gerade von seiner zweiten Frau trennen; weder seine eigenen Erlebnisse noch Margarethes Karriere hatten seine Gefühle ihr gegenüber in irgendeiner Weise verändert. Wie eh und je war er fest entschlossen, Jeanne-Louise daran zu hindern, mit ihrer Mutter auch nur entfernt in Berührung zu kommen. Margarethe erhielt auf ihren Brief keine Antwort; und obwohl sie dieser Fehlschlag kaum überrascht haben kann, war allein schon das gefühlsmäßige Trauma, den Versuch unternommen zu haben, Anlaß genug, sie in um so tiefere Niedergeschlagenheit zu stürzen.

Ein objektiver Beobachter wäre sicher zutiefst betrübt gewesen, daß diese Dame, die man einst als ›la femme la plus célèbre d'Europe‹ bezeichnet hatte, nun so tief gesunken war, daß sie in den Eingangshallen der Hotels nach Kunden suchte. Wenn auch die Creme der Pariser Gesellschaft nichts mehr mit ihr zu tun haben wollte, so bestand doch in der Hauptstadt kein Mangel an Besuchern, die in ihr immer noch die berühmte Mata Hari sahen und sich glücklich schätzten, für das Vergnügen, ihre Gesellschaft zu genießen, bezahlen zu dürfen.

Unglücklicherweise konnten sie aber nicht genug bezahlen; sechshundert Francs die Nacht reichten auch nicht im entferntesten, um die täglichen Kosten für den Haushalt, die Löhne der Bediensteten und die Unterbringung sowie das Futter ihrer wertvollen Pferde zu decken, ganz zu schweigen davon, was sie persönlich für die notwendigen Dinge des Lebens wie Kleidung, Schmuck und Lebensunterhalt ausgab. Voller Verzweiflung ließ sie sich dazu herab, in den *maison de rendez-vous* zu verkehren; normalerweise garantierten ihr die Besitzer (oder, was noch häufiger der Fall war, die Besitzerinnen) eintausend Francs die Nacht, um sich für den Nutzen, den das Etablissement aus Margarethes Ruf ziehen konnte, erkenntlich zu zeigen. Margarethes in einen Umhang gehüllte Gestalt an der Schwelle des berüchtigten Hauses *Rue Byron 14* wurde zu einem vertrauten Anblick oder – wie grausam – an der *Rue Gallilée 5*, von wo aus man zum Schauplatz ihres sensationellen Debüts, dem Musée Guimet, nur um die Ecke gehen mußte.

In der Zwischenzeit hatte die triumphale Zusammenarbeit mit Diaghilew Margarethes alten Freund Gabriel Astruc in einen Zustand großer Erregung versetzt. Vielleicht war ihm auch der Erfolg zu Kopf gestiegen oder er dachte sich, er habe die Fähigkeit des Midas und jedes Projekt, mit dem er zu tun habe, könne einfach nicht fehlschlagen. Vielleicht wollte er aber auch nur seinen Erfolg ein bißchen mit einem Klienten teilen, den er eine Zeitlang nicht gesehen hatte und der, wie man hörte, harte Zeiten durchmachte. Wie auch immer seine Gründe aussehen mochten, jedenfalls besorgte Astruc im Januar 1912 Mata Hari ein Engagement, und zwar nirgendwo anders als an der Mailänder Scala.

Margarethe reagierte auf die Nachricht von ihrem Engagement mit fassungslosem Erstaunen. Sie hätte nicht verwunderter sein können, wenn Blériot sie zu einem Flug mit seinem Flugzeug eingeladen hätte. Sie hätte schon ein Übermensch sein müssen, um mit einer solchen Aussicht spielend fertig zu werden – und sie war kein Übermensch; daher gab es nur zwei andere Möglichkeiten zu reagieren. Sie konnte in Panik ausbrechen und flüchten, oder die ganze Geschichte stieg ihr zu Kopf und versetzte sie sanft in eine Phantasiewelt. Bezeichnenderweise schlug sie den letzteren Kurs ein. Lässig teilte sie Astruc mit, sie nehme das Engagement gerne an; allerdings komme es so kurzfristig, daß sie natürlich nicht viel proben könne, geschweige denn, daß sie sich der anstrengenden Arbeit unterziehe, wie sie ihre monatelange Muße eigentlich unbedingt erforderlich gemacht hätte.

Sie sollte eine Starrolle übernehmen und als Teil eines neuen Balletts, *Bacchus und Gambrinus* nach der Musik von Marenko, die Venus darstellen; und wie ein Violinist in einem ›concerto‹ von jemand anders seinen eigenen Solopart spielen kann, so sollte sie im fünften Akt der *Armida*, einer Oper von Gluck, ihren Tanz ›Die Prinzessin und die Zauberblume‹ vorführen. Für die Rolle der Venus waren kaum mehr als ein oder zwei anmutige Posen erforderlich, was ihr wenig Probleme bereiten würde; sie mußte lediglich ihr Haar herunterlassen und verführerisch aussehen. Was aber ihren Tanz als Prinzessin anging, nun, da hatte sie nichts von ihrem Geschick eingebüßt, Atmosphäre schaffen zu können. Die Scala hatte einen großzügig bemessenen Etat für Kostüme; und wenn das Publikum erst einmal viereinhalb Akte der Oper ausgehalten hatte, würde es bereitwillig jede Form von Unterhaltung als willkommene Abwechslung betrachten.

Diaghilews Russisches Ballett hatte noch nicht in Mailand gastiert, es gab dort sein Debüt sogar erst im Jahre 1920, und selbst dann tanzte es gewöhnlich vor nur halbvollen Häusern und einem gleichgültigen Publikum. Auch auf Margarethes Auftritt reagierten die Zuschauer nur wenig begeistert, und die Presse geizte gleichfalls mit Lob, wenn sie Mata Hari überhaupt zur Kenntnis nahm. Der *Corriere della Sera* räumte zwar ein, sie beweise in ihrem Tanzen »Ausdrucksstärke«, beklagte aber, wie »schrecklich langsam« sie tanze. Zu diesem Zeitpunkt war ihr das jedoch alles gleich; sie schien das Gefühl zu haben, ihr Auftritt an solch illustrer Stätte mache sie über alle Kritik erhaben und enthebe sie der Notwendigkeit, die Existenz der Presse und ihrer Kommentare überhaupt zu beachten. Ein Gutes hatte allerdings ihr Auftritt in der Scala doch: Unter dem Premierenpublikum weilte auch ein reicher alter Lebemann, dessen Blut eingedenk Margarethes Ruf in Wallung geriet. Ihm hatte sie es zu verdanken, daß sie schließlich doch noch die Gelegenheit erhielt, den Traumtanz aus Strauss' *Salome* vorzuführen, und zwar bei einer Privatvorstellung im Hof des dem alten Herrn gehörenden Palazzo. Während ihr sein überschwengliches Lob noch in den Ohren klang, schwebte sie hoch oben auf einer Wolke des Selbstvertrauens zurück nach Neuilly.

Sollte es Margarethe merkwürdig vorgekommen sein, daß die Einladungen, ihr Genie doch mit der Welt zu teilen, ihr nicht reihenweise ins Haus flatterten, so schrieb sie es wahrscheinlich dem allseits bekannten Phänomen zu, daß ein Genie noch nie zu seinen Lebzeiten volle Anerkennung gefunden hatte. Doch selbst wenn sie ein Genie war, entband sie das nicht davon, Rechnungen bezahlen zu müssen. Während sie noch über die Hartnäckigkeit ihrer zahlreichen Gläubiger stöhnte, kam ihr eine glänzende Idee. Warum sollte sie eigentlich darauf warten, daß ein schüchterner Veranstalter seinen ganzen Mut zusammennahm, um an sie heranzutreten? Ein Talent wie das ihre konnte sich in jeder Umgebung entfalten, selbst unter freiem Himmel.

Der Londoner *Tatler* vom 24. September 1913 enthielt eine zweiseitige Fotoreportage mit dem Titel: »Lady MacLeod tanzt im Mondschein für ihre Freunde.« Die Bildunterschrift unten auf der Seite lautete:

Lady MacLeod, beruflich als ›Matu [sic] Hari‹ bekannt, wuchs in Indien auf, dem Land, das sie zu so vielen ihrer Tänze inspirierte. Kürzlich gab ihre Ladyschaft in ihrem prachtvollen Hotel in Neuilly nahe bei Paris eine herrliche *soirée d'art*, zu der nur ein kleiner erlesener Freundeskreis geladen war. Die Tänze, die sie vorführte, vermittelten einen tiefen Eindruck von religiösen Riten, von Liebe und Leidenschaft, und wurden hervorragend dargeboten.

Die Fotos beweisen, daß Margarethe immer noch eine bildschöne Frau war, und auch der Text unter den Bildern bestätigt, daß sie noch nichts von ihrer Faszination eingebüßt hatte. Sie hatte den berühmten indischen Musiker Ustad Inayat Khan verpflichtet, der sie auf der Sitar begleitete, und ihre Kostüme und ihre äußere Erscheinung wirkten mehr denn je indisch. Doch ihr sanfter Gesichtsausdruck, ihr sittsames Aussehen und ihre eleganten Posen deuten auf eine neue Traurigkeit hin. Natürlich war sie älter geworden und wahrscheinlich auch nicht mehr so geschmeidig und erotisch wie zuvor, aber ihr einziger wirklicher Fehler bestand darin, daß sie nicht mehr gefragt war. Der Reporter des *Tatler* fand offensichtlich Vergnügen an ihrem Auftritt, doch vermutlich hatte er (oder sie) Mata Hari nie vorher tanzen sehen und somit auch keinen Grund, sie als altmodisch abzutun.

Es ist schwer zu entscheiden, ob Margarethe aus diesem neuen Unternehmen einen Verkaufsschlager machen wollte oder ob sie nur ihrer Phantasie freien Lauf ließ. Und es ist gleichfalls schwer zu entscheiden, was der Ustad, die Nachbarn oder die Zuschauer von dieser Unterhaltung im Freien hielten. Ihre Reaktionen waren wahrscheinlich eine

Mischung aus Respekt vor dem großen Star, der sie einmal gewesen war, und Verwunderung über – ihrem Empfinden nach – Mata Haris zunehmende Exzentrizität, wobei seitens der Nachbarn zweifellos noch eine Menge Verärgerung hinzukam.

Wie der Zufall so spielt, war einer jener Nachbarn in Neuilly niemand anders als Isadora Duncan. Die amerikanische Tänzerin hatte sich 1908 in diesem Vorort ein ungewöhnliches Atelier gekauft, es jedoch nie öfter als einige Tage hintereinander benutzt. Der Wandmaler Henry Gervex hatte es bauen lassen und darauf bestanden, daß die Innenwände drei Stockwerke hoch waren, damit er seine Gemälde unterbringen konnte. Auf einer hohen Galerie in einer Ecke dieses riesigen leeren Raumes hatte Isadora ein kleines fensterloses Zimmer errichtet, das ihr als Wohn- und Schlafbereich diente; sein Boden war mit schwarzen Teppichen ausgelegt, und die Wände waren ganz mit schwarzer Seide verkleidet, auf denen sich verstreut Spiegel in goldenen Rahmen fanden. Der übrige Raum diente ihr als Tanzatelier. Nun hatte sie sich entschlossen, mehrere Monate mit ihren beiden Kindern hier zu verbringen. Hätte der Wind die richtige Richtung genommen, hätte Isadora vielleicht die Klänge unpassender Musik hören können, die durch die Vorstadtluft hallte. Der Faden des Zufalls, der die Karrieren beider Tänzerinnen durchzog, sollte sich auf unheimliche Weise weiter fortsetzen bis zu schmerzlichem Verlust und vorzeitigem Tod. Die beiden Kinder Isadoras sollten 1913 nach einem Autounfall ertrinken, als sie gerade erst sieben bzw. fünf Jahre alt waren, und Isadora selbst starb im Alter von neunundvierzig Jahren ebenfalls bei einem Autounfall. Es ist allerdings nichts darüber bekannt, daß sich Margarethe und Isadora je begegnet sind.

Welche Motive auch die letzte exzentrische Entwicklung in Margarethes Karriere beeinflußt haben mögen, es kann wohl kaum ein Zweifel daran bestehen, daß ihr ohnehin prekärer Realitätssinn rapide nachließ. Als nächstes tat sie

Gabriel Astruc kund, sie wolle zusammen mit dem Diaghilew-Ballett tanzen.

Dieses Mal war es an Astruc, erstaunt zu sein. Das Diaghilew-Ballett befand sich auf dem Höhepunkt seines schöpferischen, künstlerischen und populären Erfolgs. Die Truppe war dauernd gefragt, und allein in diesem Jahr waren Auftritte in Berlin, Dresden, Wien, Budapest, Monte Carlo, Paris und London vorgesehen. Anna Pawlowa war zwar aus dem Ensemble ausgeschieden, um eine eigene Karriere in Angriff zu nehmen, doch Mathilde Kschessinska und Ida Rubinstein hatten sich als Primaballerinen zu Tamara Karsavina gesellt, deshalb war die Truppe wahrscheinlich nicht auf der Suche nach weiteren Tänzerinnen. Wäre das jedoch der Fall gewesen, wären ohnehin nur welche mit der besten Ausbildung und größten Begabung, also die absolute Spitze dessen, was das Kaiserlich-Russische Ballett zu bieten hatte, für einen Platz in der Diaghilew-Truppe in Betracht gekommen.

Der Ruf der Truppe, modern und liberal zu sein, war es, der Margarethe glauben machte, sie könne auch etwas beisteuern; wie die Motte vom Licht, so fühlte sich Margarethe vom Skandal und von der Begeisterung, die die Diaghilew-Truppe umgab, angezogen, weniger jedoch von deren künstlerischen Zielen. Die Kontroverse, die Diaghilews aufsehenerregendere Inszenierungen hervorriefen, dazu das skandalumwitterte Flair, das den Impresario und seinen brillanten Schützling Vaclav Nijinskij zu umgeben schien, muß in ihr starke Erinnerungen an ihre eigenen Anfänge als Sensation – und als Star – von Paris geweckt haben.

Nijinskij hatte inzwischen all seine Beziehungen zum Petersburger Mariinski-Ballett abgebrochen und sich ganz an Diaghilew gebunden. Man hatte ihn sogar aufgefordert, aus dem Mariinski-Ballett auszuscheiden, weil er sich geweigert hatte, bei einer Vorstellung von *Giselle* über seinen Ballettstrümpfen eine Hose zu tragen. Ein anwesendes Mitglied der Kaiserlichen Familie hatte sich über den Anblick des Tänzers empört, der »allzu deutlich seine Formen erkennen ließ«; Nijinskij fiel in Ungnade – ein Vorfall, den sich wohl mit Sicherheit Diaghilew ausgedacht hatte, um Nijinskij von seinen vertraglichen Pflichten zu entbinden.

Diaghilew seinerseits stützte sich mehr und mehr auf Nijinskij als Choreographen und auch als Tänzer; sein innovatives und höchst umstrittenes Werk *L'Après-Midi d'un Faune* war gerade in der letzten Probenphase vor der Premiere. Michel Fokine war verständlicherweise tief getroffen, so kalt lächelnd ausgebootet zu werden; schließlich hatte er die Choreographie für den sensationellen Erfolg *Spectre de la Rose* und auch für die Diaghilew-Klassiker *Scheherazade, Feuervogel* und *Petruschka* entworfen. Die Spannungen innerhalb der Truppe waren enorm groß, als Margarethe Astruc beauftragte, mit Diaghilew ein Engagement für sie auszuhandeln. Diaghilew hatte genug andere Sorgen, als auch noch Tänzer beurteilen zu müssen, die er nicht brauchte, und so ließ er Astruc mit seinem Vorschlag ungeduldig abblitzen. Astruc, der etwas ins Schwitzen geriet, als er sich zwischen zwei aufbrausenden Temperamenten eingekeilt sah, setzte Diaghilew unter Druck. Um einem alten Freund einen Gefallen zu tun, willigte dieser ein, Margarethe zum Vortanzen kommen zu lassen; er selbst sei allerdings viel zu beschäftigt, um sie sich anschauen zu können. Er bat deshalb Astruc, mit seinem Bühnenbildner Leon Bakst einen Termin zu vereinbaren.

Die Premiere von *L'Après-Midi d'un Faune* fand am 29. Mai 1912 im Théâtre du Châtelet statt. Die Reaktion war ein Aufschrei öffentlicher Empörung. *Le Figaro* strich noch schnell den Artikel eines Ballettkritikers, der das Werk lobte, und wetterte statt dessen gegen die »erotische Brutalität all jener, die sich im Namen der Kunst über uns lustig machen«. Auch Auguste Rodin wohnte der Premiere bei. Diaghilews Inspizient Sergej Grigoriew beschrieb ihn zwar als »uralten hilflosen Mann, der sich auf Diaghilews Arm stützen mußte«, doch der Bildhauer war längst noch nicht alt genug, um nicht seinem alten Freund mit Worten zu

Hilfe zu eilen und ihn in einem langen Artikel für die Zeitung *Le Matin* zu verteidigen. In der Tat waren sowohl Nijinskij als auch Diaghilew wirklich bestürzt darüber, daß sie ihr Publikum falsch eingeschätzt und ihren Ruf unwissentlich aufs Spiel gesetzt hatten; sie änderten deshalb die weiteren Vorstellungen des Balletts sorgfältig ab.

Doch der Skandal um *L'Après-Midi d'un Faune* bestärkte Margarethe nur noch mehr in der Vorstellung, sich dem Ballett anzuschließen, und sie verbreitete überall, sie sei im Begriff, ihr Debüt als Diaghilews neuer Star zu geben; das einzige, was noch geregelt werden müsse, sei der Termin ihres ersten Auftritts. Das Vortanzen bei Bakst raubte ihr all diese großartigen Illusionen. Als sie zu dem vereinbarten Termin erschien, war sie empört, daß man sie mit Bakst abspeiste, statt daß der Maestro persönlich sie empfing. Ihre Verärgerung verwandelte sich bald in heftige Wut. Diaghilew hatte Bakst wahrscheinlich gesagt, daß das Gespräch nur einem alten Freund zuliebe stattfinde und, beruflich gesehen, reine Zeitverschwendung sei; Bakst beschloß daher, sich auf Kosten der ›orientalischen Tänzerin‹ zu amüsieren. Statt sie aufzufordern, ihm etwas vorzutanzen, erklärte er ihr, sie solle sich entkleiden. Margarethe hielt dies wohl für das normale Verfahren des Probetanzens (eine Prozedur, der sie sich nie zuvor hatte unterziehen müssen) und fügte sich. Nachdem sich Bakst den berühmten Körper vermutlich ausgiebig angeschaut hatte, dankte er ihr äußerst höflich und gab ihr zu verstehen, sie könne sich wieder ankleiden; erst dann – ohne daß er sie aufgefordert hätte, auch nur einen einzigen Schritt zu tanzen – teilte er ihr mit, es könne keine Rede davon sein, daß sie für das Diaghilew-Ballett tanze. Margarethe war zutiefst beschämt.

In dem Jahr, das auf diese demütigende Begegnung folgte, nahm Margarethe jedes sich ihr bietende Engagement an, mochte es noch so kläglich oder obskur sein. Sie tanzte an der Université des Annales, wo ihr Auftritt dazu diente, einen Vortrag über indische Kunst zu illustrieren. Sie gab ihr indisches Thema völlig auf und trat im *Folies Bergères* in einer Show auf, die ganz einem spanischen Thema gewidmet war. Sie reiste selbst bis nach Sizilien, um als Star des Abends in einem kleinen Provinzvarieté zu erscheinen, und zwar für eine Gage, die sie nur wenige Monate vorher wegen ihrer Absurdität mit Verachtung gestraft hätte. Doch die Anstrengung machte sich allmählich bemerkbar. Margarethe nahm zu, ihr glänzendes schwarzes Haar war von grauen Strähnen durchzogen, und sie machte ständig ein ängstliches Gesicht. Nichts ist so erfolgreich wie der Erfolg, aber nichts garantiert auch sicherer das Vergessen-Werden als der Mißerfolg.

Und trotzdem kam eine Flut von Rechnungen. Margarethe begann zu sparen; sie entließ die Hälfte ihrer Bediensteten, sperrte einen Teil des vornehmen Hauses in Neuilly zu, verkaufte ihre geliebten Pferde und verpfändete diskret einige ihrer wertvolleren Schmuckstücke. Empört stellte sie fest, daß ihr alter Freund Astruc anscheinend nicht einmal mehr die Zeit hatte, sich mit ihr zu treffen; er wiederum tat sich schwer, ihr die peinliche Situation zu verzeihen, in die sie ihn gegenüber seinem unendlich erfolgreicheren Mandanten Diaghilew gebracht hatte. Und während Margarethe ihre beste Zeit hinter sich hatte und es nun mit ihr bergab ging, hatte sich Astruc fest an der Spitze eingenistet. Es bereitete ihm keinerlei Schwierigkeiten, sicherzustellen, daß sich ihre Wege nicht kreuzten.

Nicht ohne leicht pikiert zu sein, dachte Margarethe darüber nach, daß Frankreich sie enttäuscht hatte; Paris wollte nichts mehr von ihr wissen. Und nicht ohne ein beträchtliches Maß an Trotz erinnerte sie sich daran, daß Paris nicht die einzige Stadt auf der Welt war. Im Februar 1914 schloß sie ihr Haus in Neuilly, entließ mit Ausnahme ihres persönlichen Mädchens das gesamte noch verbliebene Personal und machte sich auf den Weg nach Berlin. Wer weiß, was für Veränderungen sie nach einer siebenjährigen Abwesenheit vorfinden würde; vielleicht hatte sich ihr Ruhm noch gehalten, und unter ihren Bekannten in der Stadt würde es bestimmt alte Freunde geben, die ihr helfen konnten.

Der Zufall, der später einmal eine so grausame Rolle bei der Entscheidung über ihr Schicksal spielen sollte, wollte es so, daß sie einen alten Freund traf, der sich über ihr Wiedersehen freute, und noch einen anderen Freund, der in der Lage war, ihr zu helfen. Der erste war Alfred Kiepert; er war noch immer bei den Westfälischen Husaren, und mehr Goldtressen als je zuvor zierten seine Uniform. Der zweite war niemand anders als ihr alter Angebeteter aus Madrid, Jules Cambon, der jetzt französischer Botschafter in Berlin war. Seit 1912, als sein Bruder Paul zum Botschafter in London ernannt worden war, hatten die Brüder Cambon eine hervorragende Position, um in einem entscheidenden Augenblick der Geschichte Europas als Augen und Ohren von Frankreichs Präsident Raymond Poincaré zu fungieren.

Schon seit Monaten hatten die internationalen Spannungen in ganz Europa ständig zugenommen; Kriegsgerüchte geisterten durch jede Unterhaltung, das Thema schwebte zwangsläufig über jedem Treffen und schlich sich auf Zehenspitzen in eine Million Alpträume. Die Bevölkerung schien sich jedoch auch Margarethes liebstem Zeitvertreib hinzugeben, nämlich Vogel Strauß zu spielen und den Kopf in den Sand zu stecken: Niemand wollte sich eingestehen, daß wirklich die Möglichkeit eines Krieges bestand; das war unmöglich, alles würde sich schon wieder beruhigen, und wer die Düsterkeit feilbot, übertrieb maßlos. Es waren auch keineswegs nur die Leichtsinnigen oder schlecht Informierten, die die Situation nicht wahrhaben wollten. Intelligente, hochgebildete und politisch bewußte Männer und Frauen aus einer jeden europäischen Nation, die die so gefährlich nahe an der Oberfläche schwelenden Spannungen sehr wohl kannten, konnten einfach nicht glauben, daß in Europa ein Krieg ausbrechen würde. Als die Sonne schien und der Frühling beschwingt in einen warmen und wolkenlosen Sommer überging, forschten die Gelehrten, vergnügten sich die Liebespaare, spielten die Kinder und malten die Künstler, als hätten sie absolut keine Sorgen.

Aber es gab auch Leute, die Bescheid wußten. Als Repräsentant einer der Großmächte in der Hauptstadt einer anderen Großmacht gab sich Jules Cambon keinen Illusionen über den Ernst der internationalen Lage hin. Er kannte den wahren Grund, der hinter Präsident Poincarés geplantem ›Höflichkeitsbesuch‹ in Petersburg steckte, und die Themen, die Poincaré mit dem Zar erörtern wollte. Er hatte auch eine genaue Vorstellung von Hauptpunkten, die bei Kaiser Wilhelm und dem unglückseligen Erzherzog Ferdinand auf der Tagesordnung standen, als sich der erstere entschloß, seinem österreichischen Nachbarn einen Besuch abzustatten. Cambon war sich der Tatsache wohl bewußt, daß, während die Hauptpersonen bei all diesen Treffen viel Aufhebens von angenehmem Essen und Trinken machten, hinter den grün betuchten Türen die Günstlinge an die Arbeit eilten und fieberhafte Vorbereitungen trafen. Spione wurden ausgesandt, die die Ohren offenhalten und Bericht erstatten sollten, Militärattachés verglichen Aufzeichnungen und tauschten Zahlen aus, und in jeder Hauptstadt sammelten Diplomaten – unter einem weltmännischen und lächelnden Äußeren – mit einer Gewissenhaftigkeit Brocken, um die sie jedes Dienstmädchen beneidet hätte. Die Gebrüder Cambon zählten ganz gewiß nicht zu jenen Leuten, die das tief aus dem Inneren der deutschen Nation entspringende Kriegsgetöse als reines Säbelrasseln abtaten; und Jules sandte von seinem Aussichtspunkt mitten im Herzen des Kaiserreiches aus der französischen Regierung eine Flut von Berichten und Warnungen über die Natur und Stärke der deutschen Bedrohung.

Doch trotz der ungeheuren Last der Verantwortung, die auf seinen Schultern ruhte, schaffte es Jules Cambon immer noch, so, wie es nur ein Franzose schaffen kann, mit

Mata Hari
als Nachtklubtänzerin in Paris,
um 1905

Mata Hari
als Titelbild des ›Nouvelle Mode‹-Magazins,
Dezember 1913

Mata Hari in Monte Carlo,
1911

Mata Hari
als Nachtklubtänzerin in Paris,
um 1910

seinem Charme in Berlin alles zu erreichen. Als Margarethe ihn fragte, ob er nicht Kontakt zu Leuten aus der Theaterszene habe, die ihr Tanzauftritte in Berlin vermitteln könnten, nahm er sich die Zeit, ihr mehrere Leute vorzustellen. Ganz plötzlich schien es so, als sollte ihre Karriere schließlich doch noch nicht zu Ende sein. Im Mai erhielt sie einen Vertrag angeboten, am Metropol-Theater in einer Operette aufzutreten. Das Angebot hätte zu keiner besseren Zeit kommen können; es stärkte ihr nachlassendes Selbstbewußtsein enorm, beflügelte ihre Schritte und glättete die Fältchen der Angst – endlich sollte sie in Berlin tanzen.

Da Margarethe voller Freude ein triumphales Comeback erwartete, zog sie in das feinste Hotel und schickte ihr Mädchen zurück nach Paris, um ihre Theaterkostüme zu holen. *Der Millionendieb* sollte erst im September Premiere haben; deshalb hatte sie noch Zeit, sich ein schönes Leben zu machen. Wäre sie weniger mit sich selbst beschäftigt gewesen, dann hätte sie vielleicht bemerkt, daß die Berliner anscheinend von einer ähnlichen Hysterie angesteckt wurden, wie sie auch die Bevölkerung von Paris gepackt hatte.

So aber stellte Margarethe nur fest, daß sie so gefragt war wie in den letzten fünf Jahren nicht mehr. Verabredungen zum Frühstück, zum Mittagessen, zum Tee und zum Abendessen, jeden Abend Gesellschaften, Einladungen ins Theater, in die Oper und ins Ballett und – was am allerbesten war – Bitten um persönliche Treffen und die Bereitschaft ihrer Gönner, sie für ihr Wohlwollen großzügig zu entlohnen. Nur zu gerne sah sie ihre neue Beliebtheit als Bestätigung dafür an, daß ihr Aussehen keinen Schaden gelitten hatte und daß sie weiterhin gefragt war; und sie blühte auf wie eine Pflanze, der man frisches Wasser gegeben hat. Sie ließ sich die grauen Strähnen aus ihrem Haar wegfärben, nahm die überflüssigen Pfunde ab, übermalte die verräterischen Fältchen um ihre Augen und machte sich bereit, ihre Rolle als Liebling der Gesellschaft wiederaufzunehmen.

Als schließlich Anfang August 1914 die Kriegserklärung erfolgte, reagierte der Mann auf der Straße zunächst mit Empörung. Menschen aus jedem Milieu pflegten auf jenen Augenblick zurückzuschauen und sich ungläubig daran zu erinnern, wie ihnen »der Krieg zunächst eher als ärgerliche persönliche Störung denn als weltweite Katastrophe erschien« – eine Ansicht, die Margarethes Gefühle treffend widerspiegelte.

Ein ungebetener Gast

Wenn der einzelne über den Ausbruch des Krieges eher empört war, so reagierte die Allgemeinheit mit einem ziemlich heftigen Nationalismus. Wehe jedem Deutschen, den man vom Zeitpunkt der Kriegserklärung an beim Bummel durch die Straßen von Paris entdeckte. Zornige Menschenmengen drängten sich, von Gewalt beseelt, die Boulevards entlang und suchten nach Zielen für ihre Wut. Sie plünderten Läden, die deutsche oder österreichische Namen trugen; keine *Brasserie Viennoise* und kein *Café Klein* hatten eine Chance, diesen Angriff zu überstehen, und die Polizei verfügte weder über die Macht noch hatte sie das große Bedürfnis, die Menschen zurückzuhalten.

Gerüchte, daß die Besitzer der Kette von Maggi-Molkereien den Pariser Kindern vergiftete Milch lieferten, hatten zur Folge, daß aber auch jedes ihrer Lagerhäuser bis auf den Boden niedergebrannt wurde. Plakatwände, die für Kub-Bouillon Reklame machten, enthielten angeblich auf der Rückseite geheime Nachrichten für die deutschen Spione in der Stadt und wurden prompt kurz und klein geschlagen. Aus gut unterrichteten Quellen verlautete, daß Reklameplakate, die schon viele Monate vorher an allen Hauptstraßen angeschlagen worden waren, verschlüsselte Wegweiser darstellten, die den Einmarschierenden den Weg nach Paris zeigten. Echte Franzosen, die aber einen ausländisch klingenden Namen hatten, hefteten in aller Eile irgendeinen offiziellen Ausweis ans Fenster, z. B. eine Geburtsurkunde oder einen Einberufungsbescheid zum Militär, um die Hand, die draußen schon den Ziegelstein bereithielt, noch aufzuhalten.

In Berlin reagierte die Öffentlichkeit genauso verrückt; der einzige Unterschied bestand darin, daß hier der nationalistische Rausch schon vor der Kriegserklärung ausgebrochen war. Margarethe ließ sich von der Woge der Erregung, die durch die Stadt tobte, bis zur allerletzten Minute mitreißen. Dank ihrer plötzlich zurückgekehrten Popularität befand sie sich in einem solchen Freudentaumel, daß es ihr keine Mühe bereitete, die Begeisterung anderer Leute zu teilen. Doch daß sie sich genau zu dieser Zeit in Berlin aufhielt, sollte für jene von entscheidender Bedeutung sein, die sie bald darauf beschuldigen würden, eine deutsche Spionin zu sein. Immer wieder sollte sie verhört werden, warum sie dort gewesen sei, wen sie kannte und was sie an jenem besagten Tag in der deutschen Hauptstadt gemacht habe, als Deutschland Frankreich den Krieg erklärte. Und immer wieder sollte sie auch beteuern, sie habe sich dort von Berufs wegen aufgehalten, weil sie eine Tänzerin sei, sie kenne sehr viele Leute in Berlin, denn sie habe dort im Jahre 1906 mehrere Monate gelebt und sie sei über den plötzlichen Ausbruch des Chauvinismus in der Stadt genauso erstaunt gewesen wie jeder andere auch.

Bei einem der ersten Verhöre, die ihrem Prozeß vorausgingen, sollte sich Margarethe an den Tag erinnern, an dem ihr dies zum ersten Mal bewußt wurde: »Eines Abends Ende Juli 1914 speiste ich gerade mit einem meiner Geliebten, dem Polizeikommissar Griebel, in einem privaten Salon, als wir den Lärm einer Demonstration vernahmen.« Da es Griebel widerstrebte, diesen – wie es schien – vielversprechenden Abend abzubrechen, nahm er seine Begleiterin mit, als er sich aufmachte, um sich nach der Ursache des Aufruhrs zu erkundigen. »Eine riesige Menschenmenge hatte sich vor dem Palast des Kaisers versammelt; sie demonstrierten wie wild und schrien: ›Deutschland über alles‹.«

Innerhalb weniger Tage sollte Margarethe einen Sturm an ausländerfeindlicher Wut miterleben, der an Brutalität dem von Paris um nichts nachstand. Franzosen, Russen

116

und Briten, ob sie nun dort lebten oder aber nur zu Besuch waren, wurden gnadenlos vom Mob gejagt. Selbst für den Bürger eines Landes, das während des Krieges neutral bleiben sollte, war es ein grauenvolles Erlebnis. Margarethe drohte, wenn sie in Berlin blieb, wirklich Gefahr, doch wurde diese anfangs von der Nachricht überschattet, daß das Metropol-Theater genau am Tage der Kriegserklärung seine Pforten geschlossen hatte; ihr triumphales Comeback würde also niemals Wirklichkeit werden. Auf die weitreichenden Auswirkungen ihrer Situation wurde sie aufmerksam, als sie die plötzliche dramatische Veränderung im Verhalten ihrer Freunde bemerkte. Noch wenige Tage vorher hatte sie, wie es schien, stets im Mittelpunkt einer fröhlichen Schar von ausgelassen Feiernden gestanden; diese Schar war nun verschwunden, aufgelöst von der gewalttätigen Leidenschaft des Chauvinismus. War es das schlimmste aller Verbrechen, ein Ausländer zu sein, dann galt es fast als genauso schlimm, mit Ausländern in Verbindung zu stehen; nicht einmal der glühendste von Margarethes Verehrern wollte, indem er zu ihr hielt, seinen Ruf aufs Spiel setzen.

Ihre Bestürzung verwandelte sich in Besorgnis, als sie am 4. August im Metropol-Theater ihre Pelze und ihren Schmuck holen wollte, die sie der Obhut des Kostümiers anvertraut hatte. Die Ereignisse hatten den sanften, ja unterwürfigen kleinen Mann, wie sie ihn eigentlich kannte, in den arrogantesten preußischen Despoten verwandelt. Er hielt nur kurz inne, um ihr mitzuteilen, ihr Besitz sei beschlagnahmt worden, und schlug ihr dann die Tür vor der Nase zu. Mit solch einer Situation wäre die alte Mata Hari spielend fertig geworden, doch die jetzige Margarethe hatte schreckliche Angst. Sie hatte achtunddreißig Jahre ganz glücklich überstanden, ohne auch nur einen einzigen Gedanken an so weltliche Dinge wie internationale Angelegenheiten und Politik zu verschwenden, doch jetzt war es offensichtlich an der Zeit, sich aufzurichten und solche Dinge zur Kenntnis zu nehmen. Selbst ihr war klar, daß die Umstände eine direkte Reise von Deutschland nach Frankreich unmöglich machten; sie beglückwünschte sich zu ihrem Scharfsinn und fuhr daher in die Schweiz, um über Zürich nach Paris weiterzureisen. Doch, wie sie feststellen sollte, war von nun an nichts mehr so einfach wie vorher.

Wenn jemand unbehindert und sicher auch ohne einen Ausweis mehr als fünfzehn Jahre munter durch ganz Europa oder sogar noch weiter gereist war, mußte er völlig überrascht sein, daß er an der Schweizer Grenze wegen des Fehlens offizieller Papiere angehalten wurde. Vor 1914 war Rußland das einzige Land, das darauf bestand, jeder müsse beim Grenzübertritt im Besitz eines Reisepasses sein. Selbst nach Kriegsausbruch wurden nicht sogleich vollständige Reisepässe eingeführt, sondern es reichte normalerweise aus, irgendeinen offiziellen Ausweis zu haben. Margarethe besaß jedoch überhaupt keine Papiere, und die Schweizer Grenzposten teilten ihr mit, ihr Gepäck sei zwar schon weitergeschickt worden, sie selbst dürfe allerdings nicht passieren. Am 7. August fand sich Margarethe in Berlin wieder, nicht nur ohne Freunde, sondern auch ohne Kleidung, abgesehen von dem, was sie auf dem Leibe trug.

Während Margarethe und die anderen ausländischen Staatsangehörigen in Berlin überall eifrig nach einem Weg suchten, um aus Deutschland herauszukommen, nahmen die Feindseligkeiten zu. Am 4. August informierte Deutschland Belgien, es werde aus Sicherheitsgründen in Kürze dort einmarschieren. König Albert von Belgien bat sofort die Briten um die versprochene Unterstützung, und Premierminister Asquith protestierte unverzüglich bei den Deutschen, daß ihr Vorgehen gegen das Abkommen, die belgische Neutralität zu respektieren, verstoße. Als der deutsche Kanzler am Abend desselben Tages den Protest verwarf, gab es kein Zurück mehr. Um Mitternacht war Großbritannien in den Konflikt verwickelt.

Der deutsche Generalstabschef Helmuth von Moltke hatte bereits seine eigene, modifizierte Version des berühmten Schlieffenplans in Gang gesetzt. Das hieß: Das Gros des deutschen Heeres sollte sich von Norden aus auf einen kraftvollen Vorstoß durch Belgien in Richtung Frankreich konzentrieren, um so den Hauptteil der französischen Streitkräfte, die – wie man annahm – weiter südlich entlang der deutsch-französischen Grenze zusammengezogen werden würden, zu umzingeln und einzukesseln. Wäre von Moltke dem eigentlichen Schlieffenplan gefolgt, hätten die deutschen Truppen bereits zu diesem Zeitpunkt die holländische Grenze angegriffen. So aber kam das volle Gewicht dieses Angriffs, der die vergleichsweise kurze deutsch-belgische Grenze und insbesondere die befestigte Stadt Lüttich traf, erst am Abend des 5. August zum Tragen.

Innerhalb weniger Tage formierten sich mehr als drei Millionen Soldaten – Franzosen, Belgier, Briten und Deutsche – für einen Kampf, der als Marneschlacht in die Geschichte eingehen sollte. Das Schlachtfeld reichte von Lüttich im Norden die gesamte französisch-deutsche Grenze entlang bis schließlich nach Mülhausen an der Schweizer Grenze. Es war klar, daß man keinem Zivilisten erlauben würde, einer dieser Grenzen auch nur nahezukommen, geschweige denn sie zu überschreiten. Die einzige Möglichkeit, aus Deutschland herauszukommen, schien sich über Holland zu bieten; und zum ersten Mal seit zehn Jahren bestand für Margarethe die Aussicht, in ihre Heimat zurückzukehren.

Aber sie hatte immer noch keine Reisepapiere beziehungsweise Ausweise und auch kein Geld, um sich eine Fahrkarte kaufen zu können. Der alten Mata Hari hätte das keinerlei Probleme bereitet. Die Sache sah jedoch etwas anders aus, wenn man seinen Charme spielen lassen mußte, obwohl man Sachen trug, die man schon eine Woche lang nicht mehr gewechselt hatte, und einem weder die Hilfe eines Mädchens noch Make-up zur Verfügung standen.

Das einzige, was man tun konnte, war, eisern auszuhalten. Und da sie dieses Mal eher nach einem Retter als nach einem Geliebten Ausschau hielt, konnte ihr diese Mühe vielleicht sogar zum Vorteil gereichen; es würde bestimmt einmal eine nette Abwechslung sein, ausnahmsweise an die besseren Gefühle in einem Mann zu appellieren.

Margarethe ließ also den Kopf nicht hängen, glättete, so gut sie konnte, die Falten in ihrem Kleid und schloß sich der angstvollen Gruppe der Ausländer an, die sich im Foyer des Hotels Cumberland zusammengefunden hatte, um sich gegenseitig Mut zuzusprechen. Sie hatte Glück, denn der Ernst der Lage brachte bei vielen Leuten die besseren Gefühle zum Vorschein; zu ihnen zählte auch ein älterer Holländer, der nicht nur ihre Hotelrechnung beglich, sondern ihr auch eine Fahrkarte für den Zug nach Holland besorgte. Dank seiner uneigennützigen Großzügigkeit konnte Margarethe am 14. August aus Berlin ausreisen. Sie fuhr nach Frankfurt, wo ihr das holländische Konsulat die für die Reise notwendigen Dokumente ausstellte, und traf am 16. August in Amsterdam ein.

Viele Jahre war es nun schon her, seit Margarethe von einer triumphalen Rückkehr nach Holland geträumt hatte; mit ihrem Erfolg wollte sie Rudolph und seinen mächtigen Freunden imponieren und ihren Reichtum und ihre gesellschaftliche Position einsetzen, um Jeanne-Louise zurückzufordern. Ihre Wut und Verzweiflung waren schon lange verebbt, und ihre Rachepläne schienen inzwischen ihren Sinn verloren zu haben. Doch wenn sie schon ein anderes Szenario für ihre Heimkehr in Betracht gezogen hätte, hätte es bestimmt nicht so ausgesehen wie jetzt: Sie war erschöpft, ungepflegt und in puncto Besitz kaum reicher als bei ihrem Weggang.

Zum Glück für Margarethes Stolz blieb ihre Ankunft beinahe unbemerkt; ihre Landsleute hatten nämlich an andere Dinge zu denken. Der Einmarsch der Deutschen in Belgien hatte auf das benachbarte Holland dieselbe Wirkung wie ein Stiefel in einem Ameisennest. Angesichts solch kühl berechneter Aggression erschien plötzlich der mühsam aufgebaute und entschlossen verteidigte Schutz der Neutralität nur noch hauchdünn. Auf den Straßen von Amsterdam drängten sich die Leute mit kreidebleichem Gesicht und versuchten, Informationen zu ergattern. Alle Divisionen der holländischen Armee waren zur Verteidigung an die belgische Grenze beordert worden; die Soldaten eilten zu ihren Einheiten; bestürzte Beamte bemühten sich, die Ruhe wiederherzustellen; und alle möglichen Zivilisten wollten von jedem, der ihnen Gehör schenkte, etwas Neues erfahren, um ein Gefühl der Sicherheit zu haben.

Der Aufruhr wich bestürztem Schweigen, als wenige Tage nach Margarethes Rückkehr die Kunde kam, Lüttich sei erobert, die Deutschen seien durch Brüssel marschiert und hätten inzwischen das dichte Waldgebiet der Ardennen erreicht. Angst schlich sich mitten in die Herzen jener Leute, die die Straßen mit Lärm erfüllt hatten; sie zogen sich, zitternd vor Furcht, in ihre Häuser zurück; sie verschlossen ihre Türen, kauerten sich zusammen, sprachen nur noch mit flüsternder Stimme und sprangen bei dem kleinsten unerwarteten Geräusch auf. Mußte man in Frankreich seine Zunge hüten, aus Angst, es könnten Deutsche zuhören, und war die Situation in Deutschland genau umgekehrt, so fürchtete man sich in Holland vor jedem Kontakt mit Ausländern, weil er die Neutralität des Landes gefährden und Holland folglich in einen Konflikt verwickeln konnte, für den es nicht verantwortlich war.

Die holländische Neutralität war wegen der strategisch wichtigen geographischen Position des Landes anfälliger als etwa die der Schweiz oder Spaniens. Die militärischen Vorteile, die eine Besetzung Hollands den Deutschen eröffnen würde, waren beachtlich. »Wenn Holland in der Gewalt der Deutschen wäre«, so schrieb ein englischer Journalist, »könnten wir – abgesehen von kriegerischen Handlungen – weder Indien noch unsere Kolonien, unsere

Handelswege oder unser Küsten verteidigen.« Und nicht weniger groß wären die militärischen Vorteile für die Alliierten gewesen, hätten die Niederlande mit ihnen zusammen gemeinsame Sache gegen Deutschland gemacht. Dadurch wäre sofort die Zufuhr von Lebensmitteln und militärischen Lieferungen, die von der Außenwelt durch Holland nach Deutschland führte, abgeschnitten worden. Die Alliierten wären auch in den Genuß des ungeheuren militärischen Vorteils gekommen, die deutschen Streitkräfte in Belgien und Frankreich von der Flanke aus angreifen zu können. Wie der holländische Historiker Amry Vandenbosch behauptete, waren die Gefahren für Holland, wenn es sich einer der beiden Seiten anschloß, in beiden Fällen ganz deutlich. »Hätte es für die Mittelmächte Partei ergriffen, wäre sofort ein schneller und empfindlicher Schlag gegen seine Besitzungen und seinen Handel in Übersee erfolgt; und durch einen Anschluß an die Alliierten hätte Holland die Deutschen geradezu zum Einmarsch aufgefordert und das Los Belgiens geteilt. Holland hatte gar keine andere Wahl, als offen einen Kurs strikter Neutralität zu steuern.«

Margarethe hatte das unbehagliche Gefühl, daß sie sich in diesem tödlichen Spiel einer ›Reise nach Jerusalem‹ besser fest an ihren Stuhl klammerte. Aus ihrem sorgfältig gepflegten Kosmopolitentum, das sie wie einen Siegeswimpel stolz zur Schau getragen hatte, war, wenn nicht ein Schandfleck, so doch zumindest ein deutliches Fragezeichen geworden. Aber für jemanden wie sie, dessen Rüstzeug so lange Zeit aus Extravaganz bestand, war es nicht einfach, sich in eine Umgebung einzufügen, in der man sich nicht mehr zu Hause fühlte. Holländisch sprach sie nur stockend und mit einem starken französischen Akzent; und all ihre Gewohnheiten und Umgangsformen waren ausgesprochen exotisch. Das Ausmaß des Verdachts, das dadurch entstand, wurde durch ihren Ruf noch verstärkt. Ihre Abenteuer in den Hauptstädten Europas waren bei ihren Landsleuten, deren Vorstellungen von Schicklichkeit sich während ihrer Abwesenheit nur geringfügig geändert hatten, nicht unbemerkt geblieben.

Margarethe strengte sich an, Anerkennung zu finden, und bemühte sich deshalb um Anpassung. Sie schaffte es sogar, sich am Reiz des Neuen zu erfreuen, wenn sie sich wie eine Gouvernante kleidete, mit züchtigen, hochgeschlossenen Kleidern in dezenten Farben und Hüten, bei deren Anblick ihr Hutmacher in Paris vor Entsetzen die Hände über dem Kopf zusammengeschlagen hätte. Wie sie bei ihrem Aufenthalt in der Touraine festgestellt hatte, half nichts so sehr wie ein wenig Schauspielerei, um die Langeweile oder Frustration zu vertreiben. Ironisch lächelnd, bemerkte sie auch, daß gerade diese Bescheidenheit die ehrenwerten Bürger zu faszinieren schien; wer es sonst nie gewagt hätte, sich einer ›verrufenen Frau‹ zu nähern, fand es durchaus geziemend, einer nach außen hin ehrbaren und offensichtlich einsamen Dame seinen Schutz anzubieten.

Eine Reihe von Geliebten, die gewillt waren, für eine Kostprobe von Pariser Resten zu zahlen, löste Margarethes dringendste finanzielle Probleme, und Ende September lebte sie annähernd so, wie es ihrem bevorzugten Stil entsprach, nämlich im Hotel Victoria in Amsterdam. Die anfängliche Panik in der Stadt hatte sich gelegt, die Deutschen waren durch Belgien nach Frankreich weitermarschiert, und Hollands Grenzen konnten fürs erste als einigermaßen sicher gelten. Alle, die sich noch vor kurzer Zeit gesträubt hatten, daran zu glauben, daß die Möglichkeit eines Krieges bestand, waren nun überzeugt, daß noch vor Neujahr alles vorüber sein würde.

Dieses Wissen im Hinterkopf und dazu vielleicht die Erkenntnis, daß die Tage ihrer Laufbahn gezählt waren, ließen Margarethe den Entschluß fassen, ihre Karriere auf der Stelle wiederaufzunehmen. Am 14. Dezember 1914 tanzte sie zum ersten Mal vor einem holländischen Publikum, und zwar in dem Ballett *Les Folies Françaises* nach der Musik von François Couperin. Das Königliche Theater in Den

Haag war zum Bersten voll. Alle wollten die berühmt-berüchtigte Mata Hari sehen; wenn sie die Pariser schockiert hatte, mußte sie in der Tat sagenhaft sein. Doch wieder einmal, wie schon bei Margarethes Auftritt in Madrid, waren die Zuschauer zutiefst enttäuscht. Sie führte ihren berühmten Tanz der Schleier vor, ließ allerdings dieses Mal die Schleier nicht fallen. Viele Holländer gingen an diesem Abend desillusioniert nach Hause und fragten sich, weswegen man soviel Aufhebens gemacht hatte. Am 18. Dezember gab sie eine zweite Vorstellung, dieses Mal in Arnheim, wo Rudolph immer noch wohnte. Angeblich lehnte er eine Einladung für die Vorstellung mit der Begründung ab, daß er, wenn sie ihren Körper zur Schau stellen wolle, kein Interesse daran habe; er kenne ihn schon zur Genüge. Dies war ihr allerletzter öffentlicher Auftritt.

Statt jedoch diese wenig begeisterte Aufnahme als Hinweis dafür zu werten, daß sich ihre Karriere dem Ende zuneigte, zog Margarethe es bezeichnenderweise vor, dem Publikum die Schuld zuzuschieben. Offensichtlich hatte sich in all den Jahren, seit sie Holland verlassen hatte, nichts geändert: Die Holländer waren noch genauso spießig und ablehnend wie früher, und selbst nach Margarethes triumphalem Erfolg in Paris hielten sie sie nicht für bewunderungswürdig. Diese Gleichgültigkeit der Holländer entfachte Margarethes Zorn. Wie konnten sie es nur wagen, sich von ihr abzuwenden? Für wen hielten sie sich denn eigentlich, um über jemanden zu richten, der in fast allen Hauptstädten Europas gefeiert worden war? Waren sie immer noch voreingenommen wegen der verleumderischen Geschichten, die Rudolph in den vergangenen Jahren über sie verbreitet hatte? Reichte ihre Erinnerung wirklich so weit zurück?

Dieses Mal stand eine Flucht ganz außer Frage. Aber sie war auch nicht gewillt, auf die Knie zu fallen und um Zustimmung zu bitten. Wenn Rudolph auch gegen ihren Zorn und gegen ihre Reize gefeit war, so mußte es doch auf dieser arroganten, selbstgefälligen Welt jemanden geben, auf den das nicht zutraf: jemand, der sich dazu verführen ließ – ohne es zu ahnen, falls notwendig –, sie für all das zu entschädigen, was ihr Rudolph angetan hatte. Der Richter, der später dafür verantwortlich sein sollte, daß sie wegen Spionage angeklagt wurde, sollte zu der Schlußfolgerung kommen, daß Rudolphs Grausamkeit in Margarethe das glühende Verlangen geweckt hatte, sich an allen Männern zu rächen. Bisher war das nicht der Fall gewesen. Sie hatte die Männer ausgenutzt, aber sie hatte sich umgekehrt auch bereitwillig ausnutzen lassen, und männliche Gesellschaft hatte ihr Vergnügen bereitet und Befriedigung verschafft. Dieses Mal war sie jedoch auf Rache aus. Wenn sie den richtigen Mann finden und ihn dazu überreden konnte, ihr den kleinen Finger zur reichen, war sie darauf aus, die ganze Hand zu nehmen.

Margarethe fand diesen Mann tatsächlich. Baron Edouard van der Capellen, Oberst der holländischen Kavallerie, besaß ein ungeheures Ego und ein noch größeres Vermögen – ein vielversprechender Anfang. Aber er eignete sich für die Rolle, die sie für ihn vorgesehen hatte, auch noch aus anderen Gründen; der auffälligste davon war die unheimliche Ähnlichkeit zwischen seiner Familie und der Rudolphs.

Baron Edouards Großvater, wie Margarethe selbst friesischer Herkunft, war einer der Anführer gewesen, die nach dem Sturz Napoleons die Restauration des Hauses Oranje betrieben hatten. Edouard war bereits Vizeadmiral, wurde dann zum Lohn für seine Mühen im Jahre 1815 als *Jonkheer* in den Adelsstand des neuen Königreiches der Niederlande erhoben und 1822 zum Großmarschall am Hofe des Fürsten von Oranje, des späteren Königs Wilhelm II., ernannt. Vier von seinen neun Kindern bekleideten später Stellen bei Hof und einer, Jules, der jüngste und Edouards Onkel, folgte seinem Vater in die holländische Marine und stieg auch zum Rang eines Admirals auf.

Baron Edouard selbst war zweiundfünfzig Jahre alt, also sieben Jahre jünger als Rudolph, hochgewachsen und blond; das große, fleischige Gesicht und die Hängebacken gaben ihm das Aussehen eines gelangweilten und ziemlich stolzen Bluthundes. Der Ausbruch des Krieges, der den Streitkräften plötzlich eine ungewohnte Aufmerksamkeit bescherte, ließ ihn die Vision vom Baron als einem siegreichen Helden haben. Diese Aussicht verlieh seinem Gang neuen Schwung und brachte sein Blut in Wallung; Margarethe hätte sich keinen günstigeren Zeitpunkt aussuchen können, um ihren Plan in die Tat umzusetzen.

Es war geradezu enttäuschend einfach. Als Margarethe ihren Angriff startete, fand sie die Tür sperrangelweit offen. Der Baron saugte ihre Schmeicheleien auf wie ein Schwamm, nahm ihre mit erstaunten Augen gezollte Bewunderung als das entgegen, was ihm schließlich gebührte, und sein Monokel beschlug höchst zufriedenstellend, wenn sie ihre Reize spielen ließ. Nur einen Monat nach ihrer ersten Begegnung hatte sich Margarethe unter seinem Schutz in einem hübschen kleinen Haus in Den Haag einquartiert.

Von all ihren raffinierten Plänen war dieser in vieler Hinsicht ihr erfolgreichster. In den nächsten drei Jahren ihres Lebens sollte sie zu größeren Höhen aufsteigen und in tiefere Tiefen herabstürzen, als es die aufregendste Achterbahn vermocht hätte, doch trotz allem sollte sie wie eine Klette nicht an dem Baron selbst, aber an ihrer Beziehung zu ihm hängen. Sie hatte beschlossen, ihn für Rudolphs gesamte Sünden büßen zu lassen, und an diesen Entschluß sollte sie sich auch halten. Selbst in den letzten hoffnungslosen Tagen vor ihrem Tode lehnte sie es ab, den Baron um Hilfe zu bitten, aus Angst, er würde – wenn er wüßte, in welchen Schwierigkeiten sie steckte – den Geldhahn für immer zudrehen.

Aber es war nicht immer einfach, denn der Baron war launisch und autokratisch. In seinen Augen war eine Geliebte ein Besitz: Er konnte sie in Seide kleiden und auf einen Sockel stellen, oder aber er konnte sie wie eine Hure behandeln, deren einzige Aufgabe es war, seine Wollust zu befriedigen. Wenn er ihr nur ein Zeichen gab, mußte sie schon gelaufen kommen; wenn er wegging, mußte sie da sein, sobald er wiederkam. Obschon ihr Unterwürfigkeit nicht leichtfiel, machte Margarethe, so gut sie es konnte, gute Miene zum bösen Spiel und akzeptierte sein tyrannisches Verhalten. Die großzügige finanzielle Unterstützung, die er ihr gewährte, entschädigte sie reichlich für seine Schwächen.

Daß der Krieg immer mehr in Schwung kam, trug dazu bei, den auf der Beziehung lastenden Druck abzuschwächen, einer Beziehung, die unter anderen Bedingungen bestimmt zu zerbrechlich gewesen wäre, als daß sie hätte Bestand haben können. Die immer längeren dienstlichen Aufenthalte des Barons bei seinem Regiment, das die Grenze zu patrouillieren hatte, gaben Margarethe Zeit zum Luftholen und zugleich Gelegenheit, sein Geld auszugeben. Sie renovierte das Haus, brachte ihre Garderobe, soweit es die Umstände erlaubten, auf den letzten Stand der Mode, und sah sich dann nach der nächsten Abwechslung um. Sie hatte sich so in ihre eigenen Pläne vertieft, daß es für sie als Schock kam, feststellen zu müssen, daß es keine anderen Abwechslungen gab. Das Leben mit dem Baron mochte zwar anstrengend sein, doch das Leben ohne ihn schien nichts als ungeheure Langeweile zu verheißen.

Während Margarethes Landsleute die unvermeidlichen Kürzungen und Widerwärtigkeiten des Krieges bereitwillig als kleinen Preis akzeptierten, den sie für die Erhaltung ihrer Neutralität bezahlen mußten, fühlte sich Margarethe getäuscht. Entbehrungen hatten nichts Glanzvolles an sich und Sicherheit nichts Aufregendes. Langeweile, Frustration und der Druck, ständig versuchen zu müssen, den Erwartungen des Barons gerecht zu werden, ließ sie mit Sehnsucht an die Zeit zurückdenken, als sie niemandem Rechenschaft schuldig war; und als eine holländische Zeitschrift einen Artikel über ihre glanzvolle Karriere brachte, illustriert mit einem Foto, das »Madame Mata Hari« nach dem letzten Schrei gekleidet zeigte, da überstieg dies beinahe ihre Kräfte. Traurig klebte sie das Bild in ihr Sammelalbum und notierte sich darunter das Datum, den 13. März 1915, also auf den Tag genau zehn Jahre nach ihrem Debüt im Musée Guimet. Plötzlich wurde sie von Wehmut überwältigt. Sie verfluchte den elenden Krieg, weil er ihre Karriere zerstört und sie gezwungen hatte, in diesem eintönigen Nest zu versauern, sie trauerte um all ihren Besitz, der noch immer in dem Haus in Neuilly weggeschlossen war, und knirschte vor Wut mit den Zähnen, als sie daran dachte, daß ihre wertvollen Pelze und Juwelen in Berlin konfisziert worden waren. Vor allem aber vermißte sie Paris.

In den ersten Kriegsmonaten befand sich die *Ville Lumière* im Belagerungszustand, und es drohte ihr tatsächlich die Gefahr einer Invasion und Besetzung. Nachdem die Franzosen und Briten in Mons gemeinsam eine Niederlage erlitten hatten, waren die eindringenden deutschen Truppen durch Arras, Cambrai und Reims weiter vorgestoßen, bis Anfang September der Eiffelturm in Sichtweite rückte. Wie nahe sie schon an der Hauptstadt waren, zeigte sich, als zwei Infanterieregimenter mit dem Taxi von Paris losgeschickt wurden, um die Sechste Division an der Marne zu verstärken – dies ist im übrigen das erste Beispiel dafür, daß Truppen mit Motorfahrzeugen zum Schlachtfeld befördert wurden.

In der Stadt hatte man sich in der Tat schon auf alles gründlich vorbereitet. Die Regierung hatte sich auf den Weg nach Bordeaux gemacht und zwanzig Zugladungen an Beamten, Staatsakten, Goldreserven, Geld und Kunstschätzen mitgenommen. Die luxuriösen Wohnungen des Adels und der *beau monde* leerten sich mit ungebührlicher Eile, als sich ihre Bewohner fluchtartig in Sicherheit brachten. Die respekteinflößende Mrs. Clarke, eine aus der überraschend großen Anzahl englischer Frauen, die sich entschlossen hatten, nach Kriegsausbruch in Paris zu bleiben, geriet angesichts des Wandels ihrer geliebten Stadt ganz ins Schwärmen:

Paris hat sich von den harten Notwendigkeiten des Kriegsrechts nicht unterkriegen lassen, und diese Haltung steht der Stadt gut zu Gesicht. Sie zeigt dieser Tage nur sehr wenig von ihrem Glanz, und ihre Schmuckstücke sind allesamt unter Verschluß. Ihre Gärten blühen, und ihre Fontänen tanzen; und der Glanz des Sonnenuntergangs taucht die Kuppeln in ein goldenes Licht und verwandelt den Fluß in einen flüssigen Lichtstrom. Doch die nächtlichen Festlichkeiten sind eingestellt, und niemand schreibt mehr Gedichte, die aus den Dämpfen des Absinth geboren werden; denn die Cafés machen um acht Uhr zu und die Restaurants um halb zehn. Alle Theater sind geschlossen, und Musik ist weder privat noch in der Öffentlichkeit zu vernehmen.

Dank des französischen Sieges in der Marneschlacht war die unmittelbare Bedrohung von Paris abgewendet. Anschließend folgte eine Reihe von Gefechten, die die Front im Westen von der Schweiz im Süden bis hinauf zur belgischen Kanalküste ausdehnen sollten. Die letzte dieser verzweifelten Schlachten des Jahres 1914 war jene, die stärker als alle anderen das blutige und schmutzige Grauen des gesamten Krieges symbolisieren sollte, nämlich die erste Ypernschlacht. »In jenen dunklen und schrecklichen Tagen hob man Schützengräben aus, zog Stacheldraht und befestigte Stellungen, und all dies markierte eine Linie, von der die Front im Westen in den nächsten drei Jahren nie weiter als zehn Meilen in der einen oder anderen Richtung abweichen sollte.«

Als sich die Vorstellung verfestigte, daß der Krieg schließlich lange dauern werde, gewann der Pariser Geist langsam wieder an Geltung. Es gab noch immer Leute, die meinten, es sei völlig unangebracht, eine Rückkehr zur Normalität auch nur in Erwägung zu ziehen. Erkannte man denn eigentlich nicht, daß nur eine Tagesreise von der Hauptstadt entfernt die schlimmsten Feindseligkeiten stattfanden, die die Welt je erlebt hatte und deren Ausgang für die Existenz der Nation von entscheidender Bedeutung war? Doch im November hatte sich die Lage in der Hauptstadt so weit entspannt, daß die *septembrisards* allmählich zurückkehrten. So nannten die Leute, die ausgehalten hatten, verächtlich jene Pariser, die aus Vorsicht, Snobismus oder einfach auch aus Furcht mit der Regierung nach Bordeaux gezogen waren. »Wir, die Bourgeoisie, haben immer behauptet, die große Gefahr drohe Paris von einer Revolution der Arbeiterklasse, dem Mob. Wir behielten nicht recht; auf den Mob war Verlaß, auf die Bourgeoisie dagegen nicht.« Auch die Regierung kehrte wieder in die Hauptstadt zurück und bekräftigte damit die Argumente all jener, die glaubten, es sei an der Zeit, daß die Stadt zu neuem Leben erwache, daß die Geschäfte und Theater wieder geöffnet würden und man auf den Boulevards erneut Musik hören könne.

Die Diskussion darüber kam freilich nie richtig in Gang, weil Paris ohnehin im Wandel begriffen war. Wegen ihrer Lage wurde die Stadt zu einem riesigen Umschlagplatz der inzwischen stabilisierten Front im Westen. Abertausende von Soldaten passierten die Stadt, blieben eine Weile und zogen dann wieder weiter. Auch eine wachsende Flut von Verwundeten kam in die Stadt, reiste durch und verließ Paris wieder. Die Stadt hatte die Pflicht, alles in ihrer Macht Stehende zu tun, um die Moral dieser mutigen Burschen zu stärken, die der stetigen Freiheit von Paris zuliebe unsagbares Grauen ertragen hatten.

Im November ordnete der französische Innenminister Louis-Jean Malvy die Wiedereröffnung der Theater an. Obwohl die Abende weiterhin dunkel und ruhig blieben und nur Matineevorstellungen gestattet waren, war doch während der Tagesstunden wieder etwas von dem regen Treiben, wie es vor dem Kriege geherrscht hatte, zu spüren. Kaffeetische standen auf den Bürgersteigen, und während der Mittagspause fanden in den öffentlichen Gärten erneut Konzerte statt. Es bildeten sich zwar noch immer lange Schlangen, um Brot, Kohle, Eier, Milch und vor allem Informationen zu ergattern, doch die Pariser konnten auch schon wieder lächeln, ja, man ermutigte sie sogar dazu, denn mit der Rückkehr der Lebenskraft stellte sich ein neuer und starker patriotischer Geist ein. Das Wort Niederlage war verboten. Es war auch nicht gestattet, sein persönliches Elend und Leid offen zu zeigen, das hinter jedem Lächeln lauerte, oder auch die ständige Angst um den Ehemann und den Bruder, um den Vater und den Sohn, die jedem Herzen weh tat. Witwen durften den Verlust ihrer Männer nicht in der Öffentlichkeit beweinen; man erwartete vielmehr von ihnen, daß sie hocherhobenen Hauptes gingen und auf ihr Opfer für Frankreich stolz waren. Der Verzweiflung kam man dadurch zuvor, daß man sie als Verrat brandmarkte; Pessimisten, Pazifisten und Defätisten wurden scharf kritisiert, weil sie dem Feind Mut machten. Es galt sogar als unpatriotisch, über steigende Preise zu klagen.

Dieser verabredete Optimismus nahm noch zu, weil die Soldaten, die Heimaturlaub von der Front hatten, nur widerwillig über ihre Erlebnisse sprachen. Sie schlugen sich vielleicht des Nachts mit den Stacheldrahtklauen eines wiederkehrenden Alptraums herum, doch die wenigen Tage in Paris wollten sie nicht mit der Erinnerung an diese Schrecken vergeuden. Sie wollten lachen und scherzen, die Gesellschaft ihrer Kameraden genießen und den Luxus auskosten, dem geisttötenden Gemetzel des Schlachtfeldes eine Zeitlang entkommen zu sein.

Auch die Zeitungen brachten völlig unsinnige optimistische Berichte über den Kriegsverlauf, weil sie der Ansicht waren, sie hätten die Moral des Militärs und auch der Zivilisten zu stärken und unter allen Umständen einen jeden propagandistischen Sieg des Feindes zu verhindern. So berichteten sie beispielsweise über vergnügliche Themen wie die Wiedereröffnung der Varietés, die wachsende Popularität des Kinos als Medium öffentlicher Unterhaltung und – diese Schlagzeilen erregten Margarethes Aufmerksamkeit – die neuen Inszenierungen, die in der Opéra-Comique, der Comédie Française und im Odéon gezeigt wurden.

In Den Haag gab es nur wenig Vergnügungen – gezwungenermaßen, aber auch sonst. Weit davon entfernt, das Herz Europas zu sein, erschien die Stadt Margarethe sogar wie das Ende der Welt. Im Gegensatz zu den Franzosen bestand für die Holländer keine Veranlassung, ihre patriotischen Leidenschaften aufzupeitschen; sie brauchten keinen Sieg zu erringen und auch keine Niederlage abzuwenden. Es gab keine große Gefahr, mit der man spielen konnte, keinen Aufruf zu schwungvollem Hurrapatriotismus und keine krisenbedingte Kameradschaft. Während des Krieges kostete die Verteidigung der Grenze 40 000 Holländer ihr Leben, doch die Neutralität des Landes bot die Gewähr dafür, daß ihm die schlimmsten Schrecken, das Massensterben in den Schützengräben, erspart blieb. Aber da das Pendel nicht den tiefsten Punkt erreichte, erreichte es auch nicht den höchsten. Obwohl die Aufrechterhaltung der Neutralität die holländische Bürokratie in einen anstrengenden Balanceakt verwickelte, hatte die breite Masse der Bevölkerung kaum mehr als eine schwere Belastungsprobe zu erdulden.

Im August 1915 feierte Margarethe ihren neununddreißigsten Geburtstag, und ihre Frustration verwandelte sich in Verzweiflung. Nicht genug damit, daß dieser schreckliche Krieg sie gezwungen hatte, vorzeitig von der Bühne Abschied zu nehmen, jetzt hatte er sie praktisch schon ein ganzes Jahr zu seiner Gefangenen gemacht. Die Ausrede, die sie sich für ihre Reise nach Paris einfallen ließ, war bestimmt zu belanglos, als daß sie selbst den mit anderen Dingen beschäftigten Baron überzeugt hätte; niemand, der recht bei Sinnen war, würde so eine lange und unbequeme Reise auf sich nehmen, nur um einige Kisten Porzellan zu holen. Mochten aber ihre Motive auch egoistisch sein und an Schwachsinn grenzen, so waren sie doch nicht im entferntesten böse gemeint. Der Baron war auf dem Weg zurück zur Grenze und vielleicht monatelang weg; die Aussicht, wieder einmal geraume Zeit Däumchen drehen zu müssen, bis er wieder da war, war zu entsetzlich, als daß sie nur daran denken mochte. Gelassenheit gehörte nicht zu ihrem Naturell und Entbehrung nicht zu ihrem Lebensstil. Sollten andere sich doch fügen – ihr reichte es.

Da die Deutschen Belgien besetzt hielten, mußte jeder, der von Holland nach Frankreich reisen wollte, den Seeweg nehmen. Weil jedoch keiner der französischen Häfen am Ärmelkanal für die zivile Schiffahrt zugänglich war, hatte dies eine mehrere Tage dauernde Seereise zur Folge, und zwar ausgehend von Amsterdam über einen der englischen Kanalhäfen durch den Golf von Biskaya nach Vigo in Nordspanien. Von dort reiste man mit dem Zug über Madrid zur spanisch-französischen Grenze in Irun oder Hendaye und nahm schließlich die französische Eisenbahn nach Paris.

Es war nun fast zwei Jahre her, seit Margarethe zum letzten Mal in Paris gewesen war, und sie hatte keine Vorstellung davon, wie radikal sich die Stadt verändert hatte. Fest entschlossen, bei ihrer Ankunft nicht wie eine Matrone aus der Provinz auszusehen, entfernte sie die Mottenkugeln aus ihren schicksten Sachen und bereitete sich auf einen großartigen Auftritt vor. Doch sie sollte sich wundern. Eines der ersten Kriegsopfer war der Kleiderwahn der Pariserin gewesen; Schlichtheit hieß nun die Devise.

Für die ungewöhnliche Mode der Vorkriegsjahre – unsinnige, hinderliche Röcke, die die Frauen zwangen, winzige Trippelschritte zu machen; riesige Hüte mit breiten Rändern und geschmückt mit Straußenfedern, von denen ein elegantes Spinnengewebe gestickter Schleier herunterhing, die einem gefährlich die Sicht nahmen – war in einer Welt, in der nur noch praktisches Denken herrschte, kein Platz mehr. Die Röcke waren fülliger und kürzer geworden, um einem schnellen, entschlossenen Gang Rechnung zu tragen; und in Anlehnung an die nationale Stimmung waren die Stoffe nun schlichter und die Farben gedämpfter. Wie es als unpatriotisch galt, sein Leid zu zeigen, so galt es gleichfalls als unpatriotisch und geschmacklos, an so etwas Oberflächliches wie die äußere Erscheinung Gedanken zu verschwenden, wenn alles, was einem lieb und teuer war, die Angehörigen, das Zuhause und erst recht das Vaterland, ständig in Gefahr schwebte. In dieser Wiege der Haute Couture hatte die Mode aufgehört zu existieren; nun gab es nur noch Kleidung.

Wahrscheinlich lenkte ein eifriges Mitglied der Ligue pour la Guerre d'Appui die Aufmerksamkeit des französischen Geheimdienstes auf Margarethes Ankunft in Paris. Die Zivilbevölkerung der Stadt, insbesondere die Frauen, versuchte, es den Anstrengungen des Militärs gleichzutun, und trug ihren Teil zur nationalen Sache mit allen nur erdenklichen Mitteln bei. Der Verdacht, der bei Kriegsausbruch sofort auf jeden Ausländer gefallen war, hatte sich inzwischen ausgeweitet und schloß jeden mit ein, der sich nicht klar und deutlich für die Interessen Frankreichs einsetzte. Kein Fabrik- oder Landarbeiter, mochte er noch so gute und zwingende Gründe dafür haben, keine Uniform zu tragen, entging den wachsamen Blicken dieser selbsternannten ›Parasitenfänger‹. Ehemalige Soldaten, die wegen Untauglichkeit aus der Armee entlassen worden waren, ja selbst verwundete *poilus* – die französische Entsprechung zu dem englischen Wort *Tommies* –, deren Verletzungen nicht äußerlich sichtbar waren, konnten nicht umhin, die verstohlenen Blicke und das gut hörbare Flüstern scharfsichtiger Skeptiker zu registrieren, die sich fragten, warum diese Männer nicht an der Front waren. Es wurde zu einer fixen Idee, gegen alle, die man verdächtigte, sich vor dem Militärdienst zu drücken, zu Felde zu ziehen. Der Strom anonymer Denunzierungen weitete sich rasch zu einer Flut aus, bis die Quote im November 1915 auf zehntausend pro Monat stieg und in Paris ein Sondergericht eingesetzt werden mußte, das sich mit diesen Fällen beschäftigte. In diesem entsetzlichen Klima des Verdachts entstand die Ligue pour la Guerre d'Appui.

Die Mitglieder dieser Liga, einer Idee des Schriftstellers und Journalisten Leon Daudet, verpflichteten sich, alle Feinde Frankreichs zu entlarven. Sie meldeten den Behörden umgehend jede ungewöhnliche Tätigkeit, jeden außerplanmäßigen Besuch oder jede sorglose Unterhaltung, eigentlich jedes Verhalten, das ihnen auch nur im entferntesten verdächtig erschien. Die Existenz der Liga diente zwar als Abschreckungsmittel für alle potentiellen Drückeberger, ihr Hauptziel waren jedoch nicht die Simulanten, sondern die Spione; denn, wie der Historiker Constantine Fitzgibbon bestätigt, der Zwillingsbruder des fanatischen Nationalismus hieß Spionagehysterie:

In der Blütezeit des Nationalismus nahm die latente Hysterie im Hinblick auf Spione – vor allem in England und Frankreich, wo dies zum Teil der Affäre Dreyfus zuzuschreiben ist – das Ausmaß einer Seuche an . . . Diese Art der Hysterie verschwand sehr bald bei der kämpfenden Truppe im Westen, und die dümmsten und grausamsten Formen eines extremen Nationalismus überdauerten nicht lange die riesigen Verlustlisten . . ., obwohl sich der Abstand zwischen den kämpfenden Franzosen, Briten und Deutschen einerseits sowie den gesund und wohlbehalten zu Hause sitzenden Hurrapatrioten andererseits vergrößerte. Die Spionagehysterie hielt jedoch an und war, zumindest in gewissem Maße, eine bewußte Taktik der Regierung.

Die französische Regierung unterstützte in der Tat die Aktivitäten der Liga. Der Kriegsminister, M. Millerand, gab seine berühmte Parole aus: »Taisez-vous, méfiez-vous, les oreilles ennemies écoutent!« und versuchte, die Öffentlichkeit vor der Spionagegefahr zu warnen. Von Zeit zu Zeit erschienen in der Presse Berichte, daß ein Verräter gefaßt und verurteilt bzw. ein Spitzel enttarnt und erschossen worden sei. Das war nützliche Propaganda und erfüllte, wie es der Historiker Richard Wilmer Rowan beschrieb,

. . . die höchst vielfältigen Erfordernisse ihres [gemeint sind die Propagandisten] Berufs, nämlich folgendes Feindbild zu entwerfen: (1) äußerst grausam und teuflisch, (2) immer mächtiger und bedrohlicher und trotzdem (3) stets nur vorübergehend siegreich. Es war notwendig, die Leistungen des Feindes zu schmälern und zugleich die von ihm ausgehende Gefahr unaufhörlich zu übertreiben, um die Moral an der ›Heimatfront‹ und auch den Eifer der neuen Rekruten anzuspornen. Und es gab keine bessere Möglichkeit, um diese gelungene Mischung aus Beben und Draufgängertum zu erreichen, als jene Kräfte aufzubauschen, die sich hinter allen deutschen Unternehmungen sammelten.

Magarethes Ankunft in Paris im Dezember 1915 zog sogleich die Aufmerksamkeit der Damen aus der Liga auf sich. Alles an ihr – ihr zweifelhafter Ruf, ihre teure Kleidung und ihre protzige Art – reizte diese Damen und ließ sie vor Zorn beben. Hier hatten sie nun wirklich eine fragwürdige Gestalt vor sich, und die Behörden mußten vor ihr gewarnt werden. Aufgrund der Vielzahl von Geschichten, die Magarethe über ihre Vergangenheit erfunden hatte, war sich die Polizeipräfektur über ihre genaue Herkunft nicht sicher. Laut ihrer Kartei war Margarethe in Belgien geboren; das allein war noch kein hinreichender Grund, ihr mit besonderem Argwohn zu begegnen, aber es kennzeichnete sie als Ausländerin. Die Liga sah sich in ihren Zweifeln bestätigt und schickte sich an, das nächste Opfer zu suchen. Innerhalb weniger Tage nach ihrer Ankunft trug Margarethes Karte den Vermerk: »ZU ÜBERWACHEN«.

Was die Mitglieder der Liga nicht wußten, war, daß auch ohne ihr Zutun Margarethes Karte mit einem Vermerk versehen worden wäre, denn einem aufmerksamen Einwanderungsbeamten in Folkestone, dem englischen Hafen, den Margarethes Schiff auf dem Weg nach Vigo angelaufen hatte, war es zu verdanken, daß das Deuxième Bureau bereits ein großes Fragezeichen hinter ihren Namen gemacht hatte. Am 9. Dezember 1915 hatte das Londoner Büro vonm MI5 den folgenden, als *Geheim* deklarierten Vermerk in das Ausländerregister eingetragen:

ZELLE, Margarethe Gertruida

Die oben Genannte, eine Holländerin, reiste am 3. 12. 15 von Folkestone aus nach Frankreich. Bei ihren Aufenthalten in England wohnt sie im Hotel Savoy. Sie ist die Geliebte des Baron E. van der Capellen, einem Oberst bei einem holländischen Husarenregiment. Bei Kriegsausbruch trat sie gerade an der Mailänder Scala auf. Sie verließ dann Mailand und reiste über die Schweiz und Deutschland nach Holland. Anschließend lebte sie dann bis heute in Holland, und zwar bis August letzten Jahres in einem Amsterdamer Hotel und danach in ihrem eigenen Haus in Den Haag. Bei ihrer Rückkehr erhofft sie sich Engagements in London und bei den Provinztheatern. Sie machte einen äußerst unbefriedigenden Eindruck und sollte keine Erlaubnis erhalten, nach Großbritannien zurückzukehren.

BESCHREIBUNG

1,65 Meter groß, durchschnittlich starker Körperbau, schwarzes Haar, ovales Gesicht, niedrige Stirn, graubraune Augen, gerade Nase, kleiner Mund, gute Zähne, spitzes Kinn, gepflegte Hände, kleine Füße, 39 Jahre alt. Spricht Französisch, Englisch, Italienisch, Holländisch und wahrscheinlich Deutsch. Hübscher, dreister Typ Frau. Gut und elegant gekleidet, trägt braunes Kostüm mit Besatz aus Waschbärpelz und dazu passenden Hut.

Durchschläge an: Southampton, Havre, GHQ I (b), MI 6, HQ, IGC, Einwanderungsbehörde, Zulassungsamt, Scotland Yard.

Der Verfasser und die Empfänger dieses Dokuments können es zwar damals unmöglich geahnt haben – und die Betroffene selbst wußte zu keiner Zeit von der Existenz dieses Eintrags –, doch Margarethes endgültiges Schicksal wurde wahrscheinlich schon durch diesen Vermerk besiegelt. Vorläufig jedoch war dies nichts anderes als eine von vielen ähnlichen Benachrichtigungen, die die Engländer bei allen Reisenden ausstellten, deren Verhalten die wachsamen Behörden nicht völlig zufriedenstellte.

Durch eine Verkettung von deutscher Sorglosigkeit und britischem Glück waren am Tag nach der Kriegserklärung zweiundzwanzig deutsche Spione – fast das gesamte Netz – aufgeflogen und in England inhaftiert worden. Dieser Coup gab der Moral des britischen Geheimdienstes enormen Auftrieb, doch hätte man dies öffentlich kundgetan, hätte man die Ängste besänftigt und die Wachsamkeit einer Nation vermindert, die unter allen Umständen auf der Hut bleiben mußte. Statt dessen lief die offizielle – allerdings geheime – Taktik darauf hinaus, die nationale Vorsicht zu vergrößern, indem man die Anzahl und die Tüchtigkeit der deutschen Agenten auf britischem Boden ständig übertrieb.

Diese Strategie und das Wissen darum, daß das Netz so schnell wie möglich wieder aufgebaut werden würde, sorgten dafür, daß die Spionagehysterie in Großbritannien genauso lebendig und munter war wie in Frankreich. Jeder Ausländer in England war verdächtig, und wer über einen der Häfen am Kanal einzureisen versuchte, war am allerverdächtigsten. Ohne einen wirklich plausiblen Grund hätte niemand das Land betreten dürfen, und selbst wer nur auf der Durchreise war, mußte eine sorgfältige Kontrolle über sich ergehen lassen. Das geringste Anzeichen eines Verdachts reichte schon aus, damit der Betreffende zur ›unerwünschten Person‹ erklärt wurde.

Der Einwanderungsbeamte in Folkestone, der Margarethe verhörte, mußte sich von seinen Instinkten leiten lassen. Hätte er einen konkreten Grund gehabt, sie als ›unbefriedigend‹ einzustufen, hätte er dies bestimmt gegenüber seinen Vorgesetzten erwähnt. Aus dem Inhalt und Ton seines Vermerks kann man vielleicht schließen, daß er an ihrer ›dreisten‹ Art Anstoß nahm. Wie auch immer, die Natur seines Berufs erforderte selbst in Friedenszeiten von einem Einwanderungsbeamten, daß er Lügen und Versuche, Eindruck zu schinden, richtig erkannte; und beides machte Margarethe bei der Beantwortung seiner Fragen. Sie war nie zuvor in England gewesen und hatte deshalb auch noch nie im Hotel Savoy gewohnt; wahrscheinlich kannte sie es dem Namen nach als das beste Hotel in London und hoffte, den verhörenden Beamten durch die Erwähnung des Hotels zu beeindrucken. Ihre Behauptung, sie sei bei Kriegsausbruch in Mailand gewesen, war einfach ein plumper Versuch, nicht zugeben zu müssen, daß sie in Wirklichkeit in Berlin gewesen war, weil dieses Eingeständnis mit ziemlicher Sicherheit weitere Fragen nach sich gezogen hätte. Obwohl der Beamte keine Möglichkeit hatte, auch nur eine einzige von Margarethes Aussagen zu überprüfen, hatte er einen ausgesprochen ungünstigen Eindruck von Madame Zelle. Und das wiederum reichte schon aus.

Margarethe erhielt jedoch die Erlaubnis, ihre Reise fortzusetzen, hatte zum Glück aber keine Ahnung von dem verhängnisvollen Fragezeichen hinter ihrem Namen. Durchschläge dieses Vermerks gingen an alle Interessenten, und Paris wußte wahrscheinlich schon zur selben Zeit, als Margarethe dort ankam, über den Inhalt Bescheid. Zu diesem Zeitpunkt war ihr die Stimmung, die in Paris herrschte, fast unbegreiflich, und die Bedeutung der Blicke, wenn die Leute sie von der Seite anschauten, mag ihr sehr wohl entgangen sein. Doch sie verstand etwas von Stil, und da sie von Berufs wegen Gesellschaften besuchte, brauchte sie nicht lange, bis ihr klar wurde, daß sie für diese Gesellschaft viel zu fein angezogen war. Diese Erkenntnis beunruhigte sie jedoch nicht im geringsten, sondern lieferte ihr nur einen weiteren Vorwand, um Einkäufe zu tätigen. Die bedauerlichen Agenten, die den Auftrag hatten, sie zu beschatten, mußten stundenlang auf dem Bürgersteig herumlungern, während sie sich an die Arbeit machte und ihre Garderobe den Gegebenheiten von Paris anpaßte.

Dieses Mal war Margarethe jedoch wirklich beunruhigt. Die Straßen von Paris waren fast nicht mehr wiederzuerkennen. Die meisten Geschäfte waren, seit die unmittelbare Gefahr einer deutschen Invasion vorüber war, zwar wieder geöffnet, arbeiteten aber mit einem stark reduzierten und sichtlich weniger beflissenen Verkaufspersonal. An die Stelle verführerischer Schaufensterauslagen waren patriotische, mit der Nationalflagge geschmückte Bilder und Plakate getreten, die für Wohltätigkeitsveranstaltungen zugunsten verwundeter Soldaten warben. Weder Autobusse noch luxuriöse Privatkarossen rumpelten die Straßen entlang, und selbst die sonst überall anzutreffenden Pferdedroschken waren rar geworden. Waren wirklich noch welche übriggeblieben, holperten sie wahrscheinlich hinter einem ausgemergelten, zahnlosen Gaul dahin, denn die Armee hatte jedes kräftige und gesunde Pferd und auch jedes zivile Kraftfahrzeug beschlagnahmt. Doch während der Zivilverkehr praktisch ausgestorben war, war das Ausmaß des Militärverkehrs enorm. Ein unachtsamer Fußgänger lief ständig Gefahr, von dahinflitzenden Autos, an denen die Trikolore flatterte, zermalmt zu werden, oder auch mit großen grauen Lastwagen zusammenzuprallen, die, mit Nahrungsmitteln, Uniformen, Maschendraht, Stacheldraht, Munition und allem möglichen Kriegsmaterial beladen, auf ihrem Weg zur Front mitten durch Paris rasten.

Und was für den Verkehr typisch war, war auch typisch für die Fußgänger. Margarethe hatte noch nie in ihrem Leben so viele Männer in Uniform gesehen. Das war der Krieg, wie man ihn in Den Haag nicht zu sehen bekam, und das war turbulentes Treiben, das an ihnen in Holland unbemerkt vorüberzog. Die Pariser führten zwar inzwischen ein ruhigeres und normaleres Leben als viele Monate vorher, doch der Neuankömmling aus den neutralen Niederlanden empfand die Atmosphäre aus Spannung und Dramatik als höchst berauschend. Selbst als Margarethe feststellte, daß in diesem neuen Paris der Kauf von Kleidern nicht mehr der vergnügliche Zeitvertreib von einst war, konnte das ihrer Hochstimmung keinen Abbruch tun. Ganz im Gegenteil: Wenn sie jetzt nur noch zwischen drei Dingen wählen konnte, wo es sonst dreißig gewesen waren, gab ihr das ein Gefühl von Tugendhaftigkeit; daß sie, ohne zu murren, solche Mangelerscheinungen hinnahm, konnte als ihr eigener Beitrag zu den Mühen des Krieges gelten.

Margarethes Bereitschaft, Opfer zu bringen, ging jedoch nicht so weit, daß sie auf einen bestimmten Lebensstandard verzichtet hätte. Sie hatte immer in den besten Hotels gewohnt, und daran sollte sich auch in Zukunft nichts ändern. Die Langeweile ihrer Beobachter wurde etwas durch das Erstaunen kompensiert, wie viele und welch unterschiedliche Herren Margarethe im Grand Hotel aufsuchten. Ihre Ankläger sollten dereinst der Tatsache, daß die meisten dieser Besucher Ausländer waren, eine fatale Bedeutung zumessen, obwohl ihnen ihr Verstand hätte klarmachen können, daß dies eher eine Auswirkung des Verdachts als ein Grund für ihn war. Die Herren der *beau monde* verzichteten zwar nur sehr ungern auf ihre internationalen Ansprüche, doch sie waren genauso wie ihre weniger wohlhabenden Mitbürger darauf bedacht, alle überflüssigen Kontakte zu Leuten, deren Loyalität suspekt sein konnte, zu vermeiden. Sie mochten zwar Geringschätzung für engstirniges Denken heucheln, aber ihr Patriotismus stand ganz außer Frage. Beim ersten Hornsignal hatten sie sich die nächste Champagnerflasche geschnappt, sich bei ihren Mitzechern eingehakt und waren so fröhlich zur Front gezogen, als wären sie auf dem Weg zur nächsten Party; und als sie dann einmal dort waren, kämpften sie mit derselben Entschlossenheit, mit der sie vorher nach Glück gestrebt hatten. Ihr Aufbruch in den Krieg und die nachfolgende Schließung der Salons trieben den letzten Nagel in den Sarg der Belle Epoque.

Zum Glück für Margarethe gab es genug Ausländer in der Stadt, die die Lücke schließen konnten. Bei dieser großen Entfernung fühlte sie sich nicht verpflichtet, dem Baron treu zu bleiben, und es bot sich ihr eine reichliche Auswahl an Gönnern. Dem Tempo nach zu urteilen, mit dem sie jemanden fand, der diese Rolle gerne übernahm, waren ihre Kontakte noch nicht abgerissen. Schon wenige Tage nach ihrer Ankunft lebte sie in der Gesellschaft und auf Kosten des belgischen Marquis de Beaufort.

Man kann Margarethe leicht vorwerfen, sie habe kein Gefühl für den Ernst der Situation gehabt, doch sollte man dabei bedenken, daß ein Krieg dieses Ausmaßes bislang unbekannt gewesen war. Früher waren die Kriege sporadisch und auf wenige Orte begrenzt gewesen; außerdem war nur das Militär direkt davon betroffen. Ein Krieg, der sich so unmittelbar auf die Zivilbevölkerung auswirkte, war etwas völlig Neues; und genau so einen Krieg mußten die Pariser nun schon den zweiten Winter ertragen, doch konnten sie immer noch nicht das volle Ausmaß des Konflikts oder die Anstrengungen und Opfer ermessen, die noch auf sie zukommen sollten. Immerhin hatten sie aber achtzehn Monate Vorsprung gegenüber Margarethe und waren sofort kopfüber in die schlimmsten Wirren gestürzt worden. Margarethes Kriegserlebnisse beschränkten sich dagegen bis dato auf wenige schreckliche Tage in Berlin. Soweit sie es sah, war der Krieg etwas für Soldaten, ging sie selbst aber nicht viel an. Sie war sich nicht darüber im klaren – und hatte auch keine Veranlassung, darüber nachzudenken –, daß man von ihr im Krieg ein anderes Verhalten erwartete. In Holland trugen zwar viele Frauen ihren Teil zum Krieg bei, indem sie Verwundete pflegten und Hinterbliebene trösteten, doch nichts deutete darauf hin, daß Frauen auch noch andere wichtige Aufgaben zu erfüllen hatten.

Margarethes diesbezügliche Naivität besagt jedoch nicht, daß sie kein Gefühl für die Atmosphäre in Paris hatte. Eine Frau, deren Lebensunterhalt von der Fähigkeit abhängt, Männer auf sich aufmerksam zu machen und sie zufriedenzustellen, kann nur dann Erfolg haben, wenn sie über die Eigenschaften anderer Frauen genau Bescheid weiß; und der Wandel in der Einstellung der Pariser Frauen war auch der Grund für den fundamentalen Wandel der Stadt selbst. Als alle kräftigen und gesunden Männer in den Krieg aufbrachen, bekamen die Frauen zum ersten Mal ein Gefühl für ihren eigenen Wert. Die gesamte Verantwortung für Haus und Familie ruhte nun auf ihren Schultern; weil ihnen gar nichts anderes übrigblieb, übernahmen sie die Rollen, die traditionellerweise für ihre Ehemänner, Brüder oder Väter bestimmt waren. In welche Richtung ihre Bemühungen sie auch führen mochten, der Krieg hatte zur Folge, daß sie von Heim und Herd, an die sie, wie üblich, seit Jahrhunderten gefesselt waren, losgerissen wurden. Ursprünglich akzeptierten sie diese Störung ihres Lebens resignierend als vorübergehende Anomalie. Doch bald entwickelte sich daraus bei vielen Frauen nicht nur eine Gewohnheit, sondern eine Notwendigkeit, ja manchmal sogar ein Vergnügen. Da ihre Männer im Krieg waren, wurde den Frauen die Vorstellung langsam vertraut, daß sie sich selbst überlassen waren, daß sie Entscheidungen treffen und Verantwortung übernehmen mußten, natürlich auch für die Konsequenzen selbst einzustehen hatten.

Als sie sich diesen neuen Bedingungen anpaßten, wurde ihnen ein weiteres Vergnügen bewußt; sie erkannten nämlich, daß sie zum ersten Mal in ihrem Leben nicht darauf angewiesen waren, daß jemand anders für sie sorgte. Sie selbst wurden zu Versorgern und gewannen dabei ein vorher nie erträumtes Maß an Unabhängigkeit. Bei Kriegsende sollte es keinen – zuvor nur den Männern vorbehaltenen – Beruf geben, den Frauen nicht erfolgreich in Angriff genommen hätten. Natürlich hatte es schon vor dem Krieg in Paris arbeitende Frauen gegeben. Einer offiziellen Umfrage zufolge waren bereits 1915 neunzig Prozent der Frauen gezwungen, die Rolle des Ernährers und Haushaltsvorstandes zu übernehmen. Zu arbeiten war nicht mehr eine Sache der freien Entscheidung oder eine Möglichkeit, sich zusätzlich etwas Taschengeld zu verdienen, es war vielmehr eine Notwendigkeit geworden.

Frauen arbeiteten in Banken, in Geschäften und auf Postämtern, als Angestellte, Botinnen und Sekretärinnen. Es gab weibliche Zeitungsverkäufer und Straßenkehrer, ja sogar weibliche Herrenfriseure. Bei der Eisenbahn, der Metro und der Straßenbahn kontrollierten Frauen die Fahrkarten und dienten als Wachposten. Die Hunderte von Hospitälern, die überall in Paris entstanden waren, um den unendlichen Strom von Verwundeten zu versorgen, benötigten ein ganzes Heer von Krankenschwestern und Helferinnen als Personal. Vielleicht am wichtigsten waren jedoch die Tausende von Frauen, die in den Munitionsfabriken ihrer Arbeit nachgingen. Der französische Stabschef und Oberbefehlshaber, General Joffre, unterstrich die Bedeutung ihres Beitrags mit der berühmten Bemerkung: »Wenn die in den Fabriken beschäftigten Frauen die Arbeit für zwanzig Minuten niedergelegt hätten, hätten die Alliierten den Krieg verloren.«

Die Auswirkungen dieser Umwälzung zeigten sich natürlich am deutlichsten in der Arbeiterklasse. Die *grandes et petites bourgeoises* waren jedoch ebenso fest entschlossen wie die *travailleuses,* sowohl ihren Beitrag zu leisten als auch den Nutzen davonzutragen. Wer es nicht nötig hatte, gegen Entgelt zu arbeiten, stürzte sich voll und ganz in gute Taten. Das französische Rote Kreuz, unter dessen Ägide die meisten neuen Hospitäler arbeiteten, wurde von Freiwilligen überflutet. Eine Tochterorganisation des Roten Kreuzes, Les Dames Françaises, brüstete sich damit, daß die Frauen von nicht weniger als fünf Regierungsministern gemeinsam als Präsidentinnen fungierten, während eine weitere Gruppe, die Société de Secours aux Blessés Militaires, ein Komitee hatte, das sich fast ausschließlich aus *duchesses* und *comtesses* zusammensetzte. Ein Beobachter notierte sich amüsiert: »Bei diesen Vereinen ist eine ganze Menge Snobismus im Spiel, und die politische Intrige ist in ihren Reihen keineswegs bedeutungslos.« Anschließend räumte er jedoch ein: »Die Arbeit, die sie verrichten, ist sehr gut; sie sind steinreich und haben im Krieg eine enorme Menge an Material für die Soldaten bereitgestellt.«

So wie sich diese guten Damen früher danach gesehnt hatten, den Ruf einer »Patronin der Künste und Gastgeberin höchst verschwenderischer Gesellschaften« zu genießen, so konkurrierten sie nun miteinander um den Titel einer »Patronin des *poilu* und Spenderin großzügiger Gaben«. Die feinen Damen, die es gewohnt gewesen waren, sich ihre Mußestunden damit zu vertreiben, einen prächtigen Bildteppich als Ofenschirm oder einen gestickten Kissenbezug zu entwerfen, hatten diese Stickereien längst aufgegeben: Jetzt strickten sie feste Kopfschützer und warme Socken und suchten die Läden nicht nach Schmuckstücken und Ziergegenständen ab, die zu ihrer eigenen Freude bestimmt waren, sondern nach kleinen Luxusartikeln, die sie ihren Ehemännern oder Söhnen an die Front schicken konnten – Zigaretten oder Tabak, ein Töpfchen Marmelade oder eine Büchse Pastete, Briefpapier, Schokolade oder ein Stück Seife. Sie nahmen ihre neue Rolle offensichtlich mit großem Vergnügen in Angriff, und die Energie, die sie auf diese ungewohnten Aufgaben verwandten, war erstaunlich; Margarethe aber, die mit großen Augen zusah, empfand die ständige Beschäftigung dieser Damen als beunruhigend. Sie schien die einzige Person in Paris zu sein, die in diesem Krieg keine Rolle zu spielen hatte; und nicht nur das, sie schien in Paris auch die einzige Frau zu sein, die nicht mindestens einen Verwandten hatte, der direkt an den Kämpfen beteiligt war.

In den ersten Monaten des Krieges, als man es noch nicht so eingerichtet hatte, daß jeder Soldat regelmäßig Urlaub erhielt, bestand der einzige erlaubte Kontakt zwischen der Heimat und der Front in Paketen und Briefen. Für viele Frauen war der Gedanke an so eine Trennung auf unbestimmte Zeit unerträglich, und da die Entfernung zwischen der Heimat und der Front oft nur sehr gering war, entschlossen sich die mutigeren unter ihnen, die Sache selbst in die Hand zu nehmen. Es bestand kein generelles Verbot, daß Frauen nicht in die Kriegszone reisen durften, doch wer die Erlaubnis erhielt, wurde strengstens überprüft. Der Auskunft eines Generals zufolge, erstreckte sich das Verbot nur auf ›legitime‹ Frauen. Man vertrat die Ansicht, daß der Besuch einer Ehefrau oder Mutter einen kämpfenden Soldaten zwar vorübergehend aufmuntern könne, sich langfristig jedoch schädlich auf seine Moral auswirken würde, weil es ihn nachdrücklich an die Annehmlichkeiten von Heim und Familie erinnerte. Dagegen hatte der Besuch einer *poule*, eines Straßenmädchens, keineswegs so eine demoralisierende Wirkung; im Gegenteil: Solche Frauen sorgten für die notwendige und in der Tat wohltuende Abwechslung von den Unbilden des Schlachtfeldes. Diese merkwürdige Unterscheidung führte zu einigen grotesken Situationen. Bisher hatten sich Prostituierte bemüht, nach außen hin einen ehrbaren Eindruck zu machen; nun versuchten äußerst vornehme und hochanständige Frauen mit unterschiedlichem Erfolg, sich als Prostituierte auszugeben, trugen ein knalliges Make-up zur Schau und schockierten die Posten mit tiefausgeschnittenen Kleidern, um auf diese Weise zu ihren Ehemännern vorgelassen zu werden.

Als regelmäßige Urlaubspläne eingeführt wurden, ging der Verkehr in die umgekehrte Richtung. Die Züge, die die einsamen Frauen an die Front geschafft hatten, führten nun kriegsmüde, von der Reise schmutzige und manchmal von Granaten geschockte *permissionaires,* also Soldaten auf Heimaturlaub, wieder in die liebenden Arme ihrer Familie. Acht bis zehn Tage lang wurden diese ausgelaugten Männer von der zärtlichen Fürsorge ihrer Frauen und Mütter erdrückt, die für die acht- oder zehnmonatige Abwesenheit sonst kein Ventil hatten.

Auf beiden Seiten waren die Gemüter zu erhitzt, als daß sich ein normales Verhalten entwickeln konnte; der Soldat konnte seinen Wagemut nicht ablegen, der zum Überleben an der Front notwendig war, und ebensowenig mochte seine Frau auf die Gelegenheit verzichten, ihn wie ein hilfloses kleines Kind zu verwöhnen. Der Krieg verlangte jedem ein Engagement ab, das zu groß war, als daß man sich für solch ein kurzes Intermezzo davon freimachen konnte.

Der Soldat wußte, daß er in nur wenigen Tagen zu seinem Martyrium zurückkehren mußte: Wenn er Glück hatte, konnte er auf einer feuchten Strohmatratze schlafen; waschen konnte er sich nur selten und wenn, dann in kaltem, schmutzigem Wasser; er mußte Angst und Erschöpfung, Verletzungen und vielleicht sogar den Tod in einem Kampf auf sich nehmen, der verdammt zu sein schien, ewig zu dauern. Er konnte es sich nicht erlauben, seine Deckung zu vernachlässigen und seinen Schutzschild der Gleichgültigkeit niederzulegen, denn vielleicht hatte er dann nicht mehr die Kraft, ihn wieder zu ergreifen, wenn der Zeitpunkt dafür kam.

Die Leidenschaft der Frauen wiederum, die von ihren Männern ertragenen Schrecken zu lindern und wiedergutzumachen, war zu stark, als daß sie sich mit so flüchtigen

Gelegenheiten, dies zum Ausdruck bringen zu können, zufrieden gaben. Ihre Frustration ließ sie noch eine andere Rolle übernehmen, nämlich die einer *marraine*, einer Patin für alle unglücklichen Soldaten, für die keine Familie sorgte. In ganz Frankreich nahmen Frauen aus allen Gesellschaftsschichten und Altersgruppen Soldaten als ›Patensöhne‹ an. Einige Frauen beschränkten sich nur auf einen Soldaten, andere hingegen brachten es auf mehrere Dutzend; sie schrieben ihnen, strickten für sie und luden sie im Urlaub zu sich nach Hause ein. Es gab bestimmt welche, die dieses Arrangement ausnutzten – beispielsweise Kurtisanen, die darin ein Mittel sahen, ihre einträgliche Vorkriegsbeschäftigung fortzusetzen, oder einsame alte Jungfern, die nach einem Mann Ausschau hielten –, doch in der Mehrzahl war es für alle Beteiligten ein Erlebnis, das sich lohnte, und leistete einen wichtigen Beitrag für das Gefühl nationaler Einheit und Gemeinschaft, das für die Dauer des Krieges anhalten sollte.

Es ist kaum verwunderlich, daß sich Margarethe von all dieser *bonhomie* und von der Zusammengehörigkeit ausgeschlossen fühlte. Es liegen Welten dazwischen, hervorzustechen oder ein Außenseiter zu sein. Irgendwie mußte sie sich auch engagieren; und wie konnte sie das besser tun als durch die Wiederaufnahme ihrer Karriere, da, wo sie sie abbrechen mußte, und durch die Rückkehr auf die Bühne. Viele Theater waren geöffnet, und die Abwechslung und Unterhaltung, die Margarethe all diesen mutigen Soldaten bieten konnte, würde ihnen bestimmt guttun. Von ihrer vornehmen Suite im Grand Hotel aus schrieb sie einen kurzen Brief an Gabriel Astruc. Sie hatte nämlich davon gehört, daß Diaghilew in Paris Tänzer für seine Amerikatournee suchte; würde Astruc so freundlich sein und den Maestro informieren, daß sich Mata Hari in der Stadt befand und gerade frei war, um entweder in Paris aufzutreten oder aber mit nach Amerika zu reisen? Sie verfüge über ein völlig neues Programm an Tänzen, das er bestimmt unwiderstehlich finden würde.

Während Margarethe auf Antwort wartete, besuchte sie die wichtigsten Theater, um sich ein Bild von den neuesten Aufführungen zu machen, sich die Konkurrenz anzusehen und ihre Möglichkeiten zu taxieren. Mit dem Besuch einer jeden Vorstellung sank ihre Stimmung, und ihr Optimismus löste sich allmählich in Nichts auf. Gewiß, die Theater waren offen, wenn auch nur für Matineevorstellungen, und sie waren auch jeden Tag zum Bersten voll, doch ihr Charakter hatte sich vollkommen geändert.

Die Kontroverse, die die Wiedereröffnung der Theater in den ersten Monaten des Jahres 1915 begleitet hatte, war eigentlich nie richtig abgeklungen. Es gab noch immer eine große und lautstarke Gruppe, die etwas so Frivoles verurteilte und erklärte, man hätte die entsprechende Zeit, die Energie und das Geld besser für Kriegsanstrengungen aufwenden können und sollen. Sie war von den Argumenten jener Leute, die sich für die Wiedereröffnung aussprachen, nicht überzeugt: Allein in Paris hinge der Lebensunterhalt von 75000 Menschen von den Theatern ab; das seien nicht nur Schauspieler, sondern Musiker, Garderobiers, Bühnenarbeiter, Maler, Kostümiers, Inspizienten und Reinigungspersonal. Sei es denn gerecht, alle diese Leute um ihre Einkommen zu bringen, nur um die Zartgefühle der im Krieg Kämpfenden zu schonen, vor allem auch, wo doch die meisten dieser Leute entweder Frauen oder ältere Männer seien, die für ihre Familien zu sorgen versuchten, bzw. *poilus*, deren Verletzungen eine Rückkehr in den aktiven Militärdienst unmöglich machten? Sei es nicht sinnvoller, das Theater in erster Linie als Arbeitsplatz zu sehen und erst in zweiter Linie als Vergnügungsstätte? Mit dem zusätzlichen Argument, das Prestige von Paris stehe auf dem Spiel und man dürfe den Feind nicht in dem Glauben bestärken, er habe die Stadt in die Knie gezwungen, trug die für die Wiedereröffnung kämpfende Gruppe den Sieg davon.

Doch sie reagierte äußerst verständnisvoll auf die geringsten Fehlinterpretationen ihres Standpunktes. Sie begrüßte den Vorschlag, daß auf alle Kasseneinnahmen fünfzehn Prozent Abgaben erhoben und auf die Hilfsorganisationen aufgeteilt werden sollten, und sie reservierte ein Viertel der Plätze für verwundete Soldaten, die auch freien Eintritt hatten. Und außerdem bot sie, was besonders devot war, die Gewähr, daß nur äußerst patriotische und der Stärkung der Moral dienliche Aufführungen gezeigt wurden. Die gegen die Wiedereröffnung kämpfende Brigade hatte diese Versicherungen zu akzeptieren, und viele von ihnen liefen bald zur Gegenseite über. Die Theater und Varietés wurden in Wirklichkeit zu Stätten patriotischer Versammlungen.

Die erste Andeutung von dem, was ihr bevorstand, erhielt Margarethe beim Besuch der Comédie Française; die Plakate verkündeten stolz, die Vorstellung diene der Unterstützung von Secours National aux Blessés. Ihre Befürchtungen wuchsen, als sich der Vorhang hob und Marthe Chenal zum Vorschein kam, eingehüllt in eine riesige wallende Trikolore. Unter stürmischem Beifall ging die statuenhafte Sängerin dazu über, gefühlvoll die Marseillaise vorzutragen; am Ende der ersten Strophe hatte das gesamte Publikum eingestimmt, und die letzte Strophe ging fast in einem Tränenausbruch unter.

Wo Margarethe auch hinkam, es war überall dasselbe. In der Opéra und im Odéon, im Théâtre des Capucines und in der Opéra Comique, stets sangen die Zuschauer ›La Marseillaise‹, ›La Brabançonne‹ oder jenes Lied, das zum französischen Gegenstück von ›Tipperary‹ wurde: ›On les Aura‹; und die Schauspieltruppen präsentierten so herrliche Stücke wie ›La Fille du Regiment‹, ›La Patrie‹ oder ›Les Enfants de la République‹. Manchmal wurde die Vorstellung auch von einem Schauspieler unterbrochen, der, dem Anlaß entsprechend, Kampfkleidung trug, mit erhobenen Händen um Ruhe bat und die neuesten Nachrichten von irgendwelchen Triumphen oder Debakeln an der Front verkündete. Sammelbüchsen machten unter den Zuschauern die Runde, die aufgefordert wurden, für das Rote

Kreuz, für Kriegsgefangene, Waisen, Witwen und verwundete Kriegshelden oder für die Verteidigung des Vaterlandes tief in die Tasche zu greifen.

Ausnahmsweise einmal brauchte Margarethe keine weiteren Erklärungen; sie wußte, daß hier kein Platz mehr für sie war. Die Theater verstanden sich nicht mehr als Vergnügungsstätten, und die Zuschauer erwarteten von der Bühne auch nicht mehr Ablenkung oder leichte Unterhaltung. Verschwunden waren die Gruppen vornehmer Herren in Smokingjacken und ihre juwelengeschmückten, bloße Schultern zeigenden *petites-amies*, vorbei waren das gezierte Lachen und der Gesellschaftsklatsch. Vorbei, vielleicht gar für immer vorbei, war auch jene herrliche Zeit, als sie zur Verherrlichung ihrer Schönheit bei jedem neuen sensationellen Auftritt mit Nelken überhäuft wurde, und als glühende Verehrer, deren seidengefütterte Umhänge lässig von ihren in Samt gehüllten Schultern herabfielen, sie mit Einladungen bedrängten.

Der krasse Gegensatz zwischen der müßigen, glanzvollen Vergangenheit und der trostlosen, nur auf den Zweck ausgerichteten Gegenwart war zu schockierend, als daß man ihn ignorieren konnte. Wie Margarethes Vorstellung in Arnheim ihr letzter öffentlicher Auftritt war, so stellte ihr Brief an Astruc ihren letzten Versuch eines Comebacks dar. Die Zeit und der Krieg hatten sich gegen sie verschworen und ihre Karriere ein für allemal beendet.

Während dieser ganzen Zeit stand Margarethe unter Beobachtung. Von derselben Leidenschaft gepackt, die auch die Mitglieder der Liga antrieb, maßen ihre Aufpasser jedem ihrer Schritte besondere Bedeutung bei. Sie war das Objekt einer nie endenden Überwachung und »galt wegen ihrer wahllosen Beziehungen zu zahlreichen Amtspersonen aller Stände, aller Altersgruppen und aller Nationalitäten als verdächtig«. Wenn man schon nichts Konkretes gegen sie vorbringen konnte, bestand immer noch die Möglichkeit, daß sie wegen ihres Umgangs schuldig war: »In den letzten Tagen hatte sie eine sehr enge Beziehung zu einem vermögenden und höchst verdächtigen Rumänen namens Koanda. Dieser Mann ist wegen Betrugs und Gaunerei vorbestraft, und es wird gerade ein Ausweisungsbefehl gegen ihn ausgestellt, weil seine Aktivitäten dem nationalen Interesse zuwiderlaufen.« Dabei fand jedoch die Tatsache in keiner Weise Berücksichtigung, daß Rumänien noch immer Neutralität wahrte, selbst wenn es letztlich auf der Seite der Alliierten in den Krieg eintreten sollte, und daß Betrug keineswegs für die Kriegssituation charakteristisch war oder für sie besondere Bedeutung gehabt hätte. Hätten die Berichte nichts Schlimmeres zu erwähnen gewußt, als daß bei Madame MacLeod Verdacht auf Masern bestand, wäre trotzdem dieses eine Wort ›Verdacht‹ ins Auge gefallen und ins öffentliche Bewußtsein eingedrungen.

Die Beobachter hätten sich ruhig offen zeigen können, Margarethes Verhalten wäre dennoch gleich geblieben, denn sie hatte nicht die geringste Ahnung, daß sie unter Verdacht stand. Hätte sie das Interesse an ihr bemerkt, wäre es ihr vielleicht unerklärlich gewesen oder aber es hätte sie irritiert; es hätte sie allerdings wohl nicht veranlaßt, ihr Gewissen zu erforschen. Geheimagenten, Spione, Verschlußsachen – das alles lag ihr so fern und war für ihr Leben so unerheblich wie Stacheldraht, Schützengräben und Bomben. Wenn sie überhaupt darüber nachgedacht hätte, dann wären es für sie lediglich einige – von tausend anderen nicht zu unterscheidende – Einzelheiten dieses riesigen, unversöhnlichen Ungeheuers gewesen, das da Krieg hieß.

Nach der Anstrengung, sich mit dem Scheitern ihres Comebackversuchs abfinden zu müssen, fühlte sich Margarethe ausgelaugt und war tief besorgt. Sie brachte nicht einmal die Energie auf, ihre Sachen zu holen, die doch anfangs der alleinige Grund für ihre Reise nach Paris gewesen waren. In dem einen Monat seit der Ankunft in ihrer Lieblingsstadt hatten ihr Stolz und ihre Pläne eine Reihe harter Schläge einstecken müssen. Sie hatte sich bei jedem

Schritt verrechnet: Es hatte sich herausgestellt, daß das voller Ungeduld erwartete Fest eigentlich nur einem belagerten Pfadfinderlager glich; keine Spur von jemandem, den sie kannte; und bei ihrer Ankunft war sie nicht nur unpassend gekleidet gewesen, sondern nun sickerte auch durch, daß sie ein ungebetener Gast und nicht sonderlich willkommen war. Sie neigte zwar nicht sehr zur Selbstprüfung, muß sich aber darüber im klaren gewesen sein, daß ihre Desillusionierung hinsichtlich Paris nur das letzte Glied in einer langen Kette ähnlich gelagerter Enttäuschungen war. Mit großen Hoffnungen war sie nach Madrid gereist, nach Berlin, Wien, Ägypten, Paris, erneut nach Berlin, dann nach Holland und nun wieder nach Paris, aber kein Ort und kein Land hatte ihren Erwartungen entsprochen; nach jeder Enttäuschung wurde es für sie etwas schwerer, ihren Optimismus aufrechtzuerhalten.

Während Margarethe über ihr Dilemma nachdachte, fanden ihre Beobachter langsam Gefallen an ihrer Arbeit. Der Bericht, den sie am 11. Januar dem Deuxième Bureau vorlegten, enthält deutliche Anzeichen von Verärgerung: »Wir sehen uns gezwungen, Ihnen mitzuteilen, daß Madame MacLeod aus Paris abgereist ist, bevor wir unsere Untersuchungen abschließen konnten.« Margarethe reiste wiederum über Spanien, schaffte es aber, einem weiteren Gespräch mit den britischen Einwanderungsbehörden aus dem Wege zu gehen, und kehrte – ernüchtert und niedergeschlagen – nach Holland zurück. Der Baron mußte eigentlich bald wieder in Den Haag sein; zumindest er würde sich freuen, sie wiederzusehen.

Ein etwas schmutziges Spiel

Während heutzutage die beiden Supermächte, die Vereinigten Staaten und die Sowjetunion, über hervorragend ausgerüstete und hochaktive internationale Spionagenetze verfügen, war das im Ersten Weltkrieg noch längst nicht der Fall. Der russische Geheimdienst konzentrierte in den Jahren, die zur bolschewistischen Revolution führten, seine beträchtlichen Mittel verständlicherweise auf Dissidenten und auf den Aufruhr im eigenen Lande. Die Amerikaner hingegen sahen in der Vorstellung, daß es überhaupt so etwas grundsätzlich Verdecktes wie einen Geheimdienst geben könne, einen Widerspruch zu ihrer Vision von den Vereinigten Staaten als dem ›Land der Freiheit‹. International gesehen, hielten die Prinzipien der Monroe-Doktrin Staatsmänner und Politiker noch immer davon ab, sich in europäische Angelegenheiten verwickeln zu lassen. Selbst wenn diese Zurückhaltung in den letzten Kriegsjahren ins Gegenteil umschlagen sollte, hatte der amerikanische Geheimdienst im Vergleich zu denen der europäischen Alliierten trotzdem nur eine geringe Bedeutung.

Der französische Nachrichtendienst litt zu Beginn des Krieges immer noch unter der öffentlichen Demütigung, die ihm die Affäre Dreyfus zugefügt hatte. Man hatte sich tatkräftig bemüht, die Korruption auszumerzen, aufgrund derer ein völlig unschuldiger Mensch verhaftet, vor Gericht gestellt, verurteilt und deportiert wurde, weil er angeblich militärische Geheimnisse an die Deutschen verkauft hatte. Die neuen Beamten waren fest entschlossen, den Beweis dafür anzutreten, daß das Deuxième Bureau nun nicht nur wieder ein Vorbild an Rechtschaffenheit und

Disziplin war, sondern auch eine mächtige Organisation zum Schutze des Landes.

Der britische Geheimdienst seinerseits genoß noch immer einen beneidenswerten Ruf wegen seiner Tüchtigkeit; ein Ruf, der sich dank seines frühen Erfolges noch verbessert hatte, als er nämlich bei Kriegsausbruch das deutsche Spionagenetz in Großbritannien auffliegen ließ. Die Ursprünge des britischen Geheimdienstes liegen in der historischen Notwendigkeit Großbritanniens begründet, als kleine Insel und als Kolonialmacht seine lebensnotwendigen Seewege und Schiffahrtslinien zu verteidigen. Seine Effizienz verdankte er in hohem Maße der Tatsache, daß er sich unter der Schirmherrschaft der Königlichen Marine entwickelte. An diesem Punkt ihrer Geschichte interessierten sich sowohl der britische Geheimdienst als auch das Deuxiéme Bureau in Frankreich mehr für militärische als für politische Informationen, eine Vorliebe, die sie mit ihren Pendants in Deutschland teilten.

Doch keiner dieser beiden Geheimdienste wäre der Abwehr – ein Name, der sich allmählich einbürgerte – gewachsen gewesen, hätte nicht diese beeindruckende Organisation unter einer lähmenden nationalen Schwäche und unter einem ernsten strukturellen Nachteil zu leiden gehabt. Paradoxerweise lag der schwache Punkt der Abwehr in der selbstgefälligen Überzeugung, daß die deutschen Streitkräfte zu mächtig seien, um der Hilfe einer, wie man meinte, untergeordneten Abteilung zu bedürfen. Laut Oberst Walther Nicolai, dem Generalstabsoffizier, der den deutschen Geheimdienst während des ganzen Krieges befehligte, »herrschte beim Heereskommando starke Skepsis, was die Möglichkeiten und den Nutzen von Spionage betraf. Das ging sogar soweit, daß ein Heereskommandant beim Vormarsch durch Belgien den Nachrichtenoffizier als überflüssigen Ballast in Lüttich zurückließ«.

Der andere Nachteil war geographischer Art und zeigte sich erst im Verlauf des Krieges. Die Spione beider Seiten operierten auf drei Ebenen: Auf der untersten Ebene waren das die weniger wichtigen, bezahlten Spitzel, die beispielsweise Informationen über die öffentliche Stimmung, Truppenbewegungen, Eisenbahnnetze und Transportmöglichkeiten liefern konnten; dann folgten die Spione mit Spezialkenntnissen, die Angaben machen konnten über das Kommunikationsnetz, Aufrüstungsmaßnahmen, die Stärke der Festungsanlagen in strategisch wichtigen Gebieten und technologische Fortschritte, aus denen vielleicht eine Bedrohung erwachsen konnte; und drittens gab es schließlich noch, was am seltensten vorkam und deshalb am wertvollsten war, jene an höchster Stelle plazierten Unterwanderer, die darauf hoffen konnten, aus allererster Quelle etwas über die Pläne des Gegners zu erfahren.

Auf der zweiten und dritten Ebene standen sich die beiden Seiten einander wahrscheinlich kaum nach. Eventuell hätten die Deutschen bei der Nachrichtenbeschaffung auf der höchsten Ebene einen Vorteil gehabt, wäre da nicht ihr unangebrachter Glaube an ihre militärische Unbesiegbarkeit gewesen. Unmittelbar vor dem Krieg legte der Franzose Paul Lanoir eine aus der Angst geborene Denkschrift über den deutschen Nachrichtendienst vor, in der Hoffnung, seine Landsleute dazu bringen zu können, die Bedrohung ernster zu nehmen. In diesem Buch enthüllte er, daß in Berlin über alle Offiziere der französischen Streitkräfte Kartei geführt wurde; unter jedem Namen trug man Einzelheiten des Privatlebens des jeweiligen Offiziers ein und verzeichnete besonders alle möglichen Marotten oder schwachen Punkte, die ihn für Erpressung anfällig machen könnten. Mängel wies jedoch das deutsche Netz auf der untersten Ebene der Spionage auf, was allerdings erst deutlich zu Tage trat, als sich im Verlaufe des Jahres 1915 die Front im Westen stabilisierte.

Die Schwierigkeit der Deutschen resultierte daraus, daß die westliche Front während des ganzen Krieges auf französischem und belgischem Gebiet lag. Die deutsche Armee lebte, arbeitete und kämpfte deshalb auf Feindesboden. Jeder national gesinnte Franzose oder Belgier, der das *peine forte et dure* der deutschen Besatzung hinter der Front ertragen mußte, wurde zu einem potentiellen Informanten für die Alliierten. Die Deutschen konnten nicht auf solch eine freiwillige Partisanenschar bauen. Ihre Informanten hinter den französischen Stellungen arbeiteten daher immer entweder für Geld oder aus Angst vor Erpressung; mit Patriotismus hatte das nur selten etwas zu tun, und folglich bestanden Zweifel an ihrer Zuverlässigkeit. Wenn sich ein Defizit in den Reihen dieser Informanten auf der untersten Ebene bemerkbar machte, erging die Order, neue anzuwerben.

Das Hauptquartier des deutschen Nachrichtendienstes befand sich zwar in Berlin, doch die Spione wurden von strategisch gelegenen Zentren aus kontrolliert und rekrutiert, unter anderem in der Schweiz, in Holland und in Spanien. In diesen neutralen Ländern entwickelten sich die Botschaften – nicht nur die Deutschlands, sondern auch die der verbündeten Entente-Mächte – zu Schaltstellen unzähliger Spionageoperationen. Da die Botschaften der Theorie nach zum Territorium des Landes gehören, das sie repräsentieren, verstoßen die hinter verschlossenen Türen ablaufenden Aktivitäten nicht einmal gegen die Neutralitätsbestimmungen. Die Militär- oder Flottenattachés im Stab dieser Botschaften waren fast ausnahmslos Spione oder Agentenführer. Wenn ein Mitglied des deutschen Diplomatischen Corps in Madrid, Genf oder Den Haag plötzlich seine gesellschaftlichen Verbindungen nach verschiedenen, bislang ungewohnten Seiten hin erweiterte, so bedeutete das normalerweise, daß er aus Berlin das Zeichen für eine Werbeoffensive erhalten hatte.

Genau zu dieser Kategorie zählte Karl Kramer. Er war schon lange Mitglied in Oberst Nicolais Nachrichtendienst und verlebte die Kriegsjahre als Presseattaché bei der deutschen Botschaft in Den Haag. Im Mai 1916 wurde ihm Margarethe bei einer Abendgesellschaft vorgestellt, und er erkannte schnell, daß sie als Spionin in Frage kam. Die vier Monate in Holland hatten ihre angegriffene Moral keineswegs wiederhergestellt. Der Baron war wieder einmal weg, und Margarethe fühlte sich vernachlässigt, unerwünscht und todunglücklich; hätte sie sich jedoch während seiner Abwesenheit einen anderen Geliebten zugelegt, hätte das solch ein Aufsehen erregt, daß es dem Baron bestimmt zu Ohren gekommen wäre. Ihre Reise nach Paris war zwar ergebnislos und frustrierend verlaufen, doch die dort verbrachten wenigen Wochen ließen Den Haag im Vergleich dazu trostloser denn je erscheinen. Ironischerweise machten sich Knappheit und Mängel in den neutralen Niederlanden stärker bemerkbar als in Frankreich, und seit Margarethes Rückkehr hatten sich die Lebensbedingungen ständig verschlechtert. Dies war zum Teil auf die britische Seeblockade des Ärmelkanals zurückzuführen, die zwar gegen Deutschland gerichtet war, jedoch zwangsläufig die Einfuhr wichtiger Lebensmittellieferungen nach Holland unterband. Doch diese ohnehin bereits ernste Situation wurde noch dadurch verschlimmert, daß zivile und militärische Flüchtlinge aus dem besetzten Belgien über die Grenze in die Niederlande strömten, ein Zustrom, der in den vier Kriegsjahren trotz aller deutschen Anstrengungen, ihn einzudämmen, noch weiter anwachsen sollte. Schließlich sahen sich die Deutschen, die der Nutzen dieser Grenze für die alliierten Streitkräfte und ihre Geheimdienste mit Sorge erfüllte, veranlaßt, entlang der ganzen Grenze einen Hochspannungszaun zu errichten – eine drastische Maßnahme, die jedoch nur die Findigkeit all jener förderte, die unbedingt den Zaun überwinden wollten.

Die deutschen Grenzwachen hatten strikte Anweisung, ja nicht die Neutralität der Niederlande zu verletzen, und abgesehen von einigen schlimmen Ausnahmen hielten sie sich auch an diese Anweisung. Umgekehrt waren sich allerdings auch die Holländer darüber im klaren, daß sie sich gleichfalls an zumindest einige Regeln halten mußten, wenn ihre Neutralität von beiden Seiten respektiert werden sollte.

. . . [zivile Flüchtlinge] stießen auf viel Mitleid und Großmut, und viele von ihnen wurden spontan in Familien aufgenommen. Es handelte sich jedoch bei den Flüchtlingen nicht nur um Zivilisten, sondern auch um eine große Zahl von Soldaten, und aufgrund unserer Neutralität waren wir verpflichtet, sie zu entwaffnen und zu internieren. Die Regierung errichtete unverzüglich Internierungslager . . . man kann sich vorstellen, daß es nicht leicht war, für so viele Gäste Lebensmittel zu beschaffen.

Die niederländische Königin Wilhelmina wies ihre oft verunsicherten Untertanen schnell auf die Sachlage hin: »Neutralität, in dem Sinne, wie das internationale Recht sie definiert, bedeutet nicht einfach, daß man sich abseits hält. Neutralität ist ein fest umrissener gesetzlicher Status, den das neutrale Land angenommen hat, und die kriegführenden Parteien sind verpflichtet, die Rechte dieses Landes zu respektieren.« Die stoische Monarchin versicherte ihnen dann weiter, sie habe Verständnis für das Dilemma, das zwangsläufig aus jener Einstellung folge: »Diese Neutralität bringt klar definierte Verpflichtungen für jeden Holländer mit sich. Die Pflichten der Neutralität sind absolut und lassen keinen Spielraum für menschliche Gefühle zu. Diese Situation kann beim einzelnen leicht zu Spannungen und Kämpfen führen. Im Grunde seines Herzens ist der Mensch nie neutral, sondern hat immer eine Vorliebe..., und die Auslegung der Regeln muß in der Praxis immer dem persönlichen Urteil überlassen bleiben.«

Das persönliche Urteil war zwar nicht gerade eine von Margarethes erfolgreichsten Eigenschaften, jedoch machte sie unaufhörlich und fest entschlossen davon Gebrauch, manchmal freilich mit katastrophalen Folgen. Die verhängnisvollste ihrer Fehleinschätzungen beging sie im Anschluß an ihre zweite Begegnung mit Karl Kramer. Später sollte sie allerdings dem Vernehmungsbeamten erklären, es sei ihr klar gewesen, wie sie mit dem deutschen Presseattaché umgehen mußte, als dieser an sie herantrat. »Eines Abends im Mai 1916 befand ich mich in meinem Haus in Den Haag. Es war schon spät, und mein älteres Dienstmädchen, Anna Lintjens, war bereits zu Bett gegangen. Jemand klopfte an die Tür, und ich ging selbst hin, um zu öffnen. Ich erkannte, daß es M. Kramer war; er hatte mir geschrieben, er würde mich besuchen, allerdings keinen Grund dafür angegeben.«

Von Margarethes Seite aus gab es nur einen einzigen Grund, warum ein Mann sie spätabends aufsuchte, und Kramers Erscheinen brachte sie etwas in die Zwickmühle. Da sie nur wenige moralische Prinzipien hatte, hätte sie auch keine Skrupel gehabt, andere Geliebte im Haus des Barons zu empfangen; aber dieser hätte bestimmt von solch einer Liaison erfahren, und wieder einmal wagte sie es nicht, die Sicherheit ihrer Zukunft für einige vergnügliche Stunden aufs Spiel zu setzen. Doch trotz aller Entschlossenheit fiel es ihr schwer, mit lebenslangen Gewohnheiten zu brechen: Sie brachte es nicht übers Herz, einem Verehrer die Tür vor der Nase zuzuschlagen; also bat sie Kramer herein.

Während Margarethe noch immer nach einer Lösung suchte, wie sie seine Annäherungsversuch zurückweisen könnte, ohne seine Gefühle zu verletzen, zeigte es sich, daß sie seine Absichten falsch gedeutet hatte. Als Kramer ihr den wahren Zweck seines Besuches enthüllte, wußte sie nicht, ob sie beleidigt sein oder sich geschmeichelt fühlen sollte: »M. Kramer war über meine Beziehungen zu Frankreich informiert und fragte mich, ob ich wohl einige kleinere Aufträge in Paris erledigen könnte, die das deutsche Volk sehr zu schätzen wüßte.«

Margarethe hatte schon früh in ihrer Karriere gelernt, daß es naiv war, auf Dinge oder Personen überrascht zu reagieren. Kramers Vorschlag kam jedoch für sie so völlig unerwartet, daß sie ihn einen Augenblick lang nur erstaunt anstarren konnte. Kramer überbrückte schnell die Pause: »Wenn Sie uns helfen können, bin ich bevollmächtigt, Ihnen 20000 Francs anzubieten.« Als die Rede aufs Geld kam, gewann Margarethe ihre Selbstsicherheit wieder zurück, doch das Angebot enthielt alle möglichen Implikationen, die zu überdenken sie Zeit benötigte. Sie riß die Initiative wieder an sich und verschob die Entscheidung, indem sie den Betrag als zu lumpig abtat, um ihn einer ernsthaften Würdigung zu unterziehen. »M. Kramer war meiner Meinung, fügte aber hinzu, daß ich, wenn ich ihm einen Beweis für meine Tüchtigkeit liefern würde, wesentlich mehr verdienen könnte. Ich antwortete ihm, daß ich einige Tage brauchte, um über diese Sache nachzudenken; er erwiderte mir, er habe dafür volles Verständnis, und bat mich, ich solle doch mit ihm in Verbindung treten, wenn ich meine Entscheidung getroffen hätte.«

Kramer machte Margarethe dann Komplimente wegen ihres internationalen Rufs, gab ihr zu verstehen, wie beeindruckt er von ihrem großen Bekanntenkreis sei, und ließ eine Spur von Respekt einfließen, als er erwähnte, wie hervorragend sie plaziert sei, um auf internationale Angelegenheiten Einfluß zu nehmen. Dann ging er wieder, und Margarethe war zum Teil entrüstet, daß er sie absolut nicht begehrt hatte, zum Teil aber auch erleichtert, daß er ihre Entschlossenheit nicht auf die Probe gestellt und sie sich dann als zu schwach erwiesen hätte; sie war völlig verwirrt. Sobald sie jedoch ihre Fassung wiedergewonnen und etwas gründlicher über die Geschichte nachgedacht hatte, wurde ihr klar, daß sie gar nichts Vernünftigeres tun konnte, als aus Kramers Vorschlag den Nutzen zu ziehen, um eine alte Rechnung zu begleichen: »Ich erinnerte mich an meine wertvollen Pelze, die vom Theater in Berlin konfisziert worden waren, und begriff, daß dies die ideale Gelegenheit sein würde, um mich für den Verlust schadlos zu halten. Deshalb schrieb ich an Kramer und akzeptierte sein Angebot.«

Doch sie mochte sich auch noch so sehr anstrengen, sie würde ihre Ankläger nie davon überzeugen können, daß dies ihr wahres Motiv war. Und so wie jene Leute Margarethe ihre Geschichte nicht abnehmen konnten oder wollten, so konnte oder wollte sie selbst nicht einsehen, daß sie durch ihre naive Überzeugung, mit dem deutschen Geheimdienst ein Doppelspiel treiben zu können, ihren Anklägern eine feste Grundlage für die Argumentation gegen sich selbst lieferte.

Das lag jedoch alles noch weit in der Zukunft, als sie Kramer mitteilte, sie nehme sein Angebot gerne an. Kramer eilte sogleich zu ihr nach Hause, ausgestattet mit 20 000 Francs in bar und einigen berühmten Utensilien seines Berufes. Margarethe gestand, fasziniert gewesen zu sein, als er drei Fläschchen unsichtbare Tinte aus seiner Tasche hervorholte; »zwei davon waren farblos, und die dritte war blau-grün«. Die Flüssigkeit in dem ersten Fläschchen diente dazu, das Papier anzufeuchten, mit der im zweiten schrieb man die Nachricht, die man dann mit dem Inhalt des dritten Fläschchens wieder löschen konnte. Das sah alles nur nach einem etwas schmutzigen Spiel aus. Margarethe spielte mit und vertraute Kramer an, daß sie zwar keine Probleme sehe, die Tinte zu verwenden, jedoch nur ungern die auf diesem Wege übersandten Nachrichten mit ihrem eigenen Namen unterzeichnen würde. Daran hatte Kramer auch schon gedacht; sie sollte alle ihre Informationen an ihn ins Hotel de l'Europe in Amsterdam schicken und lediglich mit ›H21‹ unterschreiben. Er selbst brauchte keinen Decknamen, denn Kramer war in Holland ein so weit verbreiteter Name wie Smith in England oder Durand in Frankreich und deshalb anonym genug.

Die Technologie wirkte sich damals schon in starkem Maße auf die Nachrichtenbeschaffung aus. Marconis zwanzig Jahre alte Erfindung des drahtlosen Telegrafen hatte seine Möglichkeiten als unschätzbares Kommunikationsmittel bereits ausgeschöpft; das Telefon fügte sich als wichtiges Glied in diese Kette ein; und eine völlig neue Sache, der Kryptograph, war auf den Plan getreten und steigerte den Wert dieser Kanäle noch. Jede dieser wirksamen Erfindungen zog sehr rasch wirksame Gegenmaßnahmen nach sich. Funktelegramme wurden abgefangen, Telefone angezapft und verschlüsselte oder chiffrierte Nachrichten entschlüsselt. Doch damals war diese Technologie noch wenigen speziell Ausgewählten und gut Ausgebildeten vorbehalten. Kramer wollte Margarethe auf keiner höheren Position einsetzen als der einer bezahlten Informantin auf der untersten Ebene, und als solche brauchte sie keine komplizierte Ausrüstung; unsichtbare Tinte reichte da vollkommen aus. Seine Anweisungen waren denkbar einfach: »Fahren Sie nach Paris, und schicken Sie uns alle Informationen, die Sie nur kriegen können und die für uns interessant sein könnten.«

Spionage und Sexualität sind unlösbar miteinander verquickt, seit die in den Diensten der Philister stehende Delila dank ihrer sexuellen Anziehungskraft Samson dazu überredete, ihr die Quelle seiner sagenumwobenen Stärke zu offenbaren. Es gibt bestimmt zahllose Beispiele von gewieften Agentinnen, die in strategisch wichtige Schlafzimmer eingedrungen sind und sich geduldig zum Herzen eines hohen Beamten vorgearbeitet haben, bis sie zu seinen innersten Geheimnissen Zugang hatten. Beide Seiten setzten genau solche Agentinnen im Ersten Weltkrieg mit wechselndem Erfolg ein. Dabei handelte es sich aber um Nachrichtenbeschaffung auf der zweiten Ebene, der der Spezialisten. Wäre Margarethe auf dieser Ebene tätig gewesen, hätte man ihr ein besonderes, individuelles Ziel zugewiesen. Sie hätte dann Wochen damit verbracht, alles Wissenswerte über diesen Mann zu erfahren, und anschließend noch Monate, um sich ein so enges Verhältnis zu schaffen, daß sie auch die Chance erhielt, es auszunutzen. Nur wenige Männer, die aufgrund ihre Intelligenz eine Position mit Zugang zu Geheimmaterial bekleideten, wären zugleich auch dumm genug gewesen, dieses Material mit einer zufälligen Bettbekanntschaft zu teilen.

Eine weitaus häufigere Verbindung zwischen Spionage und Sexualität besteht darin, letztere als Mittel zur Erpressung einzusetzen. Beweise für eheliche Untreue oder, was noch wirksamer ist, sexuelle Perversion sind schon immer vorzügliche Druckmittel gewesen, mit deren Hilfe man die Betroffenen zum Verrat von Geheimnissen zwang. Doch für solche Ziele war Margarethe wegen ihres Rufes, eine der erfolgreichsten Kurtisanen ihrer Zeit zu sein, nicht geeignet. Nur wenige Franzosen aus ihrem Bekanntenkreis wären angesichts der Drohung, als Margarethes Geliebte entlarvt zu werden, zusammengebrochen; und abgesehen davon, daß die Zeit längst vorbei war, wo man sich vielleicht damit gebrüstet hätte, mit einer Mata Hari im Bett gewesen zu sein, kann eigentlich der Ruf nur weniger Leute so anfällig gewesen sein, daß sie sich durch eine solche Enthüllung bedroht gefühlt hätten. Außerdem hatten nicht einmal die schädlichsten und gemeinsten Gerüchte, die Margarethe seit zehn Jahren um die Ohren pfiffen, auch nur die geringste Andeutung von Perversion enthalten.

Kramer stellte deshalb Margarethe lediglich als bezahlte Informantin ein. Sie sollte auf derselben Ebene arbeiten wie die von den Deutschen bereits beschäftigten Kellnerinnen, Ladeninhaber und Putzfrauen, die ihre Augen und Ohren offenhielten, allerdings in glanzvollerer Umgebung. Während man von diesen erwartete, den Inhalt amtlicher Papierkörbe zu durchwühlen oder Mitteilung zu machen, wer sich mit wem in diesem oder jenem diskreten Restaurant zum Kaffee traf, erwartete man von ihr, daß sie dank ihrer gesellschaftlichen Stellung Zugang zu den Häusern der wohlhabenden und einflußreichen Leute gewann. Vielleicht würde ihnen gelegentlich in der privaten Atmosphäre ihrer eigenen Wohnungen eine indiskrete Bemerkung herausrutschen oder es würde ihnen in der Gesellschaft vertrauter Freunde ein sorgloses Wort entschlüpfen. All dies brauchte Margarethe nur nach Amsterdam weiterzumelden und würde dafür reichlich entlohnt werden.

Margarethes Behauptung, es habe ihr ferngelegen, für Kramer zu spionieren, läßt sich wahrscheinlich dahingehend interpretieren, daß sie nicht die Absicht hatte, für ihn Kopf und Kragen zu riskieren. Die Vorstellung, eine Spionin zu sein, mag sie in Gedanken sogar gereizt haben; schließlich würde sie so im Krieg ihre eigene Rolle spielen können und hätte eine angemessene mysteriöse Alternative zu ihrer früheren Karriere als ›geheimnisvolle orientalische Tänzerin‹ gefunden. Es wäre völlig untypisch für sie gewesen, wenn sie sich – selbst für Geld – in Kramers Auftrag in gewissenhaftes Handeln gestürzt hätte. Was sie über die Arbeitsweise des deutschen Nachrichtendienstes wußte, war gleich Null; sie hatte keine Ahnung von der riesigen, unbarmherzigen Maschinerie, die sich zermalmend über Kramers Schultern hinwegsetzte, und glaubte wahrscheinlich, sie könne den kleinen, unscheinbaren Presseattaché leicht mit gelegentlichen Klatschnachrichten abspeisen. Sollte sie auf eine wertvolle geheime Information stoßen (und auch, was wichtiger, freilich unwahrscheinlicher war, ihren tatsächlichen Wert erkennen), würde sie gerne den großzügigen Lohn dafür einstreichen. Aber sie würde sich deswegen ganz gewiß keine Umstände machen. Kramer hatte ihr einen triftigen Grund für ihre Rückkehr nach Paris gegeben, und wahrscheinlich verschwendete sie ansonsten keinerlei ernsthafte Gedanken an die ganze Geschichte.

Nach einem kurzen Besuch in Den Haag mußte der Baron zu seinem Regiment zurück, und es stand Margarethe frei, wieder nach Paris zu reisen. Ihr neuer Paß wurde am 15. Mai 1916 ausgestellt, aber sie mußte sehr zu ihrer Empörung feststellen, daß man ihren Antrag auf ein Visum für England abgelehnt hatte. Obschon sie eigentlich nur einen flüchtigen Besuch Londons geplant hatte – als angenehme Abwechslung auf ihrer Rückreise nach Frankreich –, empfand sie diese Ablehnung als weitere ärgerliche Einschränkung ihrer persönlichen Freiheit. Deshalb wandte sie sich an das Auswärtige Amt in Den Haag und bat darum, ihren Fall mit Nachdruck zu verfolgen. Freundlicherweise sandte das Auswärtige Amt ein Telegramm an die niederländische Gesandtschaft in London: »Die bekannte holländische Künstlerin Mata Hari, eine niederländische Staatsbürgerin, die mit wirklichem Namen Mac Leod-Zelle heißt, will aus persönlichen Gründen nach Paris reisen, wo sie vor dem Krieg lebte. Der britische Konsul in Rotterdam lehnt es ab, ihr ein Visum zum Paß auszustellen, obwohl der französische Konsul das schon getan hat. Bitte veranlassen Sie, daß die britische Regierung dem Konsul in Rotterdam Anweisung zur Ausstellung des Visums gibt. Auskunft per Telegramm.« Eine Woche später kam die Antwort der niederländischen Gesandtschaft: »Die britischen Behörden haben Gründe, warum sie die Einreise besagter Dame nach England für nicht wünschenswert halten.«

Wieder einmal hatte Margarethe absolut keine Kenntnis davon, daß sich zu dem Vermerk im Ausländerregister in London ein weiterer gesellt hatte. Dieser stammte vom 22. Februar 1916, trug auch die Aufschrift *Geheim* und war noch strikter als der erste.

ZELLE, M. G.

(Mata Hari)

Az.: Rundschreiben 61207/MO5 E

Diese Frau hält sich nun in Holland auf. Sollte sie nach England kommen, ist sie zu verhaften und an Scotland Yard zu übergeben.

Durchschriften an: Häfen (7), Einwanderungsbehörde, Scotland Yard, MI1C, Havre, GHQ I (b), HQ.IGC, Zulassungsamt.

Holländische Geheimdienstler kontrollierten peinlich genau alle konspirierenden Besucher ihres Landes; das war ein weiterer Versuch, die Neutralität des Landes zu schützen. Sie sollen sich sogar besser über die Machenschaften britischer, französischer und deutscher ›Diplomaten‹ informiert haben als die kriegführenden Länder. Deshalb hatte wohl schon Kramers Besuch ihre Aufmerksamkeit auf Margarethe gelenkt. Obwohl die Briten die holländischen Behörden keineswegs über den Inhalt des zweiten Rundschreibens aufklärten, fragten diese sich allein schon aufgrund der Tatsache, daß das Visum abgelehnt worden war, ob nicht Kramers Besuch spätabends bei Margarethe aus einem anderen als nur einem gesellschaftlichen Anlaß erfolgte.

Margarethe tat ihre Enttäuschung mit einem Achselzukken ab und ging am 24. Mai – als erste Etappe ihrer Reise zurück nach Paris – an Bord der *Zeelandia*. Später behauptete sie, bei ihrer Abreise aus Holland sei es eine ihrer ersten Handlungen gewesen, Kramers Fläschchen mit der unsichtbaren Tinte aus ihrer Handtasche zu holen und sie ganz bewußt in dem tiefen Kanal von Amsterdam zu versenken. Doch diese trotzige Geste machte entweder auf ihren neuen Aufpasser keinen Eindruck oder sie entging ihm. Denn wieder einmal ließ man sie überwachen, dieses Mal von einem eifrigen Holländer statt von zwei gelangweilten französischen *flics*. Der Name Henry Hoedemaker tauchte zwar nicht auf den offiziellen Listen irgendeines Geheimdienstes auf, doch er selbst verbreitete, er arbeite für die Briten. Es sei seine Aufgabe, so behauptete er, den Ärmelkanal zu patrouillieren, um Spione auf dem Weg nach oder von Holland ausfindig zu machen.

Wenn er wirklich ein Agent war, dann war er ein unbeschreiblicher Versager und verfügte über nur wenige der für seinen Beruf wesentlichen Eigenschaften, wenn er überhaupt welche hatte. Er verhielt sich so auffällig und war so indiskret, daß Margarethes Reisegefährten sie warnen konnten, sie sei das Ziel von Hoedemakers Kontrolle. Es ist weitaus naheliegender, daß er ein selbsternannter, von der Agentenhysterie gepackter Wachposten war, einer aus der Schar jener allgegenwärtiger Wichtigtuer, deren Störfunktion von denen, die zu unterstützen er sich entschließt, nur deswegen geduldet wird, weil er die ärgerliche Angewohnheit hat, so oft im Recht zu sein. An Bord der Zeelandia war Margarethe so bezaubernd, wie sie es nur sein konnte; die anderen Passagiere behielten sie als reizende Reisegefährtin in Erinnerung. Als Hoedemaker, der nie seinen Mund halten konnte, einem der Passagiere anvertraute, er habe Margarethes Kabine durchsucht, unterrichtete dieser sie sogleich davon. Selbst beim Verhör zwölf Monate später entfachte die Erinnerung an diesen Vorfall wieder Margarethes Zorn:

Ich fragte ihn vor mehreren Zeugen, ob er in meiner Kabine gewesen sei, und er leugnete dies. Ich fragte dann meine Zeugen, ob er damit geprahlt habe, dort gewesen zu sein. Sie bestätigten das. Ich forderte ihn auf, sich bei mir zu entschuldigen. Als er sich weigerte, dies zu tun, schlug ich ihm so heftig ins Gesicht, daß Blut aus seinem Mund spritzte. Die übrigen Passagiere bejubelten mein Vorgehen.

Als das Schiff in Vigo in Nordspanien anlegte, ging Margarethe an Land und schäumte immer noch vor Empörung über Hoedemakers Verhalten. Ein amerikanischer Mitpassagier von der *Zeelandia* warnte sie, daß es gefährlich sei, Hoedemaker zu verärgern, denn er würde ihr bestimmt bei der Einwanderungsbehörde Schwierigkeiten bereiten; wenn nicht in Vigo, dann bestimmt in Hendaye, wo sie die spanisch-französische Grenze überqueren würden. Margarethe war das egal. Sie ließ sich ihre Reisepläne nicht von einem unverschämten und unhöflichen Niemand durcheinanderbringen. In Vigo und Madrid ging alles glatt, doch in Hendaye versuchte Hoedemaker, sich an ihr zu rächen. Margarethe mußte die Schmach über sich ergehen lassen, von der Grenzpolizei gründlich durchsucht und dann verhört zu werden, bevor man ihr schließlich mitteilte, sie dürfe nicht nach Frankreich einreisen.

Noch demütigender war für sie allerdings die Erkenntnis, daß die wortkargen Polizisten gegen ihre Reize gefeit schienen; sie mochte noch so gewinnend lächeln oder Freunde in hohen Positionen erwähnen, es bewirkte alles keine Sinnesänderung bei ihnen. Deshalb zog Margarethe alle verfügbaren Register. Ihr alter Schatz von früher, Jules Cambon, war im Oktober 1915 aus Berlin nach Paris zurückgekehrt und am Quai d'Orsay zum Generalsekretär im Außenministerium aufgestiegen, einem der einflußreichsten und speziell für ihn geschaffenen Posten in der französischen Kriegsregierung. Margarethe zog sich nach San Sebastian zurück und bat Cambon brieflich um Unterstützung. Dieser Brief hätte jedoch mehrere Tage bis nach Paris gebraucht und noch etliche mehr, bevor sie darauf

hoffen konnte, eine Antwort in Händen zu halten; statt
den Brief abzuschicken, kehrte sie daher nach Hendaye zurück und hielt den Polizisten das Schreiben unter die Nase.
Dieses Mal zeigten sie sich tatsächlich beeindruckt und ließen sie weiterreisen.

Der Vorfall mit Hoedemaker hatte praktisch kein Nach-
spiel; er ist nur insofern wichtig, weil er zeigt, wie blind
Margarethe gegenüber den Auswirkungen war, die für sie
aus der Annahme von Kramers Geld folgten. Hätte sie
wirklich vorgehabt, für Deutschland zu spionieren, dann
hätte sie das Erlebnis in Hendaye – als Vorgeschmack auf
kommende Dinge – erschüttert und das große Fürchten ge-
lehrt. So wie die Dinge lagen, fühlte sie sich weder bedroht
noch kompromittiert, weil ihr Gewissen ihrer Meinung
nach rein war.

Wer dank der Kenntnis von tausend Spionagegeschich-
ten einen Einblick in die Geheimdienstwelt gewonnen hat,
dem erscheint ihre Naivität unglaublich. Zu ihrer Verteidigung läßt sich nur anführen, daß sie – wie auch 95 Prozent
ihrer Zeitgenossen vor der Entstehung des literarischen
Genres – von der zwielichtigen Welt, in die sie eingedrungen war, keinerlei Ahnung hatte.

Mit Kramers 20 000 Francs in der Tasche stieg Margarethe am 16. Juni an ihrer Lieblingsstätte, dem Grand Hotel,
ab. Innerhalb von achtundvierzig Stunden hatten die *flics*
vom Deuxième Bureau auf dem Gehweg wieder Stellung
bezogen. Von dem Marquis de Beaufort war zwar nichts
zu sehen, aber es bestand kein Mangel an anderer Gesellschaft. Die Liste der Leute, die Margarethe in ihrem Zimmer aufsuchten und die alle von den Beobachtern sorgfältig notiert wurden, war so reichhaltig wie eh und je und
schloß auch einen gewissen Jean Hallaure, einen jungen
Leutnant der französischen Kavallerie, ein. Margarethe
war ihm zum ersten Mal 1903 bei ihrer fehlgeschlagenen
Aufklärungstour nach Paris begegnet, und er sollte, ohne
es selbst zu ahnen, eine bedeutende Rolle für ihr endgültiges Schicksal spielen.

Sehr zu Margarethes Erleichterung schienen Paris und die Pariser sichtlich vergnügter zu sein als zu Beginn des Jahres. Vera Brittain schildert in ihrem beißenden Klagelied, *Testament of Youth,* die Atmosphäre, wie sie wirklich war: »Frankreich war der Schauplatz eines titanischen, grenzenlosen Todes, und aus diesem Grund war es zum Mittelpunkt des wildesten Lebens geworden, das je eine Generation mitgemacht hatte. Nichts war von Dauer; alles und jedes war in Bewegung; Freundschaften waren vergänglich, Vereinbarungen waren vergänglich, und von allen Dingen war das Leben selbst das allervergänglichste.« Der nicht abreißende Strom von Soldaten, die auf der Durchreise durch die Stadt waren, bereicherte den Lebenstaumel noch um ihre Begeisterung, und die Folge davon war, daß auf den Straßen ein internationales Treiben herrschte, das an Unbeschwertheit grenzte.

Ein *poilu,* der nach mehreren Monaten an der Front auf Urlaub nach Paris zurückkehrte, war über die internationale Invasion der Stadt ganz ungehalten:

Der Betrachter hat Schwierigkeiten, die Abertausende von Soldaten auseinanderzuhalten: alle möglichen Rassen, Abstammungen und Hautfarben sind vertreten, jede nur erdenkliche Armee oder Gesellschaftsschicht und jede Art von Uniform, die man sich nur vorstellen kann. Die ruhigen Engländer; die immer lächelnden Italiener; die Belgier, die etwas langsam sind und stets so aussehen, als seien ihre Uniformen für jemand anders gemacht; die Kanadier, die sich ganz wie zu Hause fühlen; die erstaunlichen, Kilt tragenden Kämpfer aus dem schottischen Hochland; die mürrischen Serben; die grobschlächtigen, strengen Russen, deren Kurzstiefel ans Theater erinnern und in deren blauen Augen sich die Sehnsucht nach der Steppe widerzuspiegeln scheint; Portugiesen, Japaner, Hindus, Brasilianer, Neuseeländer, Australier – bei diesem bunten Gemisch hat der armselige französische Soldat keine Chance, hervorzustechen.

Mitte Juli kam endlich der *Marquis de Beaufort* zu einem Kurzurlaub nach Paris. Er zog ins *Grand Hotel* in das Zimmer, das neben Margarethes lag, doch die Tage, in denen hauptsächlich er sie faszinierte, waren gezählt. Während Margarethe auf sein Erscheinen wartete, hatte sie in ein Paar jener »blauen Augen« geblickt, »in denen sich die Sehnsucht nach der Steppe widerzuspiegeln schien«, und sich zum ersten Mal in ihrem Leben verliebt.

Margarethes Gegner – sowohl damals als auch in der Folgezeit – haben ihre Leidenschaft für Vadime de Masloff als die einer Frau mittleren Alters abgetan, die sich pathetisch an die Illusion der Jugend klammert; und manchmal führen sie Margarethes Wahl eines Geliebten, der jung genug war, um ihr Sohn sein zu können, als Beweis dafür an, daß sie sich nun einen bezahlten Gigolo halten mußte, um ihr Verlangen nach Bewunderung zu befriedigen. Doch woher ihre Gefühle für den Russen auch stammen mochten, sie waren genauso echt, genauso erregend und auch genauso schmerzlich, als wenn ihr Alter umgekehrt gewesen wäre. In all den Jahren, in denen sie ihre Geliebten zur Schau gestellt hatte, war kein einziges Mal die Rede davon gewesen, daß sie einen von ihnen liebe oder auch nur in einen verliebt sei. Doch am Vorabend ihres vierzigsten Geburtstages war sie gewillt, ihre Liebe zu einem fast zwanzig Jahre jüngeren Mann öffentlich zu bekennen, und zwar trotz des Spotts, den solch eine Erklärung unweigerlich nach sich ziehen würde.

Dieselben Gegner haben auch auf den anhaltenden Strom von Leuten, die Margarethe in ihrem Zimmer im Grand Hotel aufsuchten, verwiesen, um ihre Skepsis zu rechtfertigen. Wie konnte sie behaupten, in Masloff verliebt zu sein, wenn sie zur selben Zeit ihre Gunst in so reichlichem Maße auch anderen zukommen ließ? Die täglichen Berichte der Spitzel vom Deuxième Bureau könnten vielleicht sogar als Beweis dafür dienen:

12. Juli Leutnant Hallaure, 15.–18. Juli Marquis de Beaufort, 30. Juli Kommandant Jovilschewitsch aus Montenegro, 3. August Leutnant de Masloff, 4. August Hauptmann Meriani vom italienischen CRI, 16. August Hauptmann Gerbaud, 21. August ein unbekannter englischer Offizier, 22. August – [dieses Mal zwei Besu-

cher, aber nicht zur gleichen Zeit] – die irischen Offiziere James Plunkett und Edwin Cecil O'Brien, 24. August der französische General Baumgarten, 31. August der schottische Offizier James Stewart Fernie.

Die Länge der Liste könnte jedoch auch dazu dienen, die Argumentation der Gegner zunichte zu machen: Einer Frau, die einen so großen Kreis von Geliebten in ihren Bann schlagen kann, wird man wohl kaum nachsagen können, sie habe an Faszination verloren. Margarethe selbst bemühte sich nach Kräften, immer wieder zu erklären, daß in ihr nach wie vor dieselbe Leidenschaft für Uniformen lodere.

Ich liebe Offiziere. Ich habe mein ganzes Leben lang Offiziere geliebt. Ich wäre lieber die Geliebte eines armen Offiziers als die eines reichen Bankiers. Das größte Vergnügen besteht für mich darin, mit ihnen zu schlafen, ohne an Geld zu denken. Es macht mir Spaß, Vergleiche zwischen den verschiedenen Nationalitäten anzustellen. Diese Herren haben nach mir gesucht, und ich habe von ganzem Herzen ›Ja‹ gesagt. Sie zogen zufrieden weiter – ich habe nur Masloff für mich behalten. Ich liebte ihn abgöttisch.

Vadime de Masloff war gerade einundzwanzig Jahre alt und Hauptmann des 1. Russischen Kaiserlichen Sonderregiments, eine der wenigen Einheiten der russischen Armee, die in Gefechte an der westlichen Front verwickelt war. In diesem Urlaub stattete er Paris zum ersten Mal einen Besuch ab, jener Stadt, die der russische Adel so liebte. Französisch war schon seit langem die bevorzugte Sprache der verwöhnten und inzwischen so gefährdeten Moskauer und Petersburger Elite; die französische Mode galt als Gipfel der Eleganz; französische Gemälde waren außer den russischen die einzigen Kunstwerke, die es sich zu sammeln lohnte; und Frankreich war das einzige Land, wo man den Unbilden des russischen Klimas und dem Provinzialismus der russischen Gesellschaft entgehen konnte. Mitglieder der Kaiserlichen Familie waren praktisch Ehrenbürger von Paris und auch von Monte Carlo.

Vadimes Vater, General der russischen Armee, gehörte zwar nicht dem Adel an, doch daß er seinem Namen das französische ›de‹ hinzufügte, läßt erkennen, wie auch er nach jenen vornehmen und modischen Höhen zumindest strebte. Der junge Vadime war sich sehr wohl darüber im klaren, daß er mit seiner Ankunft in Paris – selbst zu diesem so späten und ungünstigen Zeitpunkt – lange gehegte und ererbte Ambitionen verwirklichte.

Als auf das Grauen an der Front so schnell der Nervenkitzel von Paris folgte, drehte sich Vadime der Kopf; und als er dann innerhalb weniger Stunden einer eleganten und wahnsinnig bezaubernden Frau vorgestellt und fast umgehend von ihr verführt wurde, einer Frau, die zudem nach eigenem Bekunden eine weltberühmte Künstlerin war, muß er geglaubt haben, er träume. Doch wenn schon, dann war es ein Traum, aus dem zu erwachen es ihn nicht drängte. Seine Aktien bei seinen Kollegen stiegen, als sie ihn in solch illustrer Gesellschaft sahen, und er war, wie auch andere Einundzwanzigjährige, nicht immun gegen den Zauber eines Verhältnisses mit einer ›älteren Frau‹.

Doch für Margarethe war es keineswegs nur ein Verhältnis; es war eine Katastrophe. Seit dem Scheitern ihrer Ehe mit Rudolph hatte sie in all den Jahren ›Empfinden‹ mit ›Leiden‹ gleichgesetzt. Während aller Triumphe oder Desaster in ihrer Karriere und während ihrer rastlosen Suche nach dem herrlichsten Leben war sie vor allen Gefühlen – außer höchst oberflächlichen – zurückgescheut. Zum ersten Mal sah sie sich jetzt einem Mann und einer Beziehung gegenüber, die ihren Schutzwall der Gleichgültigkeit jäh zu zerstören drohte, ihre tiefsten Gefühle mit ihr durchgehen und sie ihre Beherrschung völlig verlieren ließ. Und sie konnte absolut nichts dagegen tun.

Wie bei so vielen ihrer Geliebten hatte zunächst einmal Vadimes Uniform Margarethes Aufmerksamkeit gefesselt: der hochgeschlossene Kasack, die Reithosen und die glänzenden Kosakenstiefel wirkten so faszinierend fremd. Doch unter diesem romantischen Äußeren steckte, wie sie feststellte, ein großer melancholischer Junge: auf sich allein angewiesen; weit weg von zu Hause und von der Familie; erschrocken, aber zu stolz, um es zu zeigen; so starrte Vadime sie ehrfürchtig wie eine Göttin an, liebte sie mit ungestümer Leidenschaft und schlief dann in ihren Armen wie ein kleines Kind. Diese Mischung war unwiderstehlich. Ohne daß sie es recht bemerkte, entwickelten sich ihre Gefühle für Vadime von langsam wachsender Attraktion über eine Woge der Leidenschaft hin zu einer überwältigenden Besessenheit.

All ihre Vorbehalte wurden hinweggefegt, vergessen war all ihre Entschlossenheit; irgendwie hatte es dieser unscheinbare russische Soldat geschafft, ihre Verteidigung zu durchbrechen. Plötzlich waren Gefühle das Allernatürlichste auf der Welt – die ganze Liebe, die sie Rudolph hätte schenken können, die ganze Obhut und Hingabe, mit der sie Norman und Jeanne-Louise überhäufen wollte, die ganze Zärtlichkeit und Fürsorge, die zu zeigen ihr so viele Jahre versagt geblieben war, konnte Vadime nun mühelos haben. Den Rest seines Urlaubs verbrachten sie, wenn immer möglich, zusammen, aßen, tranken, lachten und liebten sich, gingen im Bois de Boulogne spazieren oder schlenderten an den Ufern der Seine entlang und würdigten niemand sonst eines Blickes. Margarethe schleppte Vadime in ein Atelier, wo man von ihnen, Arm in Arm, ein Foto machte. Auf die Rückseite des Bildes schrieb sie in kunstvollen Buchstaben: »Zum Andenken an einige der schönsten Tage in meinem Leben, zusammen mit meinem Vadime, den ich mehr liebe als alles andere auf der Welt.«

Als sein Urlaub zu Ende ging, konnte Margarethe es kaum ertragen, ihn abreisen lassen zu müssen. Weniger als zwei Wochen später erhielt sie die Nachricht, er sei an der Somme verwundet worden, und ihre erste Reaktion war, alles stehen und liegen zu lassen und zu ihm zu fahren.

Vadime war schwer, aber nicht tödlich verwundet. Schrapnell aus einer explodierenden Granate hatte ihn im

Gesicht getroffen und auf einem Auge blind gemacht; außerdem waren sein Hals und seine Lunge von Giftgas versengt. Doch er hatte Glück im Unglück; es war nämlich logistisch ein Alptraum, jeden Tag Tausende von verwundeten Soldaten vom Schlachtfeld ins Krankenhaus transportieren zu müssen. Der Journalist Maurice Barres startete in einem scharfen Artikel im *Echo de Paris* einen Frontalangriff auf die mangelhafte Organisation der *services sanitaires*, des Gesundheitswesens, und auf die Unzulänglichkeiten des Systems.

Viel zu viele unserer Soldaten sind an Tetanus und Brand gestorben, und sie haben viel zu oft entweder Gliedmaßen oder sogar ihr Leben eingebüßt, weil sie nicht schnell genug ins Krankenhaus geschafft werden konnten... Die Verwundeten wurden in mehr oder weniger saubere Viehtransporter gesteckt, lagen tagelang auf Stroh voller Krankheitserreger, ohne Nahrung, ohne etwas zu trinken und ohne chirurgische Versorgung. Einige sind durch ganz Frankreich gereist, obwohl sie eigentlich ins nächste Krankenhaus gehört hätten; andere ließ man einfach auf dem Schlachtfeld liegen, weil es menschenunmöglich war, daß die Zahl der Ärzte und Krankenträger am Boden alle rechtzeitig wegschaffte, wiederum andere brachte man in kalte und feuchte Kirchen, wo sie dann auf Hilfe warteten, die zu spät kam.

Barres führte als Beispiel den Fall eines Soldaten an, der in Peronne an der Somme verwundet wurde. Er »blieb drei Tage im Krankenwagen; dann schaffte man ihn nach Montrouge in Paris, wo er einen halben Tag verbrachte; von dort ging es nach Niort, wo er drei Tage blieb, und anschließend weiter nach Marseille, wo er sich drei Stunden aufhielt, ehe man ihn zurück nach Paris transportierte«.

Vadime erging es jedoch besser. Innerhalb von vierundzwanzig Stunden nach seiner Verwundung wurde er in einem Militärkrankenhaus medizinisch versorgt. Doch das Schicksal spielte Margarethe wieder einmal einen Streich; statt daß Vadime in einem der Hunderte von Pariser Krankenhäuser landete, schaffte man ihren blauäugigen, großen Jungen nach Vittel, einem Heilbad am Fuße der Vogesen, mitten in der *Zone des Armées*. Sie brauchte nicht nur eine Sondererlaubnis, um dorthin reisen zu können, sondern ihr harmloses Interesse an diesem militärisch sensiblen Bereich sollte ihren Anklägern für ihre Argumentation wiederum sehr gelegen kommen. Weil Margarethe unbedingt zu Vadime wollte, mißachtete sie alle Hindernisse und konzentrierte sich statt dessen auf ihre Beziehungen, um zu entscheiden, welche sie am besten spielen lassen konnte. Ihr alter Freund, der Leutnant Jean Hallaure, verrichtete seit seiner schweren Verwundung an der Front im Kriegsministerium Schreibtischarbeit, und ohne darüber nachzudenken, wie moralisch es wohl sein mochte, die Dienste des einen Geliebten in Anspruch zu nehmen, um zu dem anderen zu gelangen, entschloß sich Margarethe, sich seiner Hilfe zu versichern, um an den erforderlichen Passierschein für Vittel zu kommen.

Als man Hallaure später verhörte, warum er Margarethe so bereitwillig geholfen habe, erklärte er, sie habe ihm gesagt, es gehe ihr schon eine Zeitlang nicht gut und sie wolle in Vittel eine Kur machen. Er gab an, er habe zwar wohl gewußt, daß dies nur ein Vorwand sei, aber da er trotz seiner Arbeit im Kriegsministerium keinen Zugang zu geheimen Informationen hatte, sei ihm nicht bekannt gewesen, daß sie unter Verdacht stand. Er habe angenommen, der wirkliche Grund für ihre Reise sei der Wunsch gewesen, Vadime zu sehen. Auf seine Empfehlung hin meldete sich Margarethe deshalb im Büro des Kriegsministeriums auf dem Boulevard St Germain, wo sie einen Passierschein für Vittel beantragen konnte. Dem später für ihr Verhör zuständigen Offizier sollte der klagende Aufschrei bekannt vorkommen: »Ich wußte nicht, daß sich in diesem Gebäude auch das Büro der französischen Spionageabwehr befand.«

Eine schreckliche Verwechslung

Mit für sie charakteristischer Widersprüchlichkeit sollte Margarethe später zunächst erklären, sie habe Hauptmann Georges Ladoux rein zufällig im Gebäude auf der Treppe getroffen; dann jedoch, sie sei ihm begegnet, als sie versehentlich die Tür seines Büros öffnete; und manchmal auch, Ladoux sei es gewesen, mit dem sie sich wegen des Passierscheins für Vittel in Verbindung setzen sollte. Wie die Wahrheit dieser Geschichte auch immer lauten mag, es war eine verhängnisvolle Begegnung.

General Joffre hatte Georges Ladoux im Juni 1915 zum Leiter der Spionageabwehr ernannt. Ladoux war zwar Berufssoldat und mehrere Jahre für das Training der jungen Kadetten verantwortlich gewesen, bevor er als Ausbilder an die Militärschule von Saint-Cyr wechselte, doch dank seiner Talente war er hervorragend geeignet für ein Leben hinter den Kulissen in dieser zwielichtigen Welt der Spionage. Schon häufig hatte er für die linksorientierte Zeitschrift *Radical* Beiträge verfaßt, und er beglückwünschte sich dazu, daß er der Freund und Vertraute von Künstlern und Intellektuellen war. Er intrigierte leidenschaftlich gern und stand in dem Ruf, selbst die einfachsten Geschichten entsetzlich zu komplizieren, und zwar aus reiner Freude daran, sie anschließend entwirren zu können. Leider hatte das zur Folge, daß seine Kollegen und Untergebenen weder den Mann noch seine Methoden richtig verstehen konnten; was umgekehrt dazu führte, daß er im Oktober 1917 als Komplize der Deutschen verhaftet wurde. Vermutlich konnte er alles zur Zufriedenheit der Gerichte aufklären, denn er wurde von allen Anklagepunkten freige-

Oben:
Das ›Château de la Dorée‹ in Esvres-sur-Indre,
wo Mata Hari 1910/1911 wohnte

Unten:
Mata Hari im Garten ihres Hauses in
Neuilly-sur-Seine, 1911

Mata Hari
in der Mailänder Scala,
1911/1912

Oben:
Im Garten von Neuilly-sur-Seine:
Mata Hari mit ihrem Orchester am 9. Oktober 1912

Unten:
Ausritt im Bois de Boulogne am 3. Mai 1912

Mata Hari in Berlin,
April 1914

sprochen und wieder in sein Amt eingesetzt. Zur Zeit seines Zusammentreffens mit Margarethe befand er sich jedoch auf dem Gipfel seiner verschlungenen Irrwege, und es war ihm als Chef des Cinquième Bureau genauestens bekannt, daß Margarethe unter Verdacht stand.

Als Ladoux fast zwanzig Jahre später seine Memoiren schrieb, erinnerte er sich folgendermaßen daran: »Im August 1916 begegnete ich Mata Hari zum ersten Mal, und es scheint mir, als wäre es gestern. Ich sehe sie jetzt vor mir, wie sie trotz des Sommerwetters ein dunkles Kleid und einen breitrandigen, mit einer großen grauen Feder geschmückten Strohhut trug.« Ladoux bot ihr einen Stuhl an und lehnte sich zurück, um sich zu amüsieren; das war genau die Situation, an der er Gefallen fand.

Margarethe hockte auf der Kante des angebotenen Stuhls, betrachtete Ladoux nachdenklich und fragte sich, wie sie wohl am besten mit dem Mann umgehen sollte, von dessen Wohlwollen es abhing, ob sie zu Vadime fahren konnte. Vor sich sah sie »einen dicken Mann mit pechschwarzem Bart, pechschwarzem Haar und Brille – groß und dick. Dicker, als es ein Mann von fünfzig eigentlich sein sollte. Er rauchte die ganze Zeit. Immer hatte er einen Zigarettenstummel zwischen den Lippen«. Sie nahm all ihren Mut zusammen und erklärte Ladoux, sie müsse nach Vittel reisen, um eine Kur zu Ende zu führen, die sie vor einigen Monaten wegen Nierenbeschwerden begonnen habe. Sie wisse, daß Vittel jetzt in der *Zone des Armées* liege und sie deshalb eine Genehmigung benötige, bevor sie dorthin reisen könne.

Ladoux lächelte glücklich. Ihre Bitte war für ihn das Zeichen, daß sie für die Deutschen arbeitete, wie er später erklärte: »Mata Haris Bitte hatte etwas Beunruhigendes an sich, vor allem deshalb, weil ihr plötzlicher Wunsch, in den Vogesen eine Kur zu machen, nur einige Tage nach der Entscheidung des GQG erfolgte, in diesem Gebiet einen Flugplatz zu bauen, von wo aus Bombenangriffe auf deutsche Fabriken gestartet werden konnten.«

Doch Ladoux hatte einen Plan. Er würde Mata Hari erlauben, mit ihren Plänen fortzufahren, d. h. in Vittel eine Kur zu machen und ihren russischen Geliebten zu besuchen (über dessen Existenz Ladoux genau unterrichtet war), und seine Agenten würden ihr dabei auf Schritt und Tritt folgen. Wenn jemand Zweifel anmelden sollte, ob es denn sinnvoll sei, einem vermutlich feindlichen Agenten den Zugang in verbotenes Gebiet zu gestatten, würde er erklären, daß dies ein äußerst cleverer Schachzug sei; Margarethe brauchte sich nur ein einziges Mal etwas zuschulden kommen zu lassen, dann hätten sie ihren Beweis.

Trotzdem ließ Ladoux Vorsicht walten. Wenn sie tatsächlich eine deutsche Agentin war, würde sie sogleich argwöhnisch werden, falls ihrem Gesuch zu bereitwillig stattgegeben würde; zwischen ihrem Antrag und der Genehmigung mußte genug Zeit verstreichen, um den Anschein zu erwecken, als seien gründliche Überprüfungen vorgenommen worden. Ladoux erklärte ihr die Formalitäten und schlug ihr vor, sie solle in einigen Tagen wieder vorbeischauen, um sich über das Ergebnis zu informieren: Margarethe mußte sich damit zufriedengeben, doch es fiel ihr schwer, ihre Ungeduld zu verbergen. Ruhelos vor Qual verbrachte sie die nächsten Tage, so gut sie es konnte, damit, die Geschäfte nach neuen Kleidern zu durchstöbern, die sie mit nach Vittel nehmen konnte. Vadime brauchte sicher etwas Aufmunterung, und er würde es zu schätzen wissen, wenn sie so gut wie möglich aussah.

Ladoux wiederum nutzte die Zeit aus, um seine Pläne weiterzuentwickeln. Seine Vorliebe für das Unorthodoxe hatte dazu geführt, daß er eine bunte Sammlung merkwürdiger Gestalten als Agenten angeheuert hatte, von denen viele aus der Künstlerszene stammten. Der Bühnenregisseur Lugne-Poe schickte ihm aus Skandinavien, wo er mit seiner Schauspieltruppe auf Tournee war, bruchstückweise Informationen. Mistinguette, Margarethes berühmte Nachfolgerin als Star des Folies Bergères, lebte in einer von Ladoux angemieteten Wohnung auf dem Boulevard des Capucines, von wo aus sie über die Aktivitäten Almereydas berichten konnte, eines Journalisten, der unter dem Verdacht stand, den Mannschaften des Heeres Meuterei zu predigen. Ladoux' Begegnung mit Margarethe hatte ihn zum Nachdenken veranlaßt. Wenn sich nachweisen ließ, daß sie keine deutsche Agentin war, lohnte es sich zu überlegen, ob sie nicht dem Cinquième Bureau von Nutzen sein konnte. Ihre Beziehungen reichten zweifellos weit und waren, strategisch gesehen, hochinteressant; aufgrund der Berichte des Geheimdienstes war klar, daß sie ein extravagantes Leben führte, für das sie auf großzügige finanzielle Unterstützung angewiesen war. Es mochte vielleicht der Mühe wert sein, sie einmal auszuhorchen, und es konnte keineswegs schaden, sie wissen zu lassen, daß er Interesse daran hatte, sie für Frankreich einzusetzen; wenn sie tatsächlich für die Deutschen arbeitete, konnte ein solches Wissen ihr Selbstbewußtsein vielleicht sogar dermaßen stärken, daß sie in Vittel ihr wahres Gesicht zeigte.

Arme Margarethe. Sie war so damit beschäftigt, für sich und Vadime eine sichere Zukunft aufzubauen, daß es ihr entging, wie sich die unbarmherzigen Horden um sie zusammenrotteten. Dank der regelmäßigen Unterstützung, die ihr der holländische Baron immer noch zukommen ließ, und dank des restlichen Geldes von Kramer hatte sie keine unmittelbaren finanziellen Sorgen; doch gefühlsmäßig bewegte sich ihr Glück am Rande eines Abgrunds. Der einzige Mann, den sie je geliebt hatte, lag verwundet in irgendeinem weit entfernten Krankenhaus; eigentlich sollte ihr Platz an seiner Seite sein, sie sollte seine Hand halten, sein Fieber lindern und mit ihrer Zärtlichkeit seine Schmerzen vertreiben. Je länger es dauerte, bis sie bei ihm war, um so elender mußte er sich bestimmt fühlen, und um so größer wurde die Gefahr, daß er, in seinem Elend nach Trost suchend, in den Armen einer anderen landete.

Drei Tage nach ihrer ersten Begegnung war sie schon wieder in Ladoux' Büro und erkundigte sich nach ihrer

Reisegenehmigung. Erneut geleitete er sie höflich zu einem Stuhl und fragte sie – wobei er seine Fragen sorgfältig formulierte, um sie nach Routine aussehen zu lassen – nach ihren Gefühlen gegenüber Frankreich aus. Sie erwiderte ihm mit Bestimmtheit, sie sei schon immer den Franzosen freundlich gesonnen gewesen. Margarethes Darstellung zufolge ging dann das Gespräch, das in einer typisch schelmischen Art verlief, begleitet von bedeutungsvollen Blicken und gewichtigen Pausen, folgendermaßen weiter.

Er sagte zu mir: »Wenn Sie wollen, können Sie eine ganze Menge für uns tun«, und dann schaute er mir in die Augen. Ich begriff. Ich dachte lange nach. Schließlich sagte ich: »Ja, das kann ich.« Er fragte weiter: »Würden Sie das auch?« Ich erwiderte: »Ja.« Darauf sagte er: »Würden Sie auch viel Geld verlangen?« Ich antwortete ihm: »Ja, bestimmt.«

Ladoux' Erinnerung an dieses Gespräch sah etwas anders aus; er behauptete, er habe die Tatsache erwähnt, daß die Briten, die sie als Spionin verdächtigten, sie überwachen ließen, daß er, Ladoux, jedoch keinerlei solche Befürchtungen habe. Die verschiedenen Unstimmigkeiten in der Darstellung, die beide später über dieses Gespräch und über ihre anschließende Beziehung abgeben sollten, sind von all jenen, die am Prozeß und an der Anklage beteiligt waren, und in der Folgezeit auch von den Kritikern dieser Geschichte ganz unterschiedlich gedeutet worden. Wem es darauf ankam, Margarethe zu verurteilen, der erklärte ihre Widersprüche einfach damit, daß sie sich alles nur ausgedacht habe; und wer Ladoux des Doppelspiels verdächtigte, sah in seiner Version den Versuch, die Korrektheit seines Verhaltens zu beweisen. Eine genauso wahrscheinliche Hypothese wäre, daß Margarethe zu dem Zeitpunkt, als man sie aufforderte, über das Gespräch zu berichten, verständlicherweise schrecklich verwirrt war, wer denn eigentlich was zu wem und warum gesagt hatte; und Ladoux war selbst zwanzig Jahre später noch unfähig, seinen lebenslangen Hang zur Verworrenheit abzulegen. Wie auch immer das Gespräch wirklich verlaufen ist, Margarethe bekam letzten Endes ihre Reisegenehmigung und willigte ein, Ladoux nach ihrer Rückkehr aus Vittel wieder aufzusuchen.

Natürlich hatte der Militärverkehr im Krieg Vorrang, doch konnten auch die Zivilisten die ganze Zeit in Frankreich mit dem Zug reisen, und sie taten das auch. Ein Zivilist, der von Paris nach Orléans fuhr, um Verwandte zu besuchen, erinnerte sich daran, daß solche Zugfahrten im Krieg immer ein mehr oder weniger großes Abenteuer waren.

Jeder, selbst wenn er Franzose ist, kann heutzutage leicht verhaftet werden, denn wir haben alle nur Spionage im Kopf, und darüber braucht man sich nicht zu wundern. Aus diesem Grunde empfiehlt es sich, eher mit zu vielen als mit zu wenig Ausweispieren ausgestattet zu sein. Wegen Spionage verhaftet zu werden, ist keine Ruhmestat, bringt aber viele Unannehmlichkeiten mit sich; deshalb beschlossen wir, uns mit allen möglichen Ausweispapieren zu wappnen, die wir nur auftreiben konnten: Geburts- und Heiratsurkunden, Pässe, *permits de séjour*, Kennkarten und jede Menge Briefe von ›Personen untadeligen Ranges‹. Die Folge war, daß wir nie auch nur einen Briefumschlag zeigen mußten, doch die innere Befriedigung, daß wir es notfalls hätten tun können, war beruhigend.

Trotz aller Umstände und Widerwärtigkeiten, die mit einer solchen Reise verbunden waren, herrschte auf diesen Zügen so etwas wie Urlaubsstimmung. Doch der Anblick, der sich einem bot, wenn man Gebiete passierte, die vorher unter deutscher Besatzung gestanden hatten, wirkte ernüchternd.

Wir glaubten, die Abdrücke von den Hufen der deutschen Pferde auf der Straße erkennen zu können; wir stellten uns die schreckliche Angst eines jeden Einwohners vor, der vielleicht im Dorf geblieben war und die feindlichen Truppen vorbeireiten sah; viele der Häuser dienten armen Leuten als Bleibe, und sie nun in Schutt und Asche liegen zu sehen, nichts als ein Haufen von Eisen, Steinen und verkohltem Holz, ist ein trostloser Anblick.

Margarethe erhielt ihren Passierschein erst Ende August, und ihre Geduld war zu dieser Zeit fast völlig erschöpft. Sie hatte von Vadime eine traurige Postkarte erhalten, auf der er – mit dem immer wiederkehrenden russischen Hang zu Verkleinerungen – seine »geliebte Marina« bat, doch zu ihm zu kommen; er sei zwar jetzt auf dem Wege der Besserung, doch brauche er immer noch viel Mitgefühl und Zuneigung. Inzwischen mußte er bestimmt schon den Glauben an sie verloren haben. Doch selbst wenn dem nicht so war, ließ es doch jeder weitere Tag wahrscheinlicher werden, daß seine Wunden gut verheilt waren und er deshalb den aktiven Dienst wiederaufnehmen mußte. Als Margarethe endlich aus Paris aufbrechen konnte, entschädigten sie ihre Erleichterung und Freude überreichlich für die Unbilden der Reise. Am 1. Septemter 1916 kam sie schließlich in Vittel an.

Vor dem Krieg hatte Vittel Berühmtheit erlangt als geruhsamer und anmutiger Badeort, wo abgestumpfte Lebemänner die Boulevards entlangschlendern und darauf warten konnten, daß die stärkenden Wässerchen bei ihrer angeschlagenen Konstitution Wunder wirkten, und wo der Garten eines jeden vornehmen Hotels Gruppen blasser Rekonvaleszenten beherbergte, die den Stand ihrer Genesung mit langsamen, gemessenen Schritten rund um die Blumenbeete prüften. Der Krieg hatte alles verändert. Die verblühten, mürrischen feinen Leute hatten keinen Rechtfertigungsgrund mehr, um sich ihren *maladies de richesse* hinzugeben; ihren Platz im gesprenkelten Schatten der Kastanienbäume hatte nun eine ständig wechselnde, bunte Mischung von Soldaten eingenommen, die noch laufen konnten. Man ermunterte jeden, der sich noch bewegen konnte, an die frische Luft zu gehen: Männer, die den Arm in der Schlinge trugen, die Hände in Verbände gewickkelt, die Köpfe eingehüllt in eine Wolke von Mull mit gerade noch zwei Löchern für die Augen; Männer mit Krükken, die Erblindeten als Führer dienten, und Amputierte in wackeligen Rollstühlen, die von ihren tatterigen Kameraden durch die Gegend geschoben wurden; sie scherzten und rauchten, spielten, ohne ein Ende zu kriegen, Karten, schrieben Briefe an ihre Lieben und dösten in der Sonne vor sich hin. Die vornehmen Hotelzimmer hatte man in schlichte, zweckmäßige und oft überfüllte Krankensäle verwandelt, die vom Stöhnen und von den Schreien der Verwundeten und Sterbenden widerhallten.

Vittel liegt in der Luftlinie weniger als fünfundsiebzig Meilen von Verdun entfernt. Die grausame Schlacht, die seit Februar um diese vom Pech verfolgte Stadt tobte, ruhte vorübergehend, da sich das Zentrum der Kämpfe an die Somme verlagert hatte. Schätzungen zufolge kämpften jedoch 75 Prozent aller französischen Soldaten irgendwann im Laufe des Jahres 1916 einmal in Verdun. Die französischen Verluste beliefen sich auf etwa 500 000 Tote und Verwundete, und die medizinischen Einrichtungen – nicht nur in Vittel, sondern in jedem Zentrum in Westfrankreich – waren aufs äußerste ausgelastet.

Als Margarethe in diesen bizarren Menschenmengen den Weg zu Vadimes Krankenhaus gefunden hatte, hatte sich ihre Erleichterung wieder einmal in Angst und Sorge verwandelt. Was war, wenn Vadime ihr die Wahrheit verheimlicht hatte? Vielleicht war er weitaus ernster verwundet, als er zugeben wollte; vielleicht sogar bis zur Unkenntlichkeit verstümmelt. Als Antwort auf Margarethes ängstliche Erkundigungen geleitete eine arg strapazierte Krankenschwester sie nach draußen auf die Terrasse. Margarethe ließ ihre Augen über die Reihen von Gesichtern wandern und nahm weder das anerkennende Pfeifen noch die gutmütigen Zurufe wahr, mit denen die Soldaten sie begrüßten: »Komm und laß uns Händchen halten«, »von dir laß ich mich jederzeit gerne pflegen« und »wo warst du denn die ganze Zeit, mein Liebling?« Doch dann erblickte sie Vadime. Er war blaß und dünn und trug auf dem linken Auge eine Augenklappe, aber er war auf den Beinen und kam mit ziemlich unsicheren Schritten über die Terrasse auf sie zu.

Wer Zeuge dieser rührenden Wiedervereinigung wurde, sah nichts Besonderes in der Liebe, die die beiden offensichtlich füreinander empfanden. In diesen ungewöhnlichen Jahren entwickelte sich eine manch seltsamere Liebe, und zwar nirgendwo häufiger als in Militärkrankenhäusern. Die verwundeten, ausgezehrten, schlammverkrusteten Männer, die aus dem Schmutz und Elend der Schützengräben in ein kühles, helles und ruhiges Krankenhaus kamen, spürten, daß die freundlichen Frauen, die sich um sie kümmerten, fast etwas mystisch Faszinierendes an sich hatten. Für die Frauen, die ihre Wunden pflegten und die gräßlichen Verstümmelungen wieder zusammenflickten, waren diese Männer so heroisch, ihre Verletzungen so schlimm, ihr Mut so grenzenlos und ihre Uniformen so attraktiv, daß es von der Bewunderung bis hin zur Liebe nur ein kleiner Schritt war. In jedem Krankenhaus ereignete sich so eine Geschichte, wie aus gegenseitiger Anziehungskraft eine kaum glaubhafte Beziehung erwuchs. In Chaillot führte ein dreiundzwanzigjähriger, völlig erblindeter und an beiden Armen amputierter Soldat aus der 107. Infanterie eine kleine weißhaarige Dame zum Traualtar, die alt genug war, um seine Großmutter sein zu können; doch die strahlende Freude auf den Gesichtern der beiden rührte seine Kameraden so sehr, daß sie zusammenlegten und dem Pärchen ein Haus in der Normandie kauften. Und eine gezierte Lehrerin mittleren Alters heiratete in einem kleinen, auf dem Lande nahe Lyon gelegenen Dorf einen einstmals schneidigen jungen Offizier von den Husaren, dessen Gesicht so verstümmelt war, daß er es ganz mit einer Maske bedecken mußte. Verglichen mit diesen erstaunlichen Beziehungen, hatte die Liebe zwischen einem einundzwanzigjährigen jungen Mann und einer eleganten *femme du monde*, die vom Alter her seine Mutter sein konnte, keinerlei Gerede und nicht die geringste Verwunderung zur Folge.

Die Atmosphäre in Vittel mußte sich zwangsläufig auch auf Vadime und Margarethe auswirken. Vor dem Hintergrund solcher Leiden nahm jedes Gefühl an Intensität zu: Freude wurde erhabener, Liebe wertvoller und der Gedanke an die Einsamkeit angesichts der drohenden bevorstehenden Trennung noch viel unerträglicher. Die Zeit der Gemeinsamkeit war für sie nur kurz; nach zehn Tagen galt Vadimes Verwundung als so weit ausgeheilt, daß er den aktiven Dienst wiederaufnehmen konnte. In der bitteren Gewißheit, daß die durchschnittliche Lebenserwartung eines Frontoffiziers gerade einmal fünf Monate betrug, daß viele seiner Freunde schon tot waren und daß seine Familie Tausende von Meilen weit weg war, schwor Vadime Margarethe ewige Liebe; seine Abschiedsworte waren ein Heiratsantrag, und mit ihrem Lebewohl nahm Margarethe diesen Antrag strahlend an.

Georges Ladoux wartete schon ungeduldig auf die Berichte seiner Agenten über Margarethes Aktivitäten in Vittel, und es brachte ihn nur wenig aus der Fassung, als er feststellen mußte, daß sie nichts Wichtiges zu berichten hatten. Margarethes Verhalten, so teilten sie ihm mit, sei ohne Fehl und Tadel gewesen. Nach der Abreise ihres russischen Geliebten sei sie noch ein paar Tage in Vittel geblieben und dann am 13. September nach Paris zurückgekehrt, ohne auch nur einen einzigen verdächtigen Schritt zu machen oder Kontakte zu knüpfen. Wohl denn. Jetzt war die Zeit für einen eindeutigeren Annäherungsversuch gekommen. Als Margarethe einige Tage nach ihrer Rückkehr wie verabredet in Ladoux' Büro vorsprach, kam er ohne Umschweife auf nähere Einzelheiten zu sprechen: ob sie immer noch bereit sei, für Frankreich zu arbeiten und, wenn ja, wieviel Geld sie denn erwarte? Margarethe träumte von ihrer gemeinsamen Zukunft mit Vadime und erwiderte lässig, daß sie, falls ihre Arbeit zu seiner Zufriedenheit ausfalle, mit einer Million Francs rechne. Bedenkt man, daß diese Summe das Gehalt von insgesamt zwölf seiner Spitzenagenten darstellte, dann war es doch eine erstaunliche Leistung von Ladoux, dabei keine Miene zu verziehen.

Später sollte er behaupten, er habe sie immer noch verdächtigt, eine deutsche Agentin zu sein, und wollte, daß sie sich selbst einen Strick daraus drehte: »Um ihr Vertrauen zu gewinnen, war es erforderlich, sie scheinbar um eine Zusammenarbeit mit den Franzosen zu bitten. Ihre Gespräche mit mir sollten ihr die Angst nehmen.« Freundlich rollte er nun etwas von dem Strick aus und fragte sie, wie sie denn ihrer Meinung nach Frankreich nützen könne. Ihre Antwort, wie sie Ladoux uns berichtet, bewies, welch übertriebene Vorstellung sie von ihrem Einfluß und von ihrem Wert hatte.

Theatralisch erhob sie sich, entwickelte ihre Ideen offensichtlich beim Sprechen aus dem Nichts und sagte dann: »Die Deutschen haben mich immer angebetet. Wenn Sie nur gesehen hätten, wie sie mich in Berlin behandelt haben – wie eine Königin; ganz anders als in Frankreich, wo ich mich keines großen Ansehens erfreue. Das Verlangen der Deutschen nach mir ließ sie mir zu Füßen liegen. In Berlin war ich die Geliebte des Kronprinzen [vermutlich dankte sie ihren Glückssternen, daß sie die Gerüchte nie dementiert hatte], und er wäre entzückt, mich wiederzusehen. Für so einen Coup sollte ich bestimmt eine Million Francs kriegen.«

Ladoux rollte jetzt von dem Strick noch ein paar weitere Meter ab: »Aber Mata Hari, keiner, der über solche Beziehungen zu Frankreich verfügt wie Sie, kann darauf hoffen, auch nur in seine Nähe zu kommen.« Wenn Ladoux das Gespräch wahrheitsgetreu wiedergibt und nicht einfach die Tatsachen verdreht, um sein späteres Handeln zu rechtfertigen, dann steckte Margarethe freundlicherweise den Kopf direkt in die Schlinge; sie erklärte nämlich, sie kenne jemanden, der alles für sie arrangieren könne: »Sein Name ist Kramer.«

Dieser Name explodierte in den Ohren des Chefs der Spionageabwehr wie ein Knallkörper. Doch Ladoux schaffte es wiederum, keine Miene zu verziehen. Die Geheimdienste der Alliierten wußten über Kramer genau Bescheid; seine Verbindung zu Margarethe war allerdings, obwohl man davon munkelte, nie bestätigt worden. Dadurch, daß Margarethe ihre Beziehungen zu Kramer eingestand, hatte sie Ladoux' Verdacht bestätigt: Sie mußte eine deutsche Spionin sein. Trotzdem hatte er nicht vor, sie verhaften zu lassen. Sie war so fest entschlossen, sich die eine Million Francs zu verdienen und ihre hochfliegenden Träumereien zu überleben, daß sie die Bedeutung ihrer Bemerkung gar nicht wahrnahm; so hatte Ladoux immer noch eine Chance, sich Margarethe nutzbar zu machen. Er gab ihr deshalb zu verstehen, er könne ihr gar nichts bezahlen, solange sie noch keinen Beweis für ihre Vertrauenswürdigkeit erbracht habe, und sie werde auch nicht mit den sonst bei Spionen üblichen Dingen ausgestattet: keine Kontaktadresse, keine Geheimnummer, ja nicht einmal Geld für ihre Ausgaben. Das einzige, was er ihr versprechen könne, seien 25 000 Francs für jeden feindlichen Agenten, den sie ihm ausliefere. Aber Ladoux wollte doch zu gerne wissen, warum sie sich überhaupt bereit erklärte, einen so risikoreichen Auftrag zu übernehmen. Von allen Aussagen, die Margarethe laut Ladoux gemacht haben soll, klingt diese Antwort am überzeugendsten: Sie brauche das Geld. Sie beabsichtige, einen russischen Offizier aus guter Familie zu heiraten, und ihre Aussichten, daß die Familie in die Heirat einwillige, stünden besser, wenn sie nachweisen könne, reich zu sein.

Trotz Margarethes hochtrabender Bemerkungen über die Deutschen, »die ihr zu Füßen lagen und sich kaum im Zaum halten konnten«, wird deutlich, daß sie nun selbst jemandem zu Füßen lag – nicht Ladoux, sondern Vadime. Sie war immer noch nicht davon überzeugt, ihn an sich binden zu können, selbst wenn ihr sein Antrag noch in den Ohren klang; daher rüstete sie sich mit allen möglichen Magneten.

Vielleicht würden ihre Reize etwas langsamer verwelken, wenn sie eine Million Francs wert war; daher war sie auch bereit, alles zu wagen, um das Geld in die Finger zu bekommen.

Margarethes Aussage zufolge befahl ihr Ladoux, wieder nach Holland zu ihrem Haus zu fahren und auf weitere Anweisungen zu warten. Bevor sie jedoch Paris verlassen konnte, mußte sie noch ein paar Kleinigkeiten erledigen. Auf der Durchreise zu seiner neuen militärischen Stellung war Vadime ganz unerwartet in der Stadt aufgetaucht; und während der einzigen kostbaren Nacht, die sie zusammen verleben konnten, beschlossen sie, daß Margarethe für ihre zukünftigen Treffen und – wer weiß – vielleicht sogar für ihr gemeinsames zukünftiges Leben eine Wohnung mieten solle. Diese mußte sie noch wohnlich einrichten und mit etwas Komfort ausstatten, falls sich Vadime die Gelegenheit bot, die Wohnung während ihrer Abwesenheit zu benutzen. Außerdem mußte Margarethe, da Ladoux es abgelehnt hatte, für ihre Ausgaben aufzukommen, noch die Frage der Finanzierung ihrer Reise regeln. Über die holländische Gesandtschaft in Paris sandte sie ein Telegramm an Anna Lintjens, ihr Dienstmädchen in Den Haag, und gab ihr Anweisung, fünftausend Francs des von dem Baron stammenden Zuschusses nach Paris zu überweisen. Das Deuxième Bureau kontrollierte den Inhalt des Telegramms und sagte sich: »Aha. Anna Lintjens, das mußte einer von Kramers Decknamen sein«; und sie machten sich einen entsprechenden Vermerk in ihren Unterlagen. Anscheinend haben sie gar nicht die Ironie erkannt, daß Mata Hari, falls es wirklich so gewesen wäre, ihren ersten Auftrag für die Franzosen aus dem Fonds des deutschen Geheimdienstes finanziert hätte.

Das Geld kam am 4. November in Paris an, und Margarethe fuhr am nächsten Tag in Richtung Süden ab, ausgerüstet mit dem Geld und mit dem Visum, das ihr die Ausreise aus Frankreich nach Spanien und Holland gestattete. Einige Tage nach ihrer Verhaftung sollte Ladoux in einem Brief an Pierre Bouchardon, den mit der Untersuchung der ganzen Affäre beauftragten Militärrichter, die Hintergründe des Falles schildern. Darin behauptete Ladoux, es sei nur eine List gewesen, sie nach Holland zu schicken, damit sie in Spanien landete: »Wir hatten den Verdacht, daß sie für die Deutschen arbeitete, aber das mußten wir erst beweisen; daher mußten wir es so deichseln, daß sie sich einige Zeit in Spanien aufhielt, wo unsere Geheimdienste besonders gut organisiert sind.« Doch den »besonders gut organisierten« Geheimdiensten war offensichtlich völlig unklar, was man von ihnen erwartete. Anstatt Vorkehrungen zu treffen, daß sich Margarethe bei ihnen auch »einige Zeit aufhielt«, ließen sie sie auf ihrer Reise über Madrid und weiter nach Vigo beschatten und sahen dann zu, wie sie an Bord der *SS Hollandia* nach Holland aufbrach.

Dieses Mal hatte Margarethe keineswegs die Absicht, die *SS Hollandia* vor Erreichen ihres Bestimmungsortes zu verlassen. Daß ihr letzter Antrag auf ein Visum für Großbritannien abschlägig beschieden worden war, wurmte sie immer noch, und sie wollte auch auf jeden Fall weiterkommen, um Ladoux ihren Wert zu beweisen. Eigentlich war auch kein Aufenthalt in einem englischen Hafen vorgesehen. Doch das Schicksal wollte es anders. Als Wächter des Ärmelkanals hatten die britischen Seebehörden das Recht, jedes auf der Durchreise befindliche Schiff anzuhalten und zu durchsuchen. Nun war von Whitehall die Nachricht gekommen, daß unter den Passagieren angeblich eine Frau sei, die man verdächtige, für die Deutschen zu spionieren. Man entsandte deshalb eine Fregatte der Royal Navy, um das Schiff abzufangen und es in den Hafen von Falmouth zu eskortieren.

Alles wurde gründlich kontrolliert: die Ladung des Schiffes, die Unterkünfte und auch die Passagiere. Wie Margarethe später aussagen sollte, war sie äußerst empört darüber, daß man gerade ihr besondere Beachtung schenkte.

Polizisten, Soldaten und weibliche Offiziere, deren Aufgabe es war, die weiblichen Passagiere zu durchsuchen, besetzten das Schiff. Zwei von ihnen durchsuchten meine Kabine und gingen sogar so weit, die Spiegel von der Wand abzuschrauben. Ein Beamter, der meine Identität in Zweifel zog, verhörte mich; dann sah er mich wie gebannt mit seltsamem Blick an und holte ein Foto aus der Tasche, das eine Frau in spanischer Tracht, mit einer weißen Mantilla bekleidet, zeigte. Das Bild sah mir etwas ähnlich, außer daß die Frau kleiner und schwerer war als ich.

Als der Beamte sie fragte, ob dies nicht ein Bild von ihr sei, mußte sie sich über diese Unterstellung halb totlachen. Er war jedoch nicht überzeugt und forderte Margarethe auf, das Schiff zu verlassen. Ein Beamter der Polizei von Cornwall nahm sie in Gewahrsam, begleitete sie im Zug bis nach London und übergab sie Scotland Yard. Als sie dem Stellvertetenden Polizeipräsidenten Sir Basil Thomson vorgestellt wurde, der die Spionageabwehr von Scotland Yard leitete, gelang Margarethe der Hattrick. Nun konnte sie ohne Übertreibung behaupten, daß sie innerhalb von fünf Monaten mit allen drei Geheimdiensten in Kontakt gekommen sei: mit dem deutschen durch Kramer, mit dem französischen durch Ladoux und nun mit dem britischen durch Sir Basil Thomson. Das war schon eine eindrucksvolle Liste für eine Frau mittleren Alters, die als unbedeutende Agentin für keinen der drei Geheimdienste bislang von geringstem Nutzen gewesen war.

Thomson war in starkem Maße ein Vertreter der Noel-Coward-Art englischer Gentlemen. Er war in Eton zur Schule gegangen, hatte in Oxford seinen Abschluß gemacht, war geistreich, verbindlich, tadellos gekleidet und, unter seinem weltmännischen Äußeren, mit Leib und Seele seinem Beruf ergeben. Der umfaßte die Verantwortung für die Sonderabteilung Irland und auch für die Spionageabwehr – selbst damals bestimmt mehr, als ein Mann allein bewältigen konnte. Trotzdem leitete Thomson selbst das Verhör, als Margarethe am 13. November 1916 Scotland Yard überstellt wurde. Ihre schlimmsten Befürchtungen wurden schon durch seine erste Frage zerstreut, als er wissen wollte, ob ihr wirklicher Name Clara Benedix sei. Margarethe antwortete entrüstet, das sei absolut nicht der Fall, denn sie heiße Margarethe Gertruida Zelle MacLeod, sei auch als Mata Hari bekannt, und ihr Paß hier könne das beweisen; Thomson mußte daraufhin den Rückzug antreten und seinen nächsten Schritt überdenken.

Scotland Yard war aufgrund von Informationen auf den Plan getreten, die es für verläßlich hielt, daß nämlich Clara Benedix, eine in Madrid arbeitende deutsche Spionin, an Bord der *SS Hollandia* sei. Thomson ließ sich die Sache nun eine Nacht durch den Kopf gehen, während der Margarethe in Scotland Yard in eine Zelle gesperrt wurde; dann gab er, ohne es zu ahnen, eine charakteristische Gemeinsamkeit mit seinem französischen Pendant, Georges Ladoux, zu erkennen. Wie Ladoux, von der Unfehlbarkeit seines Falles überzeugt, zu dem Schluß gekommen war, daß ›Anna Lintjens‹ ein Deckname für Kramer sei, so kam Thomson zu dem Schluß, daß Clara Benedix und Mata Hari ein und dieselbe Person sein mußten, obwohl er sich nicht ganz schlüssig war, welches von beiden nun der Deckname sei. Ein Blick auf seine Unterlagen hatte ihm klargemacht, daß die Dame in seinem Gewahrsam, welchen Namen sie auch immer benutzte, der Spionage verdächtig war. Er schickte ein Telegramm nach Spanien und bat um Bestätigung, daß Clara Benedix auch wirklich an Bord der *SS Hollandia* gegangen sei, und am nächsten Morgen rief er dann Margarethe zu sich in sein Büro, um sie, während er auf Antwort wartete, vorab zu verhören.

Wenn sie wirklich Margarethe MacLeod sei, so teilte er ihr mit, dann hätte seine Abteilung einige Informationen über sie. Das allein war noch kein Grund zur Beunruhigung; es war, so erinnerte sich Margarethe, nur zu natürlich, denn schließlich war sie eine berühmte Frau. Thomson eröffnete ihr des weiteren, er kenne gewisse Tatsachen, und eine davon betreffe die Summe von 20000 Francs. Ob ihr jemand eine solche Summe vor ihrer Abreise nach Frankreich gegeben habe? Nein. Ob sie sich da sicher sei? In Holland? Dieses Mal gestand Margarethe, sie habe 20000 Francs von ihrem Konto abgehoben, weil sie das Geld mit nach Frankreich nehmen wollte. Thomson glaubte, hier eine Verbindung erkennen zu können, und fragte sie, bei welcher Bank sie das Geld abgehoben habe. Als sie ihm antwortete, sie sei bei der Londres Bank gewesen, warf er seinen Köder aus und beobachtete, wie sie darauf reagierte. »Die Londres Bank ist die Bank der deutschen Botschaft.« Wenn er angenommen hatte, sie würde bei diesem auffälligen Köder anbeißen, hatte er sich getäuscht. Margarethe zuckte nur mit den Schultern: »Davon ist mir nichts bekannt.« Thomson versuchte es noch einmal. »Wir verfügen über Informationen, daß Mata Hari von der deutschen Botschaft 20000 Francs erhalten hat.« Auch dieses Mal reagierte sie nur mit einem Achselzucken. Sein umfassendes Wissen muß sie zwar erschüttert haben, doch beherrschte sie hervorragend die Kunst, ihr Lampenfieber zu verbergen. Zu ihrer Erleichterung schien Thomson zunächst einmal die Sache an diesem Punkt auf sich beruhen zu lassen. Er stellte ihr noch einige eher routinemäßige Fragen nach ihrer Vergangenheit und ließ sie dann in ihre Zelle zurückbringen.

Dort lief Margarethe auf und ab, verfiel abwechselnd in selbstgerechte Entrüstung oder Panik und kam dann zu dem Schluß, Empörung sei die beste Verteidigung. Mit Thomsons Erlaubnis schrieb sie einen Brief an den holländischen Botschafter in London und bat ihn um Hilfe.

Exzellenz, ich möchte Sie höflichst ersuchen, mir so schnell wie möglich zu Hilfe zu kommen. Ich bin in eine schreckliche Verwechslung verwickelt. Mein Name ist Madame MacLeod geb. Zelle, und ich bin geschieden. Ich bin auf der Durchreise von Spanien nach Holland und besitze einen gültigen Paß, doch die englische Polizei behauptet, er sei gefälscht, und beharrt darauf, ich sei nicht Madame Zelle. Ich bin mit den Nerven völlig am Ende und werde hier in Scotland Yard gefangengehalten. Ich darf Sie bitten, mir doch zu Hilfe zu kommen. Ich wohne in Den Haag, Nieuwe Uitleg 16, und bin dort genauso bekannt wie in Paris, wo ich einige Jahre gelebt habe. Ich bin hier völlig auf mich allein gestellt und schwöre Ihnen, daß meine Angelegenheiten völlig in Ordnung sind. Es handelt sich nur um ein Mißverständnis, doch ich flehe Sie an, mir zu helfen.

Hochachtungsvoll,
Margarethe Zelle MacLeod

Thomson entschloß sich, diesen Brief erst einmal eine Weile zurückzuhalten. Er wollte so viel wie möglich über seine Gefangene herausfinden, bevor sie der holländische Botschafter ihm wieder wegnahm – worauf Margarethe als Staatsangehörige eines neutralen Landes Anrecht hatte. Beim nächsten Gespräch zeigte Thomson ihr ein Bild und fragte sie, ob sie das sei. Dieses Mal konnte sie ihm eine positive Antwort geben: »Ja. Das ist das Bild, das M. Rudeaux von mir gemacht hat.« Dann ergriff sie die Initiative und sagte zu Thomson, sie hoffe, er sei nun überzeugt, daß sie nicht Clara Benedix sei. Thomson gab sich dieses Mal mitteilsamer und erklärte ihr sein Dilemma:

Nun, es ist etwas ziemlich Merkwürdiges geschehen. Wir haben so unsere Zweifel an der ganzen Geschichte. Wir müssen erst auf Beweise aus Spanien warten, ob Sie und Clara Benedix verschiedene Personen sind oder aber ein und dieselbe. Wir haben auch Verbindung zu unseren Leuten in Holland aufgenommen, und die haben uns mitgeteilt, Madame Zelle stehe unter Verdacht, eine deutsche Agentin zu sein, Mata Hari sei wirklich eine deutsche Agentin und diese Clara Benedix ebenfalls. Nun sehen Sie mein Problem.

Es gehörte nicht zum Auftrag des Stenografen, der das Gespräch aufzeichnete, solche Dinge wie Tonfall, Gesichtsausdruck oder die Reaktionen zu kommentieren; er schrieb lediglich mit, was gesagt wurde. Doch man braucht nicht viel Phantasie, um sich vorzustellen, welchen Eindruck Thomsons Worte auf Margarethe gemacht haben müssen. Sie deuteten ihr nämlich zum ersten Mal wirklich die Reichweite dieser zwielichtigen Welt an, in der herumzustreifen sie sich erkühnt hatte, und sie erhielt einen Vorgeschmack von der verderbenbringenden Macht dieser Welt. Ihre Verstandeskräfte reichten nicht aus, um die gesamte Bedeutung seiner Bemerkungen zu erfassen, doch über eines war sie sich jetzt im klaren. Wenn Scotland Yard über genügend Informationen verfügte, um sie als deutsche Agentin zu verdächtigen, ohne daß sie bisher auch nur einen einzigen kleinen Auftrag durchgeführt hatte, dann steckte sie wirklich in riesigen Schwierigkeiten. Es hatte keinen Sinn mehr, so zu tun, als sei sie nur in eine Verwechslung verwickelt; es wurde Zeit, daß sie etwas von dem Schleier lüftete.

Wenn Thomsons Bemerkungen auf Margarethe den gewünschten Eindruck gemacht hatten, dann waren ihre nächsten Worte genauso wirkungsvoll. »Ich muß Ihnen jetzt etwas gestehen, was Sie überraschen wird. Ich dachte erst, es sei ein zu großes Geheimnis. Dieser Hauptmann, Captain Ladoux, bat mich, seinem Geheimdienst beizutreten, und ich versprach ihm, für ihn zu arbeiten.« Thomson hielt seine Maske der Unerschütterlichkeit aufrecht und beschränkte seine Reaktion auf einen leisen Vorwurf: »Das hätten Sie mir schon gestern mitteilen sollen.« Ihre Enthüllungen ließen jedoch die ganze Angelegenheit in einem neuen Licht erscheinen. Bevor er entscheiden konnte, wie er weiter vorgehen sollte, mußte er, wie ihm klar wurde, die Richtigkeit ihrer Behauptung nachprüfen.

Fast eine Stunde lang fragte er sie scharf nach Ladoux aus; wo sie ihn getroffen habe, wie er aussehe, ob er laut oder leise spreche, ob ihr irgendwelche besonderen Gewohnheiten oder sprachliche Eigenheiten an ihm aufgefallen seien, die schlüssig beweisen würden, daß sie ihn kenne. Sein Kollege vom französischen Geheimdienst war ihm gut bekannt, und Margarethes Antworten überzeugten ihn davon, daß sie in der Tat dem Chef der Spionageabwehr begegnet war. Nun gut; was für Arbeit habe sie Ladoux denn versprochen? Ihre Erklärung, sie habe keinen speziellen Auftrag gehabt, sondern Ladoux habe ihr nur gesagt, sie solle nach Holland zurückkehren und auf weitere Anweisungen warten, muß selbst für Margarethe wenig überzeugend geklungen haben. Sie war so darauf bedacht zu beweisen, daß sie auf der richtigen Seite stand, und sie klammerte sich so entschlossen an die Möglichkeit, eine Million Francs zu verdienen, daß sie ihm anschließend eine Geschichte erzählte (oder erfand), die ihre Behauptung, sie arbeite für die Franzosen, untermauern sollte. Ihre Besorgnis wirkte sich allmählich sowohl auf ihre Beherrschung der englischen Sprache als auch auf ihre Fähigkeit, sich deutlich auszudrücken, nachteilig aus.

Als ich in Vigo war, traf ich in der holländischen Gesandtschaft den französischen Konsul. Er sagte zu mir: »Sie lieben einen russischen Offizier. Sie würden ihm eine Freude bereiten, wenn Sie ihm ein Telegramm schickten, um festzustellen, ob er verwundet ist, und wenn Sie etwas mit mir zusammenarbeiten könnten. Wollen Sie etwas für die Russen tun?« Ich erwähnte die Franzosen nicht. »Können Sie nach Österreich fahren?« fragte er. Er meinte, er wüßte gerne, über welche Kampfreserven sie verfügten. »Kennen Sie Österreich?« fragte er weiter. Ich antwortete ihm, ja, ich hätte in Wien getanzt. Ich sollte dorthin fahren und auf seine Anweisungen warten.

Diese verworrene und unglaubwürdige Geschichte bewirkte bei Thomson genau das Gegenteil von dem, was Margarethe beabsichtigt hatte. Die Verästelungen der ganzen Angelegenheit trieben ihn langsam zur Verzweiflung, und er griff zum Mittel der Ironie: »Es wäre peinlich, einen Empfang für alle kriegführenden Länder in Ihrem Zimmer zu veranstalten.« Margarethe begriff nicht recht, denn sie erwiderte ihm, sie habe keine Ahnung, wovon er rede. Thomson war bestrebt, das Gespräch zu beenden, und fragte sie abschließend, ob ihr entweder Ladoux oder der Konsul in Vigo Geld gegeben hätten. Margarethe erklärte ihm, das sei nicht der Fall gewesen. »Vielleicht nur ein Versprechen, daß Sie, wenn Sie sich als nützlich erweisen sollten...?« Irgend etwas an seinem Verhalten muß Margarethe seine Skepsis verraten haben, denn sie zog sich schnell wieder auf die Geschichte in Vigo zurück. »Ich wollte die Sache mit den Russen nicht weiterverfolgen.« Sie mußte Thomson jedoch in bezug auf Ladoux überzeugen: »Für den Fall, daß Hauptmann Ladoux mit meiner Arbeit sehr zufrieden war, sollte ich eine Million Francs erhalten.«

Thomson reichte es. Er verließ das Zimmer zum Abschied mit den Worten: »Also, wir haben nach Spanien telegrafiert.« Dieses Mal wurde Margarethe nicht wieder in ihre Zelle gebracht, sondern sie durfte statt dessen Scotland Yard verlassen. Ihr Gepäck, das die Polizei in der Zwischenzeit gründlich durchsucht und dessen Inhalt sie peinlich genau registriert hatte, wurde ihr ausgehändigt, und sie erhielt die Auskunft, sie könne bleiben, wo es ihr beliebe, werde aber ständig observiert und höchstwahrscheinlich zu weiteren Verhören vorgeladen. Zumindest etwas Positives ließ sich diesem grauenhaften Erlebnis abgewinnen, selbst wenn es nur die Erfüllung eines alten Wunsches war: Den Kopf hoch erhoben und nach außen mit einem äußerst stolzen Gesichtsausdruck, verlangte Margarethe, ins Hotel Savoy begleitet zu werden.

Am selben Abend noch schickte Thomson bezüglich seiner ehemaligen Gefangenen ein weiteres Telegramm los, dieses Mal an Ladoux, den er um Bestätigung bat, daß Margarethe Zelle MacLeod alias Mata Hari eine seiner Agentinnen sei. Wenn Thomson jedoch erwartet hatte, die Antworten auf seine Anfragen würden die ganze Angelegenheit fein säuberlich aufklären, sollte er sich täuschen. Das Telegramm aus Spanien machte ihm klar, daß ein Fehler passiert war; Clara Benedix hielt sich nämlich noch immer in Madrid auf. In dem Telegramm von Ladoux hieß es kurz und bündig: »Nie von ihr gehört«, und das Antwortschreiben der holländischen Botschaft auf Margarethes Brief (den Thomson schließlich doch noch weitergeleitet hatte) bestätigte ihm, daß die fragliche Dame in der Tat Holländerin und im Besitz eines gültigen Passes sei.

Thomson standen nun drei Wege offen. Er konnte Margarethe die Fortsetzung ihrer Reise nach Holland gestatten, sie als Spionin verhaften lassen oder aber sie dorthin zurückschicken, woher sie gekommen war. Das Telegramm von Ladoux gab schließlich für seine Entscheidung den Ausschlag. Thomson war sich völlig darüber im klaren, daß ein Agentenchef, wenn er in Schwierigkeiten geriet, automatisch bestritt, seine Agenten zu kennen, doch nach Margarethes Hinweisen stand ganz außer Zweifel, daß sie Ladoux begegnet war. Das mindeste, was Ladoux als Thomsons Kollege und Partner hätte tun können, war, dies auch anzuerkennen. Thomsons Nachforschungen hatten ergeben, daß das Beweismaterial gegen Margarethe, um es milde zu sagen, nicht stichhaltig war, ja wahrscheinlich nicht ausreichte, um eine Anklage wegen einer Straftat zu rechtfertigen; deshalb entschloß er sich, das ganze Problem wieder auf Ladoux' Schreibtisch landen zu lassen. Er rief Margarethe ein letztes Mal zu sich und teilte ihr mit, er habe sich entschieden, sie nach Spanien zurückzuschikken. Da Thomson sie wahrscheinlich besser als alle anderen durchschaute, deutete er ihr beim Abschied recht behutsam an, sie würde sich selbst einen Gefallen erweisen, wenn sie sich in Zukunft aus Angelegenheiten heraushalten würde, die sie eigentlich nichts angingen.

Anfang Dezember war Margarethe wieder in Madrid.

Schwarzer Peter

Hätte sich Margarethe in Gedanken nicht immer mit dem schwierigen Problem herumgeschlagen, wie sie die eine Million Francs von Ladoux in die Finger kriegen konnte, hätte es ihr vielleicht in Madrid hervorragend gefallen. Im Jahre 1916 gab es bestimmt Orte, an denen es sich schlechter leben ließ. Wie Holland, Schweden und die Schweiz blieb auch Spanien während des Krieges neutral. Wie immer der Krieg ausgehen mochte, Spaniens Schicksal stand nicht auf dem Spiel; seine strategische Position als Tor zum Mittelmeer machte die Erhaltung seiner Neutralität für beide Seiten zu einer Notwendigkeit; und seine reichen Mineralienlager – Kupfer, Quecksilber, Wolfram und sogar Kohle – waren eine entscheidende Vorratsquelle für die Gießereien und Munitionsfabriken der Alliierten und auch der Mittelmächte.

Der blühende Handel mit diesen und auch mit anderen Waren sowie der sich ansammelnde Gewinn hielten die spanische Mittelschicht davon ab, eine persönliche Vorliebe für die eine oder die andere Seite an den Tag zu legen, und erstickten alle schwelenden Neigungen einer Parteinahme schon im Keime. Die Kirche befürwortete keine kriegerischen Handlungen, die Armee hatte keine Lust, sich niedermetzeln zu lassen, und der Adel betrachtete eine Beteiligung am Kriege als Bedrohung seiner immer noch andauernden finanziellen und gesellschaftlichen Vormachtstellung; gemeinsam mit diesen drei setzte sich deshalb die Mittelschicht auch weiterhin entschieden für die Wahrung der spanischen Neutralität ein. König Alfonso XIII. soll sich einmal beklagt haben: »Der König und die *canaille* sind die einzigen, die Frankreich lieben«, doch auch er wandelte auf des Messers Schneide, hin- und hergerissen zwischen seiner Frau Victoria Eugenia, einer Enkelin von Königin Victoria, auf der einen Seite und seiner energischen, eindeutig pro-deutschen Mutter auf der anderen. Die häusliche und die nationale Ruhe standen auf dem Spiel, und der König beugte sich den *forces majeures.*

Aufgrund dieser unparteiischen Haltung entwickelte sich Madrid zu einem prächtig gedeihenden internationalen Markt mit einer wachsenden kosmopolitischen Bevölkerung. Weit abgelegen von allen Kriegsschauplätzen, litt die Stadt nur wenig unter den lähmenden Einschränkungen und Mangelerscheinungen, die die hellen Lichter von Paris, Berlin und Wien zum Erlöschen gebracht hatten. Im Vergleich mit diesen einstigen Mekkas des Hedonismus war die Atmosphäre in Madrid von personifizierter Beherrschung geprägt; der traditionelle spanische Anstand (unter den wachsamen Augen der Kirche) und der zwangsläufig ernüchternde Einfluß des Krieges schlossen in der Praxis solch erstaunliche Exzesse aus, wie sie die *beau monde* vor dem Krieg so geliebt hatte. Trotzdem zeichnete sich die Stadt durch eine Eleganz und einen Lebensstil aus, die Margarethe unter anderen Bedingungen sehr zu schätzen gewußt hätte.

Das soll jedoch nicht heißen, daß Madrid nichts Aufregendes zu bieten hatte. Im Gegenteil: Unter dem vornehmen, kultivierten Äußeren brodelte ein wahres Hexengebräu an Intrigen und Komplotten, denn die größten und leistungsfähigsten Spionagenetze waren in der spanischen Hauptstadt versammelt, und sowohl Frankreich als auch Deutschland betrieben sie außerhalb ihrer eigenen Grenzen. Insbesondere für Deutschland, ein Land ohne direkten Zugang zum Mittelmeer, war Spanien ideal gelegen, um von hier aus einen ›geheimen Krieg‹ führen zu können. Für die deutschen Interessen war es unerläßlich, daß seine im Mittelmeer operierende U-Boot-Flotte spanische Häfen anlaufen konnte, um aufzutanken, und die deutschen ›Diplomaten‹ in Madrid trugen die Verantwortung dafür, daß ihrem Land diese Möglichkeit auch weiterhin erhalten blieb.

Die Alliierten waren sich über die wirkliche Funktion der übergroßen Spanien-Mission deutscher Diplomaten sehr wohl im klaren. Da aber direkte militärische Aktionen gegen ihre Feinde auf neutralem Boden ganz außer Frage standen, ging es darum, Geheimagenten gegen Geheimagenten auszuspielen. So wie das deutsche Kontingent wuchs, wuchs auch das der Franzosen, und in dem Maße, wie sich der Leistungsstandard und die Effektivität der Deutschen verbesserten, mußten auch die Franzosen versuchen, gleichwertig oder gar besser zu sein. Gerade in Anbetracht dieser Tatsache war Georges Ladoux auf die Idee verfallen, Margarethe überhaupt nach Madrid zu entsenden. In Wirklichkeit gab er so den Schwarzen Peter weiter, den Basil Thomson ihm eigentlich zurückgeben wollte. Doch als Thomson Margarethe wieder nach Spanien schickte, diente er damit, ohne es zu ahnen, eher den Interessen des Franzosen, als daß er ihm ein Problem aufbürdete.

Statt dessen hatte nun Margarethe das Problem. Ihre Verhaftung und ihr Gewahrsam in London, an sich schon Grund genug zur Beunruhigung, hatten ihren Plan vereitelt, Ladoux zu beweisen, wie wertvoll sie sei. Sollte sie nach Paris zurückkehren, ohne etwas vorweisen zu können, was eine einmonatige Abwesenheit rechtfertigte, würde er ihr vielleicht keine zweite Chance mehr geben wollen. Die eine Million Francs, die als Zaubersiegel für ihr Verhältnis mit Vadime gedacht waren, drohten nun, wie es schien, ihrem Zugriff zu entschwinden. Sie schrieb an Ladoux und bat ihn um weitere Anweisungen, doch als nicht sogleich eine Antwort kam, entschloß sie sich, wie sie es selbst nannte, »den Stier bei den Hörnern zu packen. Was sollte mich davon abhalten, meine Zeit darauf zu verwenden, mit den Deutschen in Verbindung zu treten? Wenn ich in dem Augenblick eine Möglichkeit gesehen hätte, mit dem deutschen Botschafter zu schlafen, hätte ich das getan. Kühne Herausforderungen verlangen nach kühnen Taten«.

Margarethe erkannte – vielleicht –, daß der Weg zum Bett des deutschen Botschafters mit unüberwindbaren Hindernissen gepflastert sein könnte, und widmete deshalb ihre Aufmerksamkeit seinen Untergebenen, Hans von Kalle und Hans von Krohn, dem Militär- bzw. dem Marineattaché der deutschen Botschaft. Ihre ewige Leidenschaft für Soldaten veranlaßte Margarethe, sich auf von Kalle zu konzentrieren, der, wie es das Glück so wollte, viel besser aussah als sein Kollege von der Marine. Von ihrem vornehmen Zimmer im Palasthotel aus schrieb sie ihm eine lobenswerterweise sehr kurze Mitteilung. »*Mon Capitaine,* ich möchte gerne mit Ihnen sprechen. Welcher Tag und welche Zeit würden Ihnen zusagen?«

Wäre Margarethes Wahl auf von Krohn gefallen, hätte sowohl die Antwort als auch ihre weitere Zukunft vielleicht völlig anders ausgesehen, denn von Krohn hatte bereits eine attraktive und besitzergreifende Geliebte, Marthe Richer. Sie hätte ziemlich scharfe Worte für eine andere Frau gefunden, die in ihrem Revier wilderte; nicht etwa, weil sie von Krohn liebte – der war ihrem eigenen Geständnis nach »häßlich, dünn, langweilig und auf einem Auge blind« –, sondern weil es sie Monate harter Arbeit und Intrigen gekostet hatte, ihre gegenwärtige privilegierte Position zu erreichen. Marthe Richer war nämlich genau das, was Margarethe gerne sein wollte: eine französische Spionin in den Diensten von Georges Ladoux.

Aber da endete auch schon die Ähnlichkeit zwischen den beiden Frauen. Während Margarethe naiv, umständlich und allein von Begierde motiviert war, war Marthe mit Leib und Seele bei der Sache, sehr genau und sehr mutig. Als eine der wenigen Frauen in Frankreich, die damals die Pilotenqualifikation geschafft hatten, hatte sie sich an Ladoux gewandt und ihm ihre Mitarbeit angeboten, nachdem ihr Mann in Verdun gefallen war. Zwanzig Jahre nach

Kriegsende sollten Ladoux und sie gemeinsam die Geschichte ihrer Partnerschaft schreiben, *Ma Vie d'Espionne*, eine Orgie gegenseitiger Bewunderung, die einige der bewegenderen Gespräche zwischen beiden wiedergibt:

»Es gibt einige Dinge, *mon capitaine*«, sagte ich zu ihm, »denen eine Frau unmöglich zustimmen kann.«
Ladoux erwiderte mit strenger Miene: »Aber Marthe, denken Sie doch an die Opfer, die all die armen jungen Männer in den Schützengräben bringen.«
Mein Mut sank. Ich erhob Einspruch. »Aber was Sie von mir verlangen, ist der völlige Verzicht. Es ist ein Opfer, das größer ist als der Tod.«
Er war unversöhnlich. »Die Pflicht verlangt es.«
Ich mußte mich mit dem Unvermeidlichen abfinden. »Die Pflicht verlangt eine ganze Menge«, sagte ich, »aber ich werde mein möglichstes tun.« Er wußte, was es mich gekostet hatte, diese Worte auszusprechen, und versuchte, es für mich leichterzumachen, indem er mir zeigte, wieviel auf dem Spiel stand. »Es gibt etwas, das Ihnen eine Hilfe sein wird, Marthe. Sie müssen an all die französischen Mütter denken, die dank Ihrer Bemühungen wieder mit ihren auf See kämpfenden Söhnen vereint sein werden. Baron von Krohn trägt die Verantwortung für jene Unterseeboote, deren Torpedos diese jungen Männer in den Tod schicken. Ihre kleinen moralischen Bedenken können einer solch großen Aufgabe nicht im Wege stehen.«

Diese melodramatische Schilderung erfolgte ganz bewußt. Marthe versuchte, ihren Ruf wiederherzustellen, der durch Georges Ladoux' Verhaftung erheblich gelitten hatte. Er selbst sollte zwar wieder in sein Amt eingesetzt werden, doch etwas von dem Dreck blieb an jenen Agenten hängen, die nicht über dieselben Möglichkeiten verfügten, sich reinzuwaschen. Marthe Richer war in der Tat eine der erfolgreichsten Agentinnen unter allen ›Spezialistinnen‹, die die Franzosen im Krieg einsetzten. Obschon sie durch und durch französisch war oder, wie sie selbst meinte, »mehr als französisch, weil ich aus dem von Deutschen besetzten Lothringen kam«, hieß sie mit Mädchennamen Betenfeld. Mit so einem Namen war es vergleichsweise einfach, von Krohn zu überzeugen, daß sie in Wirklichkeit Schweizerin sei und für die deutsche Sache große Sympathien empfinde. Nachdem sie sich einen Weg zu seinem Herzen gebahnt hatte, war es nur noch ein kleiner Schritt bis zu seinem Vertrauen, und als Margarethe wieder in Madrid ankam, führte Marthe das gefährliche Leben einer ausgewachsenen Doppelagentin.

Marthe hatte beim deutschen Geheimdienst einen französischen Decknamen, l'Alouette, die Lerche, und eine Kennziffer, S 32; zu ihren Glanztaten zählte, daß sie Ladoux Einzelheiten über ein Agentennetz mitteilte, das über die Pyrenäen hinwegreichte und von den Deutschen betrieben wurde, und daß sie einen in Frankreich arbeitenden deutschen Spitzenagenten enttarnt und Paris von einer neuen, hochwirksamen Chemikalie in Kenntnis gesetzt hatte, die zur Herstellung unsichtbarer Tinte verwendet wurde. Umgekehrt versorgte Ladoux sie mit besonders ausgeheckten ›Geheimnissen‹, die sorgfältig darauf abgestellt waren, von Krohn von Marthes Pflichteifer und ihrem Wert für die Deutschen zu überzeugen. Doch im Gegensatz zu dem, was sich Margarethe – und, um ihr Gerechtigkeit widerfahren zu lassen, auch sehr viele andere Leute – vorstellte, war es kein besonders glanzvolles Leben. Marthe gab sich alle Mühe, das deutlich werden zu lassen.

Im Krieg als Spionin zu arbeiten, heißt nicht, wie man vielleicht annehmen könnte, sich in ein romantisches Abenteuer zu stürzen; es hat auch nichts damit zu tun, die femme fatale zu spielen und Männern den Kopf zu verdrehen oder gegen riesige Geldsummen Geheimnisse auszutauschen. Zu spionieren heißt zu dienen. Was für ein schreckliches Leben! Die ganze Zeit von Verdacht und Mißtrauen umgeben. Man hat die Aufgabe, den Feind glauben zu machen, man sei ein Verräter, doch dies wiederum veranlaßt den Feind, sich Gedanken zu machen, ob man nicht in Wirklichkeit ein Spion ist. Und wenn man dann Erfolg hat, beginnen selbst jene Leute, die einem den Auftrag erteilt haben, an einem zu zweifeln. Der Doppelagent gerät zwischen zwei Feuer – und bisweilen auch in ein Kreuzfeuer. Genau in dieser Situation bin ich gewesen.

Marthes Anstrengungen zugunsten Frankreichs wurden erst ein Jahr nach der Veröffentlichung ihrer Memoiren voll gewürdigt und gerecht belohnt. Bis dahin umgaben sie genau jener Zweifel und Verdacht, die ihr selbst so bewußt waren. Im Jahre 1933 wurde Marthe Richer jedoch schließlich mit dem Légion d'Honneur ausgezeichnet. Nach dem Zweiten Weltkrieg sollte sie in die Nationalversammlung gewählt werden, eine wichtige Rolle bei der Verabschiedung des Gesetzes zum Verbot der Prostitution spielen und erst 1982 im reifen Alter von zweiundneunzig Jahren im Schlaf sterben.

Im Dezember 1916 kann sie freilich keine großen Hoffnungen gehegt haben, noch ihren dreißigsten Geburtstag zu erleben, geschweige denn ihren neunzigsten. Als echte Berufsagentin war sie sich über die Gefahren und über den Wert ihrer Arbeit völlig im klaren. Hätte Margarethe bei von Krohn einen Annäherungsversuch unternommen, hätte sich Marthe genau vergewissert, daß Margarethe auf keinen Fall all das gefährden konnte, was Marthe so sorgfältig aufgebaut hatte. Sie hätte Margarethe vielleicht sogar auch von einem Annäherungsversuch bei von Kalle abgeraten und ihr damit, ohne es zu ahnen und ohne direkt einzugreifen, das Leben gerettet. So wie die Dinge lagen, begegneten sie sich jedoch nie, und Margarethe segelte blindlings ihrem Verhängnis entgegen.

Ihr direkter Annäherungsversuch bei von Kalle schien sich sofort bezahlt zu machen, denn sie erhielt folgende höfliche Antwort: »Madame, ich habe nicht die Ehre, Sie zu kennen, würde mich aber glücklich schätzen, Sie morgen um drei Uhr kennenzulernen.« Margarethe frohlockte. Sie hatte nicht im Traum daran gedacht, daß es so einfach sein könnte. Am folgenden Nachmittag zog sie ihr verführerischstes Kleid an, setzte ein äußerst kokettes Lächeln auf und erschien zu der vereinbarten Zeit bei ihm. Selbst als sie Monate später im Gefängnis verkümmerte, nur noch umgeben von ihren bruchstückhaften Phantasien, wollte sie einfach nicht glauben, daß ihr von Kalle vielleicht doch nicht ganz auf den Leim gegangen war: »Ich habe mich so verhalten, daß er sich garantiert in mich verknallen mußte – und das tat er auch.«

Von Kalle empfing sie mit ausgesuchter Höflichkeit. Sie wechselten einige freundliche Worte, Margarethe betonte, wie sehr sie Deutschland zugetan sei, und erzählte ihm daß sie vor dem Krieg viele Monate in Berlin gelebt habe. Als sie dann den Namen ihres »speziellen Freundes« in Berlin, Alfred Kiepert, erwähnte, erinnerte sich von Kalle plötzlich daran, daß sie sich doch schon begegnet waren. Er kannte Kiepert sehr gut; ginge er nicht recht in der Annahme, daß sie in seiner Begleitung Militärmanöver in Schlesien besucht habe, und sei das nicht 1906 oder 1907 gewesen? Er war sich sicher, daß sie einander vorgestellt worden waren; er bitte um Verzeihung, wenn er nicht sofort erkannt habe, daß Madame MacLeod und Mata Hari ein und dieselbe Person seien.

Das übertraf sogar noch Margarethes Erwartungen. Sie konnte sich an diese Begegnung zwar nicht erinnern, obschon sie sich an das Ereignis selbst entsinnen konnte, aber diese Verbindung gereichte ihr mit Sicherheit zum Vorteil. Nachdem beide einige Minuten lang ihre Erinnerungen an gemeinsame Bekannte aufgefrischt hatten, erklärte Margarethe von Kalle anschließend, warum sie sich an ihn gewandt hatte. Sie erzählte ihm, sie sei in England wegen des Verdachts der Spionage für Deutschland verhaftet worden (das würde ihr bestimmt sehr viel weiterhelfen, um sich einen guten Ruf zu verschaffen), doch dann sei durchgesickert, daß die Engländer sie mit jemand anders verwechselt hätten. Ob er irgendwas über diese Clara Benedix wüßte; es würde sie schon interessieren, jemanden kennenzulernen, mit dem sie anscheinend soviel gemein habe.

Von Kalle erwiderte ihr, er habe nicht das Vergnügen, Fräulein Benedix zu kennen; er sei sicher, daß sie nicht in Madrid beschäftigt sei. Allerdings sei er durchaus bereit, bei seinem Kollegen, Baron Roland, deswegen nachzufragen. Als Offizier, der das deutsche Spionagenetz in Barcelona leitete, könne dieser ihr vielleicht eher weiterhelfen. In ihrer Aussage ging Margarethe nicht weiter auf die ›Intimitäten‹ ein, die sich, wie sie behauptet, anschlossen, nachdem von Kalle diese unerwartete und wundervolle Information beiläufig entschlüpft war. Es klingt höchst unwahrscheinlich, daß ein Mann mit seinem Aussehen, Verstand und Einfluß auf den zufälligen Besuch einer Kurtisane mittleren Alters angewiesen war, um sexuelle Befriedigung zu finden. Wenn wirklich ›Intimitäten‹ erfolgten und alles nicht bloß ein aus Margarethes Eitelkeit geborenes Hirngespinst war, dann ist es weitaus wahrscheinlicher, daß von Kalle ihr Spiel einfach mitspielte. Im Jahre 1916 war er Militärattaché der deutschen Botschaft in Madrid und bestimmt nicht der Typ, der sich so leicht täuschen ließ. Ja, er scheint Margarethe von Anfang an auf die Schliche gekommen zu sein und hat vielleicht sogar die Behauptung, sie seien sich bereits in Schlesien begegnet, erfunden, um mit diesem Trick ihr Vertrauen zu gewinnen. Denn er habe sich dann – so heißt es wiederum in ihrer Aussage – »in seinem Stuhl zurückgelehnt und gesagt: ›Ich bin sehr müde. Ich habe nämlich gerade alle Planungen dafür abgeschlossen, daß eine Gruppe deutscher und türkischer Offiziere mit ihrem U-Boot an der marokkanischen Küste, in der französischen Zone, landen kann.‹«

Es ist kaum vorstellbar, wie jemand so dumm sein kann, um auf einen so offensichtlichen Schwindel hereinzufallen. Margarethe schöpfte jedoch keinen Verdacht. Als sie wieder in ihrem Hotel war, schrieb sie einen triumphierenden Brief an Ladoux in Paris. Wenn er sah, daß sie nicht nur den Namen des deutschen Geheimdienstbosses in Barcelona herausgefunden hatte, sondern auch Einzelheiten geheimer U-Boot-Operationen im Mittelmeer, dann könnte er bestimmt nicht mehr an ihren Fähigkeiten als Agentin zweifeln. Vielleicht könnte sie ihn sogar dazu überreden, sich vom ersten Teil der ihr zugedachten eine Million Francs zu trennen.

Mit elegantem Schwung beendete sie den Brief und widmete sich dann ihren Plänen für den Rest des Abends. Margarethes Anwesenheit in Madrid war keineswegs der Aufmerksamkeit mehrerer Mitglieder aus dem echten oder auch dem ›Ehren‹-Korps der in der Stadt stationierten Diplomaten entgangen. Ihre blendende Schönheit, die ihr zu Ruhm und Vermögen verholfen hatte, mochte zwar der Vergangenheit angehören, aber Magarethe MacLeod war trotzdem noch immer eine hochattraktive Frau und konnte, wenn es ihr gutging, eine sehr angenehme Begleitung sein. Sie hatte einem der Attachés von der holländischen Botschaft, Cornelius de With, versprochen, an diesem Abend mit ihm zu speisen, und sie hatten sich im Foyer ihres Hotels verabredet. Ihre Stimmung, die seit ihrer schmachvollen Rückkehr aus England immer tiefer gesunken war, war nach ihrem Triumph bei von Kalle wieder sehr gestiegen und hob sich noch weiter, als sie erkannte, daß sie noch immer Männern den Kopf verdrehen konnte. De With stand mit zwei anderen Männern an der Tür des Foyers, und die Bewunderung in ihren Augen, als er ihnen Margarethe vorstellte, war unmißverständlich. Der eine der beiden war ein Kollege aus der holländischen Botschaft, Baron von Claesens, und der andere der Militärattaché der französischen Botschaft, Oberst Denvignes.

De With und von Claesens waren beide lebhafte, unterhaltsame junge Männer; deshalb schenkte Margarethe an jenem Abend dem älteren Denvignes nicht viel Beachtung. Als sie allerdings am nächsten Tag im Lesesaal ihres Hotels saß, erschien auch Denvignes wieder. »Der tatterige alte Oberst«, wie sie ihn später nannte, ging direkt auf sie zu; dann »fragte er mich, ob ich wüßte, warum er da sei. Ich äußerte die Vermutung, er sei vielleicht gekommen, weil er mich sehen wollte, und er gab zu, daß das der Grund sei. Danach fragte er mich, wo ich den Abend verbringen würde, und ich antwortete ihm, ihm sei von jemandem aus der französischen Botschaft zu einem Galadiner mit Tanz eingeladen worden. Er erwiderte mir darauf, er müsse woanders an einem offiziellen Essen teilnehmen, würde aber hinterher dort vorbeikommen und nach mir Ausschau halten.«

Der Ausdruck in Denvignes' Augen war eindeutig. Margarethe verstand genug von Lüsternheit, daß sie ihr auffiel, als sein Blick geifernd an ihrer *decollétage* herunterglitt; aber sie hatte ihn in keiner Weise ermutigt. Später meinte sie verächtlich: »Was soll jemand wie ich mit einem solchen Geliebten?« Doch Denvignes hielt Wort, und als er im Laufe des Abends zu der Gesellschaft in der französischen Gesandtschaft stieß, nahm eine Idee in Margarethes Kopf langsam Gestalt an. Als französischer Militärattaché konnte er ihr Dank seiner Position möglicherweise einen Dienst erweisen. Sie war sich über die Hierarchie des Deuxième Bureau nicht ganz im klaren, doch wenn Denvignes auch nicht Ladoux' Vorgesetzter war, so konnte er ihn doch vielleicht ein wenig beeinflussen. Sollte es ihr gelingen, Denvignes mit der Information zu beeindrucken, die sie von Kalle abgeluchst hatte, dann würde er eventuell bei Ladoux ein gutes Wort für sie einlegen. Alles, was die eine Million Francs in ihre Reichweite brachte, war einen Versuch wert.

Die unerwartet herzliche Begrüßung, die Margarethe dem Oberst zuteil werden ließ, muß diesem erst recht das Wasser in die ohnehin schon wäßrigen Augen getrieben haben. Sie bat ihre beiden *chevaliers* um Entschuldigung, nahm Denvignes' Arm und geleitete ihn an einen ruhigen Platz in einer Ecke des Raumes. Nachdem sie ihm eine »belebende Tasse Tee« bestellt hatte, heuchelte sie, so gut sie konnte, ein verschwörerisches Flüstern und wiederholte alles, was sie von von Kalle erfahren hatte. Mit der unschuldigsten Miene versicherte sie dem Oberst, daß sie, hätte sie von seiner Anwesenheit in Madrid gewußt, ihn direkt informiert hätte, statt an Ladoux zu schreiben. Was sollte sie seiner Meinung nach jetzt machen?

Denvignes war von der Nähe ihres Dekolletés so benommen, daß er gar nicht richtig zuhörte, was sie ihm erzählte.

11. März 1915:
Das letzte Foto, das Mata Hari
in ihr Tagebuch klebte

Mata Hari
im Pariser Untersuchungsgefängnis

Amtliche Aufnahme Mata Haris
vor ihrer Hinrichtung

Vincennes, 15. Oktober 1917:
Exekution Mata Haris im Morgengrauen

Doch als sie ihn bedrängte, ihr doch einen Rat zu geben, schaffte er es, sich zusammenzureißen – zumindest so weit, daß er ihr den Vorschlag machte, sie solle mit ihm auf sein Zimmer gehen, damit sie dort die Angelegenheit weiter erörtern könnten. Margarethe wandte ein, sie könne unmöglich in Begleitung des einen Mannes bei einer Gesellschaft ankommen und mit einem anderen wieder weggehen, selbst wenn sie das noch so gerne tun würde. Warum komme er nicht am nächsten Morgen in ihr Hotel, wenn er auch Gelegenheit gehabt habe, darüber nachzudenken. Denvignes deutete dies als Einladung zu einem eher amourösen als beruflichen Rendezvous und versicherte ihr, genau das werde er machen; und am nächsten Morgen erschien er dann auch bei ihr, während sie noch frühstückte. Er muß ein außerordentlich unattraktiver Mann gewesen sein, daß sie es so völlig ausschloß, seinem Verlangen entgegenzukommen. Normalerweise war Margarethe nur allzu bereit, ihren Körper als erste Waffe in jedem Kampf einzusetzen. Diesmal benutzte sie den ungünstigen Zeitpunkt als Vorwand, um seine tastenden Hände abzuwehren, und drängte ihn statt dessen, doch über von Kalle zu reden.

Denvignes bat sie, doch alles, was sie ihm am vorhergehenden Abend berichtet hatte, noch einmal zu erzählen, und dieses Mal schien er wirklich zuzuhören, besonders bei der Geschichte über die U-Boote in Nordafrika. Als sie fertig war, fragte er sie ganz genau aus; wie viele Offiziere seien gelandet, befänden sich Waffen und auch Menschen an Bord, und seien noch weitere U-Boote an derselben Operation beteiligt? Als Margarethe ihm beharrlich erwiderte, sie habe ihm alles berichtet, was sie wüßte, erklärte ihr Denvignes, daß ihr nächster Schritt auf der Hand liege; sie müsse noch einmal zu von Kalle gehen und versuchen, an weitere Informationen zu kommen. Selbst Margarethe versetzte das in Erstaunen: »Ich sagte zu ihm, ich würde dorthin gehen, wenn sich die Gelegenheit böte, aber ich könne mir nicht vorstellen, daß von Kalle mir viel erzählen würde.« Der Oberst hatte sich jedoch inzwischen eindeutig entschieden, es sei für einen Tag der Arbeit genug; jetzt wollte er sich auf das Vergnügen konzentrieren.

Er lenkte das Gespräch auf persönlichere Dinge und bat sie mit einem wissenden, anzüglichen Lächeln, ihm doch etwas von »den verschiedenen Verhältnissen« zu erzählen, »die ich mit hochgestellten Mitgliedern der Gesellschaft hatte. Dann ließ er mich wissen, ihm sei nichts lieber, als wenn er ihr Vorrecht teilen dürfte«. Inzwischen hatte sich Margarethe jedoch eine Antwort zurechtgelegt: »Ich erzählte ihm, mein Herz gehöre einem Russen. Dann erzählte ich ihm auch, daß wir uns liebten und daß der Russe, Hauptmann Vadime de Masloff, mich gebeten habe, ihn zu heiraten.« Doch Denvignes' Feingefühl, falls er so etwas besaß, konnte nicht gegen sein leidenschaftliches Verlangen nach dieser einst berüchtigten und immer noch bezaubernden Frau ankämpfen. Ihr rührendes Geständnis entflammte ihn eher noch mehr. »Er überreichte mir einen Strauß Veilchen, den er mitgebracht hatte, und bat mich, sie den ganzen Tag an meiner Brust zu tragen; abends wollte er dann wiederkommen und sie zurückfordern. Dann bettelte er, ich solle ihm doch ein Band von meinem Petticoat überlassen, bestand darauf, es sich selbst zu nehmen, und flehte mich an, ihm ein Taschentuch mit meinem Parfüm zu geben, damit er jede Sekunde des Tages an mich erinnert würde. Er benahm sich wie ein Jugendlicher, dem jedes Feingefühl fehlte.«

Das letzte, was sich Margarethe wünschte, war, Denvignes gegen sich aufzubringen. Deshalb willigte sie ein, seine Veilchen zu tragen, überließ ihm das Band und das Taschentuch, vertrieb mit Küssen seinen Groll und stellte mit Versprechungen seine gute Laune wieder her. Er hatte ihr gesagt, er werde am nächsten Tag nach Paris abreisen; deshalb durfte sie keine Zeit verschwenden. Obwohl sie bezweifelte, daß ein weiteres Treffen mit von Kalle wahrscheinlich noch mehr Geheimnisse zu Tage förderte, war sie gewillt, ja sogar bestrebt, es auf einen Versuch ankommen zu lassen. Selbst wenn nichts dabei herauskam, so würde sie doch wenigstens die Anweisungen eines zweiten Mitglieds des französischen Geheimdienstes ausführen – falls das wirklich Denvignes' Rolle war.

Von Kalle schien entzückt zu sein, sie wiederzusehen; und sollte sich Margarethe wegen ihres Auftrags weniger zuversichtlich gefühlt haben, dann wirkte sich sein Charme auf sie beruhigend aus. Bei einem intimen Essen zu zweit ermunterte er sie, über sich selbst zu reden. Margarethe kam der Aufforderung gerne nach, doch kannte sie die Gefahren und war entschlossen, ihm nicht in die Falle zu gehen. Daher vermied sie sorgsam jeden Hinweis auf Masloff, hielt sich von Themen fern, die dazu führen konnten, daß sie ungewollt ihre Beziehungen zu Ladoux oder Denvignes aufdeckte, und redete über ihr früheres Leben: über ihre Kindheit und ihre Eltern, ihre katastrophale Ehe, ihre große Liebe für die Kunst und Religion Javas, die sich auf ihre Karriere inspirierend ausgewirkt hatten.

Sie redete über Holland, beschrieb ihm ihr hübsches kleines Haus in Den Haag und prahlte mit ihrem reichen Geliebten, dem Baron van der Capellen, dessen Großzügigkeit sie erst in die Lage versetzte, so ein interessantes und abwechslungsreiches Leben zu führen. Sicherheitshalber schwelgte sie auch noch in Erinnerungen an ihre Triumphe von Wien und Berlin.

Als sie ihren Gastgeber in solch heiterer Stimmung sah, faßte sie nach einer Weile Mut, ein anderes Thema anzuschneiden; es war ein klassischer Fall nach der Maxime: »Genug der Reden über mich, jetzt wollen wir mal über dich reden.« Mit honigsüßen Worten, die selbst ein gegen alle Schmeichelei gefeites männliches Ego durchdringen sollten, flüsterte sie mit großen Augen ihre Bewunderung für die ehrfurchtgebietenden Pflichten, die sein Beruf mit sich bringen mußte; es wäre hochinteressant, mehr darüber zu hören. Diese Sache mit dem U-Boot zum Beispiel, das müsse doch ein höchst gefährliches Unternehmen gewesen sein. Sei das etwas Einmaliges oder kämen solche Dinge alle Tage vor?

Wie sie erwartet hatte, rügte sie von Kalle sanft, weil sie Fragen stellte, die er, wie sie doch wußte, nicht beantworten konnte. Aber er zog sich nicht in einen Kokon vollständiger Geheimhaltung zurück, sondern fing statt dessen an, über seine Arbeit zu reden, sehr entspannt und natürlich, allerdings auch nur ganz im allgemeinen. Im Verlauf des Abends jedoch, als die Kerzen niederbrannten und sich die Weinflaschen allmählich leerten, schien er sorgloser geworden zu werden.

Er erwähnte einen französischen Flieger, der auf sein Betreiben Agenten in alliiertes Gebiet fliegen sollte, kam ganz nebenbei auf eine neue Formel für unsichtbare Tinte zu sprechen, die bald an einige seiner Agenten ausgegeben werden sollte.

Daneben aber gab es bis in die frühen Morgenstunden auch Komplimente, Küsse und Seufzer der Lust, ehe von Kalle ihr dann ein Geldbündel in das Mieder steckte und sie zurück ins Hotel begleitete.

Margarethe war zufrieden, wie der Abend verlaufen war, und von Kalle auch. Während sie zu Denvignes' Hotel sauste, um über ihren neuesten Coup Bericht zu erstatten, veranlaßte der deutsche Militärattaché, daß der zweite aus einer Reihe von Funksprüchen nach Berlin übermittelt werden konnte.

Die erste Nachricht hatte er am 13. Dezember, einen Tag, nachdem Margarethe ihn in seiner Wohnung aufgesucht hatte, abgeschickt. Sie lautete:

Die Agentin H21 von der Abteilung in Köln, die im März zum zweiten Mal nach Frankreich beordert wurde, ist in Madrid angekommen. Sie hat so getan, als würde sie ein Angebot des französischen Geheimdienstes, für ihn zu arbeiten, annehmen. Sie wollte von Spanien aus nach Holland reisen, wurde jedoch mit jemand anders verwechselt und am 11. November in Falmouth verhaftet. Als sich der Fehler herausstellte, schickten die Engländer sie nach Spanien zurück, weil sie sie weiterhin verdächtigten.

Obwohl der Funk inzwischen auf beiden Seiten als unschätzbares Mittel örtlicher und internationaler Kommunikation weit verbreitet war, war sein Gebrauch wegen der Knappheit an Ausrüstungen und an ausgebildeten Bedienungspersonal eingeschränkt. Der Zugang zum Funkkontakt wurde nur solchen Leuten gestattet, die dringende Informationen zu übermitteln hatten, und für den Inhalt der Mitteilungen galten strenge Regeln. Der Bericht über Störungen in den Reiseplänen eines unbedeutenden Agenten wäre bestimmt nicht darunter gefallen. Doch von Kalles Telegramm, das eben solche trivialen Informationen enthielt, wurde unverzüglich und ohne Beanstandung verschlüsselt und abgesandt. In seinem maßgeblichen Buch *The Codebreakers* behauptet David Kahn, daß die zwischen Berlin und Madrid ausgetauschten diplomatischen Nachrichten von den Engländern abgefangen und direkt an die Franzosen weitergeleitet wurden und daß einer der von den Deutschen benutzten Kodes noch am selben Tag, als er zum ersten Mal Verwendung fand, entschlüsselt wurde. Mr. Kahn erklärt dann weiter: »Dies war der Kode, den der deutsche Marineattaché [sic] mehrere Male für seine Funksprüche nach Deutschland benutzte, wenn es um Geldmittel und Anweisungen für die Agentin H21 Mata Hari ging.« Da die Informationen in von Kalles Nachrichten für die Deutschen nur von geringem oder gar keinem Interesse waren, kann man nur annehmen, daß von Kalle wußte – oder vermutete –, der deutsche Kode sei inzwischen gebrochen worden, und daß er deshalb seine Nachrichten mit der besonderen Absicht abschickte, sie den Franzosen zugänglich zu machen.

Es gibt keinen Grund zu der Annahme, daß Hans von Kalle scharfsinniger oder intelligenter war als Ladoux oder Thomson. Doch obschon sie alle reihum Margarethe verdächtigt hatten, hatte von Kalle gegenüber seinem französischen und englischen Kollegen einen großen Vorteil: Er hatte Margarethe bei der Arbeit zusehen können. Er kannte das genaue Ausmaß ihres Beitrags zur deutschen Sache, der gleich Null war, und er hatte auch ihren Wert als französische Spionin und als potentielle Doppelagentin einschätzen können, und der war wiederum gleich Null. Er wußte ganz genau, was Ladoux und Thomson nur vermuten konnten, daß nämlich die 20 000 Francs, die auf so geheimnisvolle Weise auf ihrem holländischen Bankkonto aufgetaucht waren, von Kramer stammten. Doch während die beiden Margarethe vielleicht zu dem gelungenen Schwindel beglückwünscht hätten, konnte man von von Kalle wohl kaum erwarten, es auch so zu sehen. Was ihn betraf, so hatte Margarethe mit dem deutschen Geheimdienst ein Doppelspiel getrieben, und er war nicht gewillt, sie ungeschoren davonkommen zu lassen. Es gab dabei freilich ein Problem: Im neutralen Spanien hatte er keine Befugnis, sie zu verhaften. Er hätte sich einen Plan ausdenken können, um sie nach Deutschland zu locken, wo sich dann seine Vorgesetzten mit ihr hätten herumschlagen können; aber es gab eine noch weit einfachere Möglichkeit, er konnte nämlich die Franzosen diese schmutzige Arbeit an seiner Statt verrichten lassen. Das würde ihn nicht nur einer ärgerlichen und zeitraubenden Aufgabe entheben, sondern wenn er ihnen Margarethe ans Messer lieferte, konnte er vielleicht die Aufmerksamkeit des Deuxième Bureau von den Aktivitäten echter und wertvoller deutscher Agenten ablenken.

Sein erster Funkspruch hatte deshalb zum Ziel, Margarethe für das Deuxième Bureau zweifelsfrei zu identifizieren. Ein zweiter Funkspruch ging auf die Information zurück, die Margarethe ihm in aller Unschuld beim Kerzenschein gegeben hatte, und erwähnte das Geld, das er ihr diskret ins Mieder gesteckt hatte; damit wollte von Kalle den Franzosen ein für allemal beweisen, daß Margarethe eine aktive und vollbezahlte deutsche Agentin war. Dieser Funkspruch lautete: »H21 wird durch den holländischen Konsul in Paris eine weitere Geldüberweisung vornehmen lassen, die an ihr Dienstmädchen gehen soll, und bittet darum, Kramer in Amsterdam zu informieren. Ich habe ihr bereits

3500 Peseten gegeben.« Zwei Tage später, am 28. Dezember, sollte von Kalle seine letzte Nachricht nach Berlin schicken, in der es hieß, daß die Agentin H21 gerade nach Paris abreise und den Wunsch geäußert habe, die 5000 Francs, die ihr Dienstmädchen für sie bereithalte, an ihre Bank in der französischen Hauptstadt nachsenden zu lassen.

Einsam, konfus und atemberaubend inkompetent, dazu von der Unsicherheit angetrieben, einen zwanzig Jahre jüngeren Mann zu lieben, so war Margarethe in ein gnadenloses internationales Schwarzer-Peter-Spiel verwickelt. So wie Ladoux und Thomson es vor ihr gemacht hatten, so gab auch von Kalle den Schwarzen Peter weiter und vergewisserte sich, daß ihn am Ende Georges Ladoux in der Hand halten würde.

Doch selbst jetzt war sich Margarethe nicht bewußt, daß sie in Schwierigkeiten steckte. Das einzige Wölkchen, das sie am Horizont entdeckte, war, daß sie noch immer keine Antwort auf ihren Brief erhalten hatte, in dem sie Ladoux um Anweisungen bat. Sie ging davon aus, daß er mit anderen wichtigen Angelegenheiten zu beschäftigt sei, und kam zu dem Schluß, das einzige, was sie tun könne, sei, nach Paris zurückzukehren und mit dem unbestreitbaren Beweis ihrer Fähigkeiten als Agentin vor ihn zu treten. Sie hatte Denvignes die Geschichte der Indiskretionen von Kalles in seine halbtauben Ohren geträufelt, und er hatte eingewilligt, als Dank für ihr Versprechen, ihn sobald wie möglich nach ihrer Rückkehr aufzusuchen, für sie ein gutes Wort bei Ladoux einzulegen. Soweit Margarethe das beurteilen konnte, waren ihr Glück und ihre Zukunft gesichert.

So behandelt man keine Heldin

1917. Die Ereignisse jenes schicksalhaften Jahres veränderten gewissermaßen das Leben eines jeden einzelnen, gleichgültig, wer man war, wo man lebte, welcher politischen Richtung, welcher Nationalität man angehörte oder wie alt man war. Für einige kennzeichnete es einen Neubeginn – in den letzten Monaten von 1916 waren mächtige Köpfe gerollt; während der heftigen Nachwirkungen der Schlachten von Verdun und an der Somme war General Joffre, dem französischen Oberbefehlshaber, zugeraten worden, abzudanken, an seine Stelle trat der launische und wichtigtuerische junge General Nivelle. Die Karriere des deutschen Stabschefs Erich von Falkenheyn war mit dem Mißerfolg jener berüchtigten Kampagnen, mittels derer die Deutschen ihre angestrebten Ziele erreichen wollten, ebenfalls beendet – Paul von Hindenburg und sein alter ego General Erich Ludendorff hatten seine Rolle, und in zunehmenden Maße auch die einst kaiserliche Macht und dessen Einfluß übernommen. In England hatte der erschöpfte Premierminister Asquith sein Amt niedergelegt; sein Nachfolger war Lloyd George und seine Koalition, die aus radikalen Liberalen und kompromißlosen Konservativen bestand. Der russische Zar Nikolaus II. hielt sich nur noch mit größter Mühe auf dem Thron, während Lenin in der Schweiz bereits auf dem Sprung stand. Auch in den Vereinigten Staaten vollzog sich ein Wandel. Innerhalb weniger Monate war Amerika von Woodrow Wilsons strenger Nichtinterventionspolitik abgerückt und trat auf seiten der Alliierten in entscheidender Weise in den Krieg ein.

Für die anderen, die Millionen Männer und Frauen, die von diesem gehobenen Spiel der allgemeinen Postenverteilung ausgeschlossen waren, bedeutete das Jahr 1917 ein weiteres Jahr voller Belastungen und Entbehrungen, eine Zeit untröstlichen Kummers und sinnlosen, grauenvollen Sterbens. Sie hatten nicht die Macht, den Krieg in eine andere Richtung zu lenken und keine andere Wahl, als den Befehlen jener zu folgen, die zwar diese Macht, jedoch nicht das für ihre Anwendung notwendige Mitgefühl besaßen. Bis Januar 1917 hatte der Krieg, von dem man ursprünglich erwartet hatte, daß er nur wenige Wochen lang dauern würde, bereits fast zweieinhalb Jahre gewährt. Je länger er sich hinzog, desto weiter entfernt schien der Friede zu sein; und je größer die Opfer waren, die man erbrachte, desto unbarmherzigeren Forderungen sah man sich ausgesetzt.

Als die Männer an der Front dem neuen Jahr entgegenblickten und nur weiteres endloses Leid sahen, fühlten sie, wie ihr zuversichtlicher Mut sich in grimmige Wut verwandelte. Wut auf den Feind, weil er sich nicht besiegen ließ; Wut auf ihre eigenen, wohlgenährten Stabsoffiziere in ihren komfortablen Hauptquartieren, weil sie absurde Befehle ausgaben, die nur zu weiteren Qualen und Tod führen würden. Wut sogar auf jene von allen Gefechten weit entfernten Zivilisten, die sie mit eifrigem, blauäugigem Patriotismus anfeuerten und durch Geschichten über Zuckerknappheit, Fleischrationierung und die Unmöglichkeit, Kohle aufzutreiben, ihre eigene Opferbereitschaft demonstrierten.

Doch hatten jene, die kämpften, kein Monopol auf die Wut. Die Entbehrungen, unter denen die Gesellschaft litt, waren echt; die Qualen, die Belastungen und der Kampf waren unter der Zivilbevölkerung genauso real wie beim Militär, wenn auch nicht genauso stark oder genauso lebensgefährlich. Aufgrund der Dichotomie, die durch diesen Mangel an gemeinsamer Erfahrung entstand, tat sich eine fast unüberbrückbare Kluft zwischen den beiden Seiten auf. Wenn der *poilu* auf Urlaub nach Hause kam, waren seine Angehörigen nicht mehr »die, die mich lieben und um mich weinen und um derentwillen ich in diesem Krieg kämpfe«, sondern »jene, die nicht verstehen, wie es ist«. Wenn eine Frau ihrem Mann die Tür öffnete, war sie über seine heile Rückkehr zwar immer noch außer sich vor Freude; aber er war nicht mehr ausschließlich »mein Held, mein Geliebter, der Mann, dessen Annehmlichkeiten und Wünsche an erster Stelle stehen«. Denn auch sie hatte einen Kampf ausgetragen; sie hatte ihre Familie ernährt und gekleidet, das Dach ausgebessert, die Rechnungen bezahlt, in endlos langen Schlangen für Lebensmittel angestanden, die Straßen nach den lebensnotwendigsten Dingen abgesucht. Wenn sie sich jeden Tag, seit sie ihn zuletzt gesehen hat, bis zur völligen Erschöpfung abgerackert hat, um die Familie zumindest über Wasser zu halten, wie kann man dann von ihr erwarten, daß sie sich schlagartig wieder in die heitere und liebevolle Gattin verwandelt? Auch der Mann ist einer geworden, »der nicht versteht, wie es ist«.

Während der Krieg früher als eine große und patriotische Sache betrachtet worden war, bei der jeder Mann und jede Frau eine Rolle spielten und für die persönliche Interessen bereitwillig dem Allgemeinwohl untergeordnet wurden, entpuppte er sich nunmehr als ein ungeheurer, alles verschlingender Tyrann. Vera Brittain sprach für viele, als sie Anfang 1917 zugab, daß »das eigene persönliche Interesse einen ziemlich fadenscheinigen Patriotismus zur Schau trägt... im Grunde genommen ist er wie ein Kleidungsstück, das man sehr lange Zeit tragen mußte, kein Wunder also, wenn es allmählich etwas abgenutzt ist«. Ihre Worte hätten sich gleichermaßen auch auf die Hoffnung anwenden lassen. In den guten alten Tagen wünschten sich die Nachbarn gegenseitig ein ›glückliches‹ oder ein ›erfolgreiches‹ neues Jahr. In der Zeit seit 1914 wurden daraus Wünsche für ein ›siegreiches‹ oder ›friedliches‹ neues Jahr. Als 1917 heranbrach, gab es keine solchen Wünsche mehr – lediglich ein müdes, leicht überraschtes

Achselzucken, daß es überhaupt ein neues Jahr geben würde. Nach vorne zu schauen war ein sinnloses Unternehmen – was konnte man zu sehen erhoffen, wenn die ganze Welt dunkel war? Es war keine Rede mehr davon, was vielleicht geschehen würde, oder was ›nach dem Krieg‹ getan werden könnte: Der kluge Mann wagte 1917 tatsächlich nicht einmal, an morgen zu denken. Dafür wäre später noch Zeit genug, sofern er den heutigen Tag überlebte.

Die durchdringende Düsternis des neuen Jahres wurde durch eine gemeine Tücke des Schicksals noch verschlimmert. Denn der Winter 1916/17 war der kälteste seit Menschengedenken. Als Margarethe am 4. Januar nach Frankreich zurückkehrte, fand sie ein durch das Eis fast völlig zum Stillstand gekommenes Land vor, das von einer bis in die südlichen Regionen von Bordeaux und Toulouse reichenden Schneeschicht bedeckt war. Paris glich einem Alptraum. Das Eis hatte Straßen und Bürgersteige in tückische Rutschbahnen verwandelt, selbst die wenigen noch verbliebenen Droschkenpferde, deren Hufe in Sackleinen eingewickelt waren, schlitterten und glitten aus und fielen zitternd in den Rinnstein, wobei sie sich ihre altersschwachen Gelenke verstauchten und die brüchigen Knochen brachen. Gefrorene Leitungen platzten, und gewaltige Wasserfluten strömten an Wänden herab und drangen durch Decken und erstarrten in der ungeheuren Kälte zu Eis, noch bevor sie eingedämmt werden oder sich verlaufen konnten. Und es war keine Erleichterung in Sicht. Denn der schlimmste und qualvollste aller Mängel, unter dem das schwer geprüfte französische Volk zu leiden hatte, war die Knappheit an Kohle.

Die Produktion in den nördlichen und nordöstlichen Industriegebieten war keineswegs eingestellt worden, als die westliche Front hin und her geworfen wurde und schließlich mitten in den wichtigsten Abbaugebieten zum Stillstand kam. Schiffe mit importierter Kohle waren eines der Hauptziele von Ludendorffs Taktik einer unbeschränkten unterseeischen Kriegsführung. Vorrätige Kohle wurde indessen sofort vom Militär beschlagnahmt, das in erster Linie dafür Sorge trug, daß die Fabriken mit Brennmaterial versorgt wurden und die Transportzüge für die Truppen weiterhin fahren konnten. Die Einführung einer strengen Kohlerationierung für den Privathaushalt hatte zur Folge, daß die sich ohnehin schon abmühende Hausfrau den größten Teil des Tages damit zubringen mußte, in einer weiteren endlosen Schlange anzustehen, diesmal für einen kleinen Sack Kohle, die vielleicht oder vielleicht auch nicht eintraf, und die sie, falls sie eingetroffen war, manchmal mehrere Meilen weit auf dem Rücken vom Lager bis nach Hause schleppen mußte.

Auf der verzweifelten Suche nach anderen brauchbaren Heizmaterialien stöberten Scharen kleiner Jungen in den schmalen Gängen der Markthallen nach irgendwelchen Schachteln oder Kisten, die man in kleine Stücke reißen und ins Feuer werfen konnte, damit es nicht ausging. Lose Rindenteile der berühmten, die *boulevards* säumenden Platanen wurden kurzerhand heruntergerissen, und Horden von Amateurholzfällern fielen zu nächtlicher Stunde im Bois de Bologne ein, um jeden Baum zu fällen, der klein genug war, um ihn nach Hause tragen zu können.

Doch nicht nur die Armen litten. Kohle wurde streng pro Person verteilt – je größer das Haus und folglich die Räumlichkeiten waren, die mit demselben kleinen Sack Kohle beheizt werden mußten, um so kälter war es wahrscheinlich. Und um so dunkler. Denn die Elektrizität, die in kohlebetriebenen Kraftwerken erzeugt wurde, war das nächste Opfer. Die Stromversorgung war nur noch sporadisch und fiel manchmal tagelang aus. Die Direktoren selbst der größten Hotels wurden gezwungen, neun von zehn Glühbirnen aus den Fassungen zu schrauben, damit ihre Gäste nicht in Versuchung kamen, wertvollen Strom zu vergeuden. Paraffin, Gas und Benzin wurden begehrte Luxusartikel. Der folgende Winter wurde unglaublicherweise noch kälter; im Januar 1918 fror die Seine zum ersten

Mal seit einhundertzwanzig Jahren wieder völlig zu. Doch hätte die Gabe der Voraussicht den ahnungslosen Parisern nur wenig Trost gespendet, als sie den ganzen Januar 1917 hindurch im Schein einiger weniger kleiner Kerzen froren.

Aufgrund der ungeheuren Kälte beschloß Margarethe, nicht in die kleine Wohnung zu gehen, die sie für sich und Vadime gemietet hatte. Statt dessen quartierte sie sich im Hotel Plaza Athenée ein, wo sie, soweit der Krieg und das Wetter dies zuließen, in einem annehmbaren Komfort leben konnte, ohne sich über so profane Dinge wie gefrorene Leitungen Gedanken machen zu müssen. Sie war voll zuversichtlicher Erwartung, innerhalb weniger Tage so reich zu sein, daß sie sich nie mehr um irgend etwas Sorgen zu machen brauchte.

Sie konnte ihre Erregung kaum unter Kontrolle halten. Tatsächlich fühlte sie sich bereits wie eine Heldin. Die Information, die sie in Madrid erhalten hatte, würde ihr zweifellos den wärmsten Empfang und die herzlichsten Glückwünsche von Ladoux sichern; ja, ganz Frankreich würde ihr für ihre Leistung zu großem Dank verpflichtet sein. Nachdem sie Ladoux eine kurze Nachricht von ihrer Rückkehr geschickt hatte, machte sie sich unverzüglich auf den Weg, um sich mit Denvignes in Verbindung zu setzen und herauszufinden, welchen Fortschritt er bei der Förderung ihrer Sache beim Kommandanten erzielt hatte.

Ich wollte den Oberst in seinem Hotel aufsuchen, aber man sagte mir, daß er gerade abgereist sei. Er sei auf dem Weg zurück nach Madrid, doch bestünde die Chance, daß sich sein Zug noch am Bahnhof befände. Ich begab mich schnellstens zum Bahnhof, und es gelang mir, vor Abfahrt des Zuges noch mit ihm zu sprechen. Ich fragte ihn, ob er in meiner Angelegenheit bei Kommandant Ladoux gewesen sei und ob er ihm erzählt habe, wie erfolgreich ich gewesen sei.

Denvignes' Antwort war das erste Anzeichen dafür, daß unter Umständen nicht alles völlig nach Plan verlief. Anstatt sie mit seiner sonst üblichen Mischung aus Höflichkeit und Begeisterung zu begrüßen, schien er über ihr plötzliches Auftauchen peinlich berührt zu sein. Als die Waggontüren zugeschlagen wurden und die Pfeifen der Zugschaffner ertönten, tat er zunächst so, als habe er sie nicht gehört, dann, als habe er sie nicht verstanden, doch zu guter Letzt konnte er keine Ausflüchte mehr machen.

Der Oberst sagte mir, daß er den Vorgesetzten von Kommandant Ladoux besucht habe. Er habe ihm erzählt, daß ich eine intelligente Frau sei und gute Verbindungen in Madrid besäße. Dann sagte er, daß dieser Vorgesetzte ihn gefragt habe, ob ihm irgendwelche Kontakte zwischen mir und dem deutschen Militärattaché bekannt seien. Er habe bestritten, auch nur das geringste davon zu wissen. Ich war sehr erstaunt. Als ich Denvignes fragte, warum er gelogen habe, murmelte er bloß *mon petit, mon petit.* Und dann fuhr der Zug ab. Ich konnte ihm nur verblüfft nachstarren, außerstande zu begreifen, warum dieser Mann, der erst kürzlich auf Knien vor mir gelegen hatte, sich jetzt so anders benahm und sich weigerte, die Wahrheit über mich zu sagen.

Frierend, verwirrt und ein wenig besorgt kehrte Margarethe in ihr Hotel zurück. Nachdem sie sich die ganze Nacht den Kopf über mögliche Erklärungen für Denvignes' ungewöhnliches Verhalten zerbrochen hatte, war sie am nächsten Morgen verärgert und empört. »Ich kam zu dem Schluß, daß er sich aus reiner Boshaftigkeit weigerte, mir zu helfen. Er fühlte sich wohl betrogen, weil ich, Mata Hari, nicht seine Geliebte werden wollte. Pah! Es war schlimm genug, als er seine Spielchen mit mir treiben wollte – ich vermute, daß er sich als junger Mann nicht getraut hat, diese Liebesspiele zu spielen.«

Doch als sie die Notiz las, die ihr der Hotelportier am folgenden Tag aushändigte, kehrte ihre Besorgnis zurück. Sie stammte von Kommandant Ladoux – und war keineswegs die überschwengliche Einladung, die sie erwartet hatte. Sie lautete schlicht: »Bleiben Sie in Paris. Ich werde mich in dieser Woche mit Ihnen in Verbindung setzen.« Eine Stunde später stand Margarethe in Ladoux' Büro und verlangte ihn zu sprechen. Eine sehr geschäftige Empfangsdame sagte ihr, daß der Kommandant nicht in der Stadt sei und erst in einigen Tagen zurückerwartet würde.

Margarethe verstand überhaupt nichts mehr. Was hatten sie nur alle? Was sollte sie jetzt tun? So behandelte man keine Heldin. Als sie sich auf dem Bürgersteig des Boulevard St Germain nervös den Weg bahnte, wurde ihr zum ersten Mal bewußt, wie kalt es tatsächlich war. Mit verkniffenen und verzerrten Gesichtern liefen die Leute an ihr vorbei. Von der gegenüberliegenden Straßenseite schallten die Stimmen einer Gruppe junger Soldaten zu ihr herüber – sie klangen rauh, mißtönend, aggressiv. Sie beschworen Erinnerungen an die rotgesichtigen Männer herauf, die auf den Straßen von Medan im weit entfernten Sumatra entlang torkelten, sie anrempelten, ihr lüsterne Blicke zuwarfen und sie mit plötzlich herausplatzendem, freudlosen Gelächter erschreckten; auch sie waren jung, voller Wut und Angst gewesen. Die junge, schöne, romantische Margarethe vor achtzehn Jahren hatte bei so einem öffentlich zur Schau gestellten vulgären Benehmen nur Widerwillen verspürt. Die Margarethe von heute hätte, wäre sie nicht so in Gedanken vertieft gewesen, sowohl die Angst als auch die Wut dieser jungen Soldaten wiedererkennen und sogar nachempfinden können.

Als die Tage vergingen und sie immer noch nichts von Ladoux gehört hatte, steigerte sich ihre Nervosität. Zum ersten Mal gewahrte sie die Beobachtungsposten auf dem Bürgersteig, entweder, weil diese allmählich unvorsichtiger wurden oder weil die Angst Margarethe wachsamer und aufmerksamer werden ließ. Bald fielen sie ihr überall auf: sie sah sie im Foyer und auf der Straße, sie folgten ihr, wenn sie einkaufen ging; und sie glaubte sogar, sie auf dem Gang vor ihrem Hotelzimmer zu erblicken. Margarethe bezwang ihren Drang wegzulaufen, um sich irgendwo weit weg von Ladoux, Denvignes, von Kalle und ihrer ganzen abscheulichen Welt der Täuschungen und Listen zu verstecken, und beschloß statt dessen, das Ganze mutig durchzustehen. Aber sie erhielt in Ladoux' Büro von derselben sehr geschäftigen Empfangsdame wieder dieselbe Antwort – der Kommandant sei immer noch weg und würde erst in einigen Wochen wiederkommen. Nein, von einer Überwachung sei ihnen nichts bekannt. Ein Besuch bei der Polizeiwache war genauso unergiebig, und die Polizisten waren zwar höflich, aber ebensowenig hilfsbereit – mit der Überwachung, falls es überhaupt eine solche gab, hätten sie nichts zu tun. Mit den höflichsten Empfehlungen, nach Hause zu gehen und aufzuhören, sich irgendwelche Dinge einzubilden, wurde Margarethe wieder hinauskomplimentiert.

Ladoux hatte versprochen, innerhalb einer Woche Verbindung mit ihr aufzunehmen, doch war diese Woche vergangen, ohne daß sie auch nur ein Wort von ihm gehört hatte. Warum ignorierte er sie? Warum hatte man ihre Leistung nicht einmal bestätigt? Warum, um Gottes Willen, sagte ihr niemand, was los war? Sie war mittlerweile so kribbelig geworden, daß sie vor Schreck fast aus der Haut fuhr, als am 13. Januar morgens jemand an ihre Tür klopfte. Aber als sie fragte, wer es sei, antwortete eine vertraute Stimme: »Ich bin es, Vadime.«

Seine plötzliche und unerwartete Ankunft riß Margarethe aus der einen Panik heraus und stürzte sie unmittelbar in die nächste. In einem solchen Nervenzustand durfte er sie nicht sehen, sie mußte sich umziehen, sich frisieren, ihr Make-up auffrischen – aber sie konnte ihn doch nicht wie einen Fremden auf dem Treppenabsatz stehen lassen. Ein rascher Blick in den Spiegel, ein paarmal kräftig in die Backen gezwickt, damit sie wieder etwas Farbe bekamen, hastig noch die Haarnadeln geordnet, und schon öffnete sie ihrem Geliebten die Tür. Ein Blick auf Vadime genügte jedoch, um sie ihre Eitelkeit vergessen zu lassen. Wie ein Gespenst stand er da, zitternd vor Kälte und zu erschöpft, um selbst die wenigen Schritte über ihre Türschwelle zu gehen.

Margarethe führte ihn ins Zimmer und schloß die Tür. Nachdem sie ihm aus dem Mantel geholfen hatte, setzte

sie ihn in einen Sessel und schenkte ihm ein Glas Wein
ein. Lange Zeit saß er einfach nur da, ohne etwas zu sagen, aber ihre ängstliche Besorgnis schien ihn aus seiner
Benommenheit wachzurütteln. Nein, er sei nicht noch mal
verwundet worden, er sei nur müde. Ja, ihm sei etwas unwohl, aber es seien nur Kopfschmerzen, nichts Ungewöhnliches, er habe zur Zeit meistens Kopfweh. Sein
Hals? Nun ja, die Nachwirkungen des Giftgases seien un-
angenehm gewesen – er müsse bald ins Krankenhaus, um
sich einer weiteren Behandlung zu unterziehen. Es täte
ihm leid, daß er unangemeldet erschienen sei, er hoffe, ihr
keine Unannehmlichkeiten zu bereiten, aber er habe sonst
niemanden, zu dem er gehen könne, ob es ihr etwas aus-
mache?

Dieses eine Mal waren Margarethe die Bedürfnisse eines
anderen wichtiger als ihre eigenen. Vadime war nicht nur
erschöpft und krank, sondern hatte auch Heimweh und
machte sich schreckliche Sorgen um seine Familie. Störungen im Kommunikationsnetz hatten zur Folge, daß nur
recht spärliche und bruchstückhafte Nachrichten aus Rußland eintrafen; man hörte so einiges über Lebensmittel-
knappheit, furchtbare Verlustlisten und über eine wachsende Unruhe unter der Zivilbevölkerung. Vadime hatte
kein Geld und keine Kraft, er war müde, angespannt und
sehr schwach – und in diesem Augenblick benötigte er
Margarethes Liebe und Bestätigung sogar noch mehr als
sie die seine. Obwohl sie nichts lieber getan hätte, als sich
ihm anzuvertrauen und bei ihm Halt zu suchen, wollte sie
seine Not nicht noch vergrößern, indem sie ihn mit ihren
eigenen Problemen belastete.

Also erzählte sie ihm nichts von ihren Geschäften mit
Ladoux, erwähnte mit keinem Wort von Kalle oder die Beobachtungsposten und erklärte ihm lediglich, daß sie ihre
Pläne, nach Holland zu reisen, geändert habe, weil sie be-
fürchte, daß man ihr, wenn sie einmal dort sei, nicht mehr
gestatten würde, nach Paris zurückzukehren. Sie hörte
ihm zu, wenn er sprach, und ließ ihn dann schlafen. Nicht

Leidenschaft, sondern eine tiefe Zärtlichkeit und Sorge, wie sie Margarethe keinem anderen Menschen je zuvor in ihrem Leben geschenkt hatte, erfüllten diese Nacht. In den darauffolgenden Monaten sollte sie sich voller Verwunderung daran erinnern: Es hatte sie getröstet und beruhigt zu wissen, daß Vadime sich in seiner Not an sie gewandt hatte – hätte sie genauso empfunden, wenn sie gewußt hätte, daß dies die letzte Nacht war, die sie zusammen verbringen sollten?

Am Morgen mußte Vadime gehen. Sein Regiment zog gerade durch Paris; er mußte mitkommen. Margarethe versprach, ihn im Krankenhaus zu besuchen, sobald er ihr Bescheid gab, wo er sich befand, und nahm sich vor, noch am selben Tag zu ihrer Bank zu gehen und dafür zu sorgen, daß ihm etwas Geld geschickt würde. Sie weinten beide beim Abschied.

Margarethe ging ihrem Vorsatz getreu zu ihrer Bank und veranlaßte, daß Vadime dreitausend Franc erhalten würde. Als sie das Gebäude verließ, erblickte sie auf dem Bürgersteig wieder einmal die Beobachtungsposten. Diesmal überwogen Zorn und Frustration ihre Angst. Kaum war sie in ihr Hotel zurückgekehrt, schrieb sie wütend an Ladoux: »Was wollen Sie von mir? Ich bin bereit, alles zu tun, was Sie verlangen, ich stelle Ihnen keinen Fragen, und ich habe auch nicht den Wunsch, Ihre Agenten zu kennen. Ich bin eine international bekannte Frau, und Sie haben kein Recht, meine Methoden oder mein Leben in Zweifel zu ziehen – und kein Recht, mir Ihre Geheimagenten zu schicken, um mich zu belästigen.«

Doch sobald sie den Brief abgeschickt hatte, verpuffte ihre Wut und machte erneuter Besorgnis Platz. Solange sie beschäftigt gewesen war, hatte sie gelegentlich aufkeimende Zweifel, ob es klug gewesen war, sich mit Ladoux einzulassen, mühelos beiseite schieben können. Wieder direkt am Geschehen teilzunehmen, auf der Jagd nach dem nächsten Empfang von einer Hauptstadt zur anderen zu eilen; mit den Mächtigen zu dinieren, von den Einflußreichen gefeiert zu werden, oder sich ab und zu Wortgefechte mit jenen zu genehmigen, die an den Schalthebeln gesellschaftlicher Macht saßen – dies alles erinnerte Margarethe in angenehmer Weise an jene glanzvolle Zeit, als sie der Star von ganz Europa war. Aber jetzt nagten Untätigkeit, Einsamkeit, Ladoux' Schweigen und vor allem das endlose Warten an ihrem Selbstvertrauen. Das Spiel mit dem Feuer war amüsant gewesen; in einem kalten, dunklen, leeren Zimmer in einem halbverlassenen Hotel zu sitzen und nur ihre eigenen Gedanken zur Gesellschaft zu haben, war sicherlich alles andere als amüsant. Im Gegenteil – es erwies sich auf schmerzvolle und erbärmliche Weise als aufschlußreich. Aus irgendeinem Grund, den sie noch nicht recht begreifen konnte, waren ihre Pläne und Träume furchtbar schiefgelaufen.

Jetzt bestürmten sie die Zweifel, die sie so lange verdrängt hatte, und verlangten lautstark nach Margarethes Aufmerksamkeit. In der dunklen Welt der Spionage gab es verborgene Abgründe und tückische Fallen, die sie niemals auch nur geahnt hatte. Alles schien auf dem Kopf zu stehen. Die Situationen und Menschen, die sie für ihr eigenes Happy-End zu nutzen geglaubt hatte, schienen nun umgekehrt sie für deren eigene, bislang unerfindliche Absichten zu nutzen. Margarethe hatte sich in einen Alptraum verirrt, aus dem es kein Erwachen zu geben schien. Jeder mögliche Ausweg wurde von genau den Leuten versperrt, die sie einst für ihre Verbündeten gehalten hatte; aber ihre vormals lächelnden Gesichter waren durch den kalten Ausdruck völliger Gleichgültigkeit fast nicht mehr wiederzuerkennen. Mit einem Mal war es schwer zu sagen, ob sie vor Kälte oder vor Entsetzen zitterte.

Margarethe hatte allen Grund, sich zu ängstigen. Ladoux' Schweigen und die bislang nicht erfolgreiche Kontaktaufnahme waren beabsichtigt und wohlüberlegt. Er war nicht in seinem Büro – das stimmte soweit. Aber er hatte auch nicht die Stadt in einer anderen geschäftlichen Angelegenheit verlassen. Tatsächlich konzentrierte er sich fast ausschließlich auf sie.

Fast unmittelbar nach Margarethes Abreise aus Paris hatte Ladoux Grund genug, dankbar zu sein, daß er sie nicht fest als Agentin eingestellt hatte. Ihre Verhaftung in Falmouth war nur ein unglücklicher Zufall gewesen – weder sie noch sonst irgend jemand konnte vorausgesehen haben, daß man Margarethe MacLeod fälschlicherweise für Clara Bendix halten würde. Basil Thomsons Telegramm hingegen war äußerst peinlich. Wie Ladoux nur eine Frau als französische Agentin einstellen könne, die Scotland Yard bereits seit über einem Jahr als deutsche Spionin verdächtigte? Schon Ladoux' Eingeständnis, daß er eine solche Möglichkeit überhaupt in Erwägung gezogen habe, wäre als Schlag ins Gesicht des britischen Geheimdienstes betrachtet worden. Es war sowohl für MI5 als auch für das Deuxième Bureau äußerst wichtig, den hohen Grad an Zusammenarbeit nicht nur aufrechtzuerhalten, sondern noch weiter zu verbessern. Wenn man jedoch feststellte, daß kein Geringerer als der Leiter des französischen Bureaus wiederholte Warnungen aus England ignorierte, wäre damit die Kooperation aufs äußerste gefährdet.

Ladoux' Entscheidung, jegliches Wissen um Margarethes Person zu leugnen, hatte ihm das Leben auf alle Fälle leichter gemacht. Da niemals etwas schriftlich fixiert und auch kein Geld zwischen ihnen ausgetauscht worden war, würde immer nur Margarethes Aussage gegen die seine stehen, falls die Angelegenheit jemals einer öffentlichen Untersuchung unterzogen würde; und Ladoux war verständlicherweise überzeugt, daß sein Wort mehr gelten würde. Aufgrund seiner Ermittlungen über die Möglichkeit, Margarethe entweder als Agentin oder sogar als Doppelagentin einzusetzen, konnte er nun erkennen, daß er sich in eine Sackgasse verirrt hatte. Ein kleiner, kräftiger Schritt zurück würde ihn wieder auf Kurs bringen und ihn befähigen, sich ohne irgendwelche Ablenkungen auf seinen ursprünglichen Plan zu konzentrieren – nämlich unwiderlegbare Beweise dafür zu sammeln, daß Margarethe tatsächlich eine deutsche Spionin war.

Als Leiter der Spionageabwehr fiel es ihm mehr als einmal zu, einen bewährten Agenten um der großen Sache willen in den sicheren Tod zu schicken – dies war eine bedauerliche und unvermeidliche Seite seines Berufes, und er war nicht der Mann, der sich vor Verantwortung drückte. Daher hatte er auch kein schlechtes Gewissen bei der Vorstellung, eine Frau, die er als Agentin lediglich in Erwägung gezogen hatte, ihrem Schicksal zu überlassen. Gegen einen professionellen Intriganten, der das tief Verworrene liebte und dem die beträchtlichen Mittel des Deuxième Bureau Rückhalt leisteten, hatte Margarethe kaum eine Chance.

War nun in von Kalles Augen Margarethes schlimmstes Vergehen ihr Versuch, den deutschen Geheimdienst zu hintergehen und ihn dadurch zum Narren zu haben, so bestand aus Ladoux' Sicht ihr schlimmstes Vergehen darin, daß sie ihn dazu verleitet hatte, sie als Agentin einzusetzen und ihn auf diese Weise fast der Lächerlichkeit preisgegeben hätte. Der Grund für den aus Rachsucht geborenen Entschluß der beiden Männer, Margarethe zugrunde zu richten, waren nicht so sehr die Vergehen, die sie sonst noch begangen haben könnte, als vielmehr die Tatsache, daß die Fehler, die beiden Seiten bei ihren Geschäften mit Margarethe unterlaufen waren, sie beinahe Kopf und Kragen gekostet hätten. Nachdem Ladoux seine Antwort auf Thomsons Telegramm abgeschickt hatte, in dem er leugnete, irgend etwas über Margarethe zu wissen, war er nur noch darauf erpicht, ihre Schuld nachzuweisen und seine eigenen Handlungen zu rechtfertigen. Die Feder zu zücken und auf Margarethes Brief aus Madrid zu antworten, hätte bedeutet, ihr einen klaren Beweis für den ihm unterlaufenen Fehler zu liefern, und das wollte er absolut vermeiden. Seine Agenten erstatteten nach wie vor Bericht über jeden ihrer Schritte – jetzt konzentrierte er sich auf die Auswertung der Informationen mit der Trennschärfe und Zielstrebigkeit eines Mannes, der nunmehr die Chance hat, einen begangenen Irrtum wiedergutzumachen.

Margarethe selbst sollte sich bei dieser Aufgabe als eine seiner besten Verbündeten herausstellen.

Sie hatte bereits zugegeben, daß sie Kramer, den Presseattaché der Deutschen Botschaft in Den Haag, gut kannte. Ihr dreister Annäherungsversuch an den Militärattaché in Madrid konnte deshalb nur als Beweis ihrer engen Verbindungen zum gesamten deutschen Geheimdienst gedeutet werden. Die Herzlichkeit, mit der von Kalle sie empfangen hatte, und die Intimität ihrer Beziehung zeigten deutlich, daß die beiden alte und vertraute Freunde waren; und als sie aus von Kalles Bett herausgesprungen und sich keinem Geringeren als dem Militärattaché der französischen Botschaft in die Arme geworfen hatte, konnte es keinen Zweifel geben, daß sie in von Kalles Auftrag gehandelt hatte. Aufgrund einer falschen Information, die Margarethe offensichtlich von ihm erhalten hatte, wurde nun von ihm, Ladoux, erwartet, daß er ihren Status als französische Agentin bestätigte.

Oberst Denvignes' unverhoffte Vernarrtheit in die ›gefährliche Spionin‹ hatte für kurze Zeit gedroht, Ladoux' Pläne durcheinanderzubringen. Aber zu seinem Glück hatte Margarethes gleichermaßen unerwartetes Widerstreben, Denvignes Geliebte zu werden, ihm eine Chance gegeben, den alten Mann zu retten, bevor dieser sich unwiederbringlich selbst schadete. Als Denvignes nach Paris zurückgekehrt war, nahm Ladoux ihn zur Seite und enthüllte ihm das wahre Gesicht dieser Frau, für deren Belange sich der Oberst gerade einsetzen wollte. Es wäre doch eine Schande, meinte der Oberst nicht auch, wenn seine lange und glänzende Karriere in einem öffentlichen Skandal enden würde? Und außerdem würde sich ein solcher Skandal kaum vermeiden lassen, wenn das militärische Oberkommando von seiner Beziehung zu einer feindlichen Spionin erfahren sollte.

Denvignes war es erwartungsgemäß äußerst peinlich, daß die Kunde über seine Affäre ihm bis Paris vorausgeeilt war. Hastig versicherte er Ladoux, daß in Wirklichkeit gar keine Beziehung zu Margarethe bestanden habe – nur ein kleiner, zarter Flirt, das sei alles gewesen. Doch Ladoux konnte kein Risiko eingehen. Es waren schon weniger leicht zu beeindruckende Männer als Denvignes den Reizen der berühmten Mata Hari zum Opfer gefallen; wenn Margarethe nach Paris zurückkehrte, mußten jene Reize unbedingt außer Reichweite für ihn sein. Also sorgte Ladoux über seine Vorgesetzten dafür, daß Denvignes direkt nach Madrid zurückversetzt wurde. Der Zug, in dem der ernüchterte und unglückliche Oberst saß, hatte den Bahnhof gerade noch rechtzeitig verlassen, und Ladoux stieß einen tiefen Seufzer der Erleichterung aus. Denn dank von Kalles Funkmeldungen aus Madrid war sein Dossier mittlerweile fast vollständig.

Diese Meldungen konnten an zwei Orten abgehört werden. Sie wurden entweder, wie David Kahn meint, von den Engländern in London abgefangen und an eine Abteilung der britischen Marine weitergeleitet, die als Zimmer 40 für Dechiffrierung bekannt war; oder sie wurden über ihr Abhörgerät auf dem Eiffelturm von den Franzosen selbst mitgehört. Von dort aus wurden die Meldungen an ein französisches, von einem Germanistikprofessor geleitetes Dechiffrierteam weitergegeben, das in Saumur und an der Loire stationiert war. In diesen beiden Zentren waren Kryptographen rund um die Uhr damit beschäftigt, deutsche Codes und Chiffren zu entschlüsseln. Constantine Fitzgibbon bemerkte dazu in Secret Intelligence: »In einer Zeit, die das Wort ›Computer‹ noch nicht kannte, war dies ausschließlich eine Sache der Intelligenzleistung, die so anstrengend war und unter einem derartigen Druck erbracht werden mußte, daß ein Nervenzusammenbruch nicht die Ausnahme, sondern eigentlich eher die Regel war.« Trotz dieser ungeheuren Belastung war die Erfolgsquote sowohl in London als auch in Saumur ungewöhnlich hoch.

Noch schwieriger war es zuweilen, die Inhalte der entschlüsselten Botschaften auf ihre Richtigkeit hin zu überprüfen. Jede Seite wußte, daß die andere mithörte, und versuchte, die Funksprüche des Gegners zu entschlüsseln, und eine allgemein anerkannte Methode, diese Aufgabe noch zeitaufwendiger und schwieriger zu gestalten, bestand darin, die wirklich interessanten Brocken zwischen Unmengen von bedeutungslosen oder irreführenden Informationen zu verstecken. Außerdem war es natürlich äußerst wichtig zu verhindern, daß der Feind erfuhr, wenn man seinen Code entschlüsselt hatte, oder daß er umgekehrt herausfand, daß man über die Entschlüsselung des eigenen Codes Bescheid wußte. Als zusätzlichen Trick spielten die Deutschen ihre Sachkenntnis auf diesem Gebiet absichtlich herunter und täuschten eine hochmütige Verachtung für die Alliierten vor. Der amerikanische Botschafter in London war von dieser Kriegslist gründlich hereingelegt worden.

Eine höchst kuriose Entdeckung, und eine, die ein klärendes Licht auf die Einfältigkeit der Deutschen wirft, ist die unerschütterliche Überzeugung der deutschen Regierung, daß ihr Geheimdienst tatsächlich geheim sei. Die Chiffren und Codes anderer Nationen könnten entschlüsselt werden, aber nicht die der Deutschen; sie hielten ihre geheimen Verständigungsmethoden, ebenso wie alles andere, was deutsch ist, für vollkommen.

Die Deutung der entschlüsselten Botschaften war folglich fast genauso wichtig wie das Entschlüsseln selbst. In von Kalles Fall ging die Deutung der Botschaften, die dieser nach Berlin funkte, die Spezialisten jedoch nichts an. Sobald die Nachrichten entschlüsselt waren, wurden sie lediglich niedergeschrieben und nach Paris geschickt. Georges Ladoux oblag es nämlich zu entscheiden, wie die Inhalte gedeutet und welche Maßnahmen ergriffen werden sollten. Der amerikanische Botschafter in London war offensichtlich nicht der einzige, der durch das erklärte Vertrauen der Deutschen in die Geheimhaltung ihres Kommunikationssystems getäuscht werden sollte. Die an Ladoux gesandten Niederschriften waren von keinerlei Vorankündigungen begleitet gewesen, was zur Folge hatte, daß die Deutschen den Code, mit dem diese Botschaften geschickt worden waren, mit zu jenen zählen konnten, die bereits entschlüsselt worden waren. Ladoux nahm deshalb die in von Kalles Funksprüchen enthaltenen Informationen für bare Münze, was kaum verwunderlich ist, wenn man bedenkt, daß er Margarethe dadurch praktisch auf dem Tablett serviert bekam.

Dies war ein günstiger Augenblick für den Chef der Spionageabwehr. Jetzt hatte er einen echten Beweis, daß Margarethe eine deutsche Agentin war. Er kannte den Namen ihres Auftraggebers, Kramer, und besaß ihre Kennziffer, H21; er hatte die Bestätigung, daß sie regelmäßig Zahlungen aus Amsterdam erhielt, und konnte nachweisen, daß sie den französischen Geheimdienst zu unterwandern versucht hatte. Er brauchte sich wegen seines kleinen Fauxpas keine Sorgen mehr zu machen, sondern konnte sich nunmehr darauf konzentrieren, von Kalles *bonne-bouche* nach Kräften auszunutzen.

Aber Ladoux war ebenso ehrgeizig wie gründlich. In der Gewißheit, Margarethe sicher und wahrhaftig an der Angel zu haben, hatte er keine große Eile, sie an Land zu ziehen. Wenn er die Schnur noch ein Weilchen locker ließ, bestand die Möglichkeit, daß Margarethe ihn zu einigen ihrer Kontaktleute in Paris führte – es war schließlich sein Geschäft, deutsche Spione zu fangen. Doch er zweifelte an ihrem Eifer und war auch nicht bereit, sich zurückzulehnen und zu warten, bis sie sich im Auftrag ihrer deutschen Herren in irgendwelche Aktivitäten stürzte. Indem er sie warten und im ungewissen ließ, gab er der Schnur gerade so viel Spielraum, daß Margarethe sich zwar Sorgen machte, jedoch nicht zu einem panischen Sprung Richtung Freiheit getrieben wurde: Vielleicht würde sie sich aufgrund der Unsicherheit zu ihren Kontaktleuten begeben, um bei ihnen Rat zu suchen.

Ihre häufigen Besuche in seinem Büro und die Flut von Notizen, worin sie ihn zu sehen verlangte, bewiesen, daß sein Schweigen sie in der Tat beunruhigte. Ihre Beschwerde, daß seine Geheimagenten sie belästigten, zeigte indessen, daß sie auch sehr vorsichtig war. Wenn er über ihre Schritte weiterhin informiert werden wollte, würde er sein Beobachterteam auswechseln und sie noch strenger überwachen lassen müssen.

Als Margarethe zu Bewußtsein kam, daß auf ihre Beschwerde hin die Beobachtungsposten vierundzwanzig Stunden später tatsächlich verschwunden waren, war sie beunruhigter denn je zuvor. Wenn Ladoux bereit war, ihrer Bitte so prompt stattzugeben, warum, um alles in der Welt, wollte er sie dann nicht sehen? Die Information, die sie so geschickt für ihn in Madrid beschafft hatte, mußte mit jedem weiteren Tag, der verstrich, ohne daß irgend etwas unternommen wurde, immer mehr an Wert verlieren.

Ihre Angst ließ sie jedoch nicht, wie Ladoux hoffte, zu den Deutschen eilen, um dort Rat einzuholen. Der einzige unerwartete Besuch, den sie machte, war statt dessen in einem Haus in Raincy, einem Vorort von Paris, und die einzige, die sie um Rat fragte, war eine Wahrsagerin, die dort wohnte. Ladoux' neue Beobachter waren weitaus diskreter als ihre Vorgänger, so daß ihre Existenz Margarethe stets unbemerkt blieb. Sie waren, nachdem sie ihr zweimal zu dem Haus in Raincy gefolgt waren, fest davon überzeugt, eine Spur zu haben. Ihre Nachforschungen ergaben jedoch lediglich, daß Madame Lucien in der Tat eine echte Hellseherin war; der einzige Ratschlag, den sie Margarethe gegeben hatte, war, die eine Million Franc zu vergessen – sie würde sie nie bekommen. Was auch erklären würde, so hieß es in dem Bericht der Agenten weiter, warum Madame MacLeod so schlecht gelaunt von Raincy weggefahren und seither nicht mehr wiedergekehrt war.

Die Beobachter hatten nur noch zwei weitere Informationen, die Ladoux möglicherweise interessieren konnten. Die erste war, daß Margarethe Ende Januar vom Hotel Plaza Athenée in das Hotel Elysée-Palast an den Champs Elysées umgezogen war. Der einzige Grund, den sie sich für diesen Umzug vorstellen konnten, war, daß sie an ihrer neuen Adresse mehr potentielle Kunden finden könnte. Die zweite interessante Meldung war, daß Margarethe sich Anfang Februar mit einem alten Freund aus der Vergangenheit in Verbindung gesetzt hatte – einem kleinen Rechtsanwalt namens Edouard Clunet. Diese Nachricht beunruhigte Ladoux. Die Tatsache, daß plötzlich Clunet auf der Bildfläche aufgetaucht war, ließ die Sache in einem völlig neuen Licht erscheinen. Seit seiner letzten Begegnung mit Margarethe vor zwölf Jahren hatte sich Clunet einen ausgezeichneten Ruf als international anerkannter Rechtsanwalt erworben. Seine Loyalität und treue Ergebenheit gegenüber Frankreich waren jedoch über jeden Verdacht erhaben, folglich konnte Ladoux nur vermuten, daß Margarethe allein wegen seiner beruflichen Fähigkeiten Verbindung mit ihm aufgenommen hatte. Er war auf keinen Fall bereit zuzulassen, daß Clunet irgendwelche Mittel fand, Margarethe von dem Angelhaken zu befreien, also mußte er wohl schleunigst etwas unternehmen.

Tatsächlich war Edouard Clunet rein zufällig wieder in Margarethes Leben getreten. Bei einem ihrer vielen vergeblichen Besuche in Ladoux' Büro war ihr Blick in einem nahe gelegenen Eingang auf ein kleines Messingschild gefallen: Maître E. Clunet, Rechtsanwalt. Sie hatte gezögert. So vieles hatte sich in den letzten zwölf Jahren verändert – würde ihr alter Verehrer ihr immer noch so treu ergeben sein? Vielleicht würde auch er ihr den Rücken kehren, wenn er erführe, in welcher Art von Schwierigkeiten sie steckte. Dennoch bestand eine kleine Chance, daß er sich genau als der Freund erwies, den sie jetzt brauchte. Er war Rechtsanwalt, kein ›Diplomat‹, er hatte niemals irgendwelche Ansprüche an sie gestellt und war bei mehreren Gelegenheiten, als sie Rat brauchte, ein bereitwilliger und teilnahmsvoller Zuhörer gewesen. Plötzlich gab es niemanden auf der Welt, den sie lieber sehen wollte.

Es ließ sich schwer sagen, wer von beiden überraschter war. Wenn die Zeit auch bei Margarethe deutliche Spuren hinterlassen hatte, so war Clunet, vormals eine stattliche, gepflegte Erscheinung in mittleren Jahren, ein verstaubter, altersschwacher Mann geworden. Der Tod seines einzigen Sohnes in der Schlacht an der Somme vor wenigen Monaten schien ihn noch mal um zehn Jahre älter gemacht zu haben, und er wirkte fast zu zerbrechlich, um überhaupt stehen zu können. Doch beim Anblick seiner über alles geliebten Mata Hari, die auf seiner Türschwelle stand, traten ihm vor Freude Tränen in die Augen. Vor Rührung schier überwältigt, bat er sie herein, und schon wenige Minuten später lauschte er verwirrt ihrer ganzen, traurigen Geschichte, die sich förmlich über ihn ergoß.

Es ist nicht verwunderlich, daß Clunet aus Margarethes Erzählung nicht schlau werden konnte. Aber sein spontanes Angebot, ihr beizustehen, war aufrichtig gemeint – sie solle sich keine Sorgen machen, er würde alles tun, um ihr zu helfen. Obschon Margarethe über sein so gealtertes und verbrauchtes Aussehen bestürzt gewesen war, hatte es sie ungeheuer erleichtert, ihre Sorgen mit ihm teilen zu können. In den darauffolgenden Tagen wiegte sie sich überdies in einem wunderbaren Gefühl der Sicherheit, weil Clunet von Anfang an überzeugt gewesen war, daß das Ganze ein Mißverständnis sei – natürlich sei Margarethe völlig unschuldig, und es würde nur wenige Tage dauern, bis sie alles aufgeklärt hätten.

Dennoch wurde dem Maître die Zeit zu knapp. Am 13. Februar klopfte Polizeikommissar Albert Priolet an die Tür zu Margarethes Hotelzimmer, mit einem Haftbefehl in der Hand. Er lautete wie folgt: »Frau Zelle, Margarethe, auch als Mata Hari bekannt, Protestantin, geboren in Holland am 7. August 1876, 1,75 m groß, des Lesens und Schreibens kundig, ist angeklagt wegen Spionage und der Weitergabe von Informationen an den Feind, mit der Absicht, seine Interessen zu fördern.«

Margarethe war verhaftet.

Le Capitaine Rapporteur

Margarethe wurde unter Polizeibewachung direkt von ihrem Hotel zum Palais de Justice gebracht. Dort, in dem kleinen Büro, das er immer seinen ›Schrank‹ nannte, verhörte sie der für die Untersuchung ihres Falles zuständige Beamte, Hauptmann Pierre Bouchardon.

Bouchardon war ein kleiner, bleicher und trügerisch milde aussehender Mann, Mitte Vierzig, mit traurigen Augen, die hinter einem riesigen schwarzen Schnurrbart hervorlugten, und mit einer ganz und gar zynischen Lebensauffassung; diese resultierte aus zwei frühen Enttäuschungen in seinem beruflichen Leben. Die erste davon hatte er, als sich sein Wunsch, Arzt zu werden, nicht erfüllte, weil – wie er selbst formulierte – »ich in Mathematik über ein so mangelhaftes Wissen verfügte, daß es jeder Beschreibung spottet. In Prüfungen erhielt ich immer null Punkte; und ich weiß genau, daß ich heute, müßte ich dasselbe Examen noch einmal ablegen [als er dies schrieb, war er siebzig], auch wieder null Punkte erhalten würde. Deshalb hieß es, von der Medizin Abschied zu nehmen«. Nachdem er sich für die juristische Laufbahn entschieden hatte, machte er als Richter fünfzehn Jahre die Runde bei Provinzgerichten und beklagte sich, daß er es nicht schaffte, nach Paris versetzt zu werden: »Paris wurde für mich zum verlorenen Paradies.«

Die zweite große Enttäuschung seines Lebens hatte er zu Beginn des Krieges erlebt. »Ich war zehn Jahre lang Hauptmann in der Landesinfanterie und wurde nun aufgrund meines Alters zum Kommandeur des Bataillons ernannt.« Doch innerhalb weniger Tage machte der Oberst dieses Bataillons die schreckliche Entdeckung, daß sein neuer Kommandeur nicht reiten konnte. »Ich mußte ihm gestehen, daß ich vor der ›edelsten Eroberung, die der Mensch je gemacht hat‹, schon immer schreckliche Angst empfunden habe. Deshalb mußte ich meine Befehle vom Boden aus erteilen, und die anderen Hauptleute des Bataillons ließen keine Gelegenheit aus, mir von ihren stolzen Rossen herab verächtliche Blicke zuzuwerfen.« Diese Entdeckung setzte seinen militärischen Ambitionen ein abruptes Ende, aber sie war auch die Ursache dafür, daß seine lange gehegte Versetzung nach Paris klappte; der schockierte, aber freundliche Oberst deutete dem Hauptmann nämlich an, er würde vielleicht mehr Freude an dem Posten eines Untersuchungsrichters bei den Militärgerichten in der Hauptstadt haben, wo ihm wahrscheinlich nicht viele Pferde über den Weg laufen würden.

In den ersten Kriegsmonaten war Bouchardon mit rein militärischen Angelegenheiten beschäftigt: »Fahnenflucht, Gehorsams- und Befehlsverweigerung, Urlaub ohne Genehmigung und eine lange Liste anderer kleiner Straftaten, den Begleiterscheinungen des Wirrwarrs im Anschluß an die Mobilisierung.« Allmählich hatte er jedoch auch kompliziertere Fälle übernommen, die dann im Verlauf des Krieges in zunehmendem Maße auch Fragen der nationalen Sicherheit berührten. Als er viele Jahre später in einem Buch seine Jahre als ›Capitaine Rapporteur‹ beim ›Troisième Conseil de Guerre‹ schilderte, gab er zu, daß er diese Darstellung nicht nur aus der Rückschau, wo man eben immer schlauer ist, verfaßt habe, sondern daß im Alter von siebzig Jahren seine Erinnerung vielleicht nicht mehr ganz verläßlich sei.

Mochte die Zeit auch sein Erinnerungsvermögen getrübt haben, so hatte sie genau die entgegengesetzte Wirkung auf seine Sprache. Trotz einer langen und letztlich erfolgreichen Karriere als Richter am Schwurgericht haben seine *Souvenirs* einen Anflug von Bitterkeit, die schon an Gehässigkeit grenzt. Jede Figur in aber auch jeder seiner Anekdoten, ob nun Mann oder Frau, Held oder Schurke, muß dieselbe spöttische und hämische Behandlung über sich ergehen lassen; und Bouchardon scheint die von ihm geschilderten Ereignisse nicht nur ihrer historischen oder beruflichen Bedeutung wegen ausgesucht zu haben, sondern genauso wegen der Möglichkeiten, die sie seiner scharfen Zunge boten. Bouchardons Bericht über seine erste Begegnung mit Margarethe demonstriert vorzüglich seine Fähigkeit einer sarkastischen Darstellung.

Als sie zum ersten Mal mein Büro betrat – das war am 13. Februar 1917 –, erblickte ich eine starke Frau mit wulstigen Lippen, einer lederartigen Haut und Ohrringen mit falschen Perlen. War sie schön, war sie es je gewesen? Zweifellos, wenn man ein altes Foto zum Maßstab nehmen durfte. Doch an der Frau, die man an jenem Tag zu mir hereinbrachte, war die Zeit nicht spurlos vorübergegangen: hervortretende Augen, so groß wie Eier, gelblich gefärbt und von blau-roten Äderchen durchzogen; platte Nase; ein riesiger, fast bis zu den Ohren reichender Mund; Zähne wie Grabsteine; an den Schläfen, wo die Färbung bereits nachgelassen hatte, ergrauendes Haar; so hatte sie nur wenig Ähnlichkeit mit jener Tänzerin, die so viele Männer verzaubert hatte. Allerdings hatte sie sich einen Teil ihrer körperlichen Eleganz bewahrt und bei ihren Bewegungen noch immer etwas von der Anmut eines Tigers im Dschungel an sich.

Schönheit mag aus dem Blick des Betrachters entstehen, und selbst Margarethe hätte nicht mehr behauptet, in den besten Jahren zu sein, doch dies war eine grausame Karikatur, die eher einer Liane de Pougy oder einer Colette angemessen gewesen wäre als einer Stütze des Palais de Justice. Doch Bouchardon, der diese Eindrücke erst lange nach den eigentlichen Ereignissen niederschrieb, tat das Seine, um die letzten Funken des Mitgefühls, das seine Leser für Margarethe empfunden haben mögen, zu beseitigen. Damals freilich achtete er sorgsam darauf, daß sein Opfer nicht seine Gedanken lesen konnte. Während der nächsten vier Monate, in denen sie miteinander zu tun hatten, hatte Margarethe, die sich ansonsten lautstark und ausführlich über alles mögliche beschwerte, keinerlei Grund, über seine Haltung zu klagen, ja sie scheint sogar sehr viel Ehrfurcht vor ihm gehabt zu haben – was vielleicht kaum verwunderlich ist, denn schließlich lag ihr Leben in seiner Hand.

Georges Ladoux' Entscheidung, Margarethe verhaften zu lassen, markierte das Ende seines direkten Kontakts mit ihr. Er stopfte alle Informationen, die er über ihre Aktivitäten gesammelt hatte, in eine Akte und sandte sie mit einem Begleitschreiben an Bouchardon. Nun war es dessen Aufgabe, das von Ladoux zusammengetragene Beweismaterial zu sichten und aufgrund dieser Unterlagen sowie seiner eigenen Nachforschungen zu entscheiden, ob Margarethe vor Gericht gestellt werden sollte.

Mit der Verhaftung hatten sich Margarethes schlimmste Befürchtungen bestätigt. Völlig sprachlos und ohne Widerspruch ließ sie sich von dem Polizeichef Priolet zum Palais de Justice geleiten, doch als Bouchardon sie nach Namen, Adresse und Geburtsdatum fragte, zwang sie sich zum Sprechen. »Mit der hochmütigen Stimme einer wichtigen Persönlichkeit, der man ungehöriger- und unnötigerweise Umstände bereitet hat, erklärte sie, wer sie sei, und wollte dann wieder gehen.« Bouchardon ließ sie genauso mitleidsvoll, wie ein kleiner Junge einen gefangenen Käfer beobachtet, der unter seiner Schuhsohle in die vermeintliche Freiheit zu flitzen versucht, bis zur Tür gehen. »Doch sie war nicht mehr in Freiheit. Vor ihr lag schon das Treppenhaus, das zu den Zellen führte.« Er rief sie zurück. Als er ihr eröffnete, sie dürfe keineswegs wieder gehen, sondern werde ins Gefängnis geschafft und eingesperrt, »starrte sie mich entsetzt an, stumm vor Angst und mit glasigen Augen, während einige Strähnen des gefärbten Haares zitternd gegen ihre Schläfen schlugen«.

Bouchardon sollte jedoch bald feststellen, daß sich dieser Käfer nicht so leicht zerquetschen ließ. Die Nacht in einer Gummizelle des Gefängnisses von St Lazare zwang Margarethe endlich, ihre Situation realistisch zu sehen. In solch einer Umgebung hatte es keinen Sinn mehr, sich etwas vorzumachen; einen Teil der Schuld für dieses gräßliche Schlamassel hatte sie sich selbst anzulasten. Doch jetzt wußte sie zumindest, was ihr bevorstand, und wenigstens waren die Wochen ängstlichen, nervösen Wartens vorüber. Nun war ihr klar, was die Spitzel getrieben hatten, und sie begriff, warum Ladoux es abgelehnt hatte, sie zu empfangen. Obwohl sie die Finessen von Ladoux' Tricks noch immer nicht durchschaute, bemerkte sie doch, daß sie in einer Falle saß.

Am selben Tag wurde eine an Margarethe adressierte Postkarte im Hotel Elysée-Palast abgegeben. Sie lautete: »*Ma chère petite* Marina, in einigen Tagen werde ich in ein Krankenhaus evakuiert, doch man hat mir noch nicht mitgeteilt, in welches. Ich werde Dich benachrichtigen. *Je t'embrasse*. Vadime.« Zusammen mit all ihren anderen Sachen ließ man auch diese Karte im Hotel abholen und in Ladoux' Büro schaffen. Margarethe aber hat die Karte nie erhalten.

Als Bouchardon Margarethe am nächsten Morgen in sein Büro rufen ließ, war selbst der Richter von ihrer Verwandlung beeindruckt: Keine Spur mehr von dem demütigen, zitternden Geschöpf, das am Abend vorher in eine Zelle abgeführt worden war. Statt dessen erblickte er nun eine gefaßte und respektvolle Frau mit klaren Augen, die ruhig auf dem ihr angebotenen Stuhl saß und seine Fragen höflich, aber entschieden beantwortete. Margarethe hatte sich zusammengerissen, sich einen Schlachtplan zurechtgelegt und sollte sich auch bis zum bitteren Ende an ihn halten, durch dick und dünn und trotz aller Tricks, die sich Bouchardon gegen sie ausdachte.

Die mit Nachdenken verbrachte Nacht hatte Margarethe zu der Erkenntnis geführt, daß ihr Flirt zuerst mit Kramer und dem deutschen Geheimdienst, anschließend dann mit Ladoux und dem Deuxième Bureau töricht gewesen war –

241

um es milde auszudrücken. Doch obwohl sie inzwischen von ganzem Herzen bedauerte, beiden je über den Weg gelaufen zu sein, wußte sie, wie sie es auch von von Kalle gewußt hatte, daß sie für Kramer nicht von geringstem Nutzen gewesen war. Deshalb konnte sie die Hand aufs Herz legen – was sie auch tat – und schwören: »Ich bin nicht schuldig. Ich habe noch nie etwas mit Spionage zu tun gehabt. Ich bin keine deutsche Spionin.«

Bouchardon seinerseits war von seiner Objektivität genauso überzeugt wie Margarethe von ihrer Unschuld. »Selbst wenn es mir als Franzosen manchmal schwerfällt, meine Gefühle vor den der Spionage Angeklagten zu verschleiern, habe ich doch nie vergessen, daß ich als Richter jeden, was immer er auch getan haben mag, dieselbe Unvoreingenommenheit schulde.« Doch wie Margarethes Unschuld Spuren der Schuld in sich barg, so barg auch Bouchardons Objektivität Spuren des Vorurteils in sich. Auch er war nicht gegen die damals grassierende Epidemie der Ausländerfeindlichkeit gefeit und trotz seiner zahllosen gegenteiligen Beteuerungen sogleich von Margarethes Schuld überzeugt. »Sie war die geborene Spionin. Sie besaß alle notwendigen Eigenschaften dafür: katzenhaft, geschmeidig und falsch, daran gewöhnt, sich auf Kosten aller möglichen Leute zu amüsieren, skrupellos, sie lockte die Männer mit ihrem Körper, verschlang ihr Vermögen und brach ihnen dann das Herz.«

Während sich Bouchardon und Margarethe unterhielten, wurde eine weitere Postkarte im Hotel Elysée-Palast abgegeben. »*Ma chère* Marina. Ich befinde mich im Krankenhaus zu Epernay und warte auf meine Halsoperation. Solltest Du nach Epernay kommen können, dann versuch es doch; es gibt hier ein gutes Hotel, wo Du wohnen kannst. Schick mir Deine Antwort per Telegramm. *Je t'embrasse.* Vadime.« Ladoux' Agent holte auch diese Karte, genau wie die erste, ab und brachte sie zum Boulevard St Germain.

Im Gegensatz zu vielen, die auch Zeuge waren, wie Margarethe egozentrisch über die Gefühle anderer Leute hinwegstürmte, war Bouchardon überzeugt, daß sie Vadime wirklich liebte.

In ihrem ganzen Leben wurde sie vielleicht ein einziges Mal von echter Leidenschaft ergriffen. Mit vierzig Jahren war sie zur Geliebten eines vierundzwanzigjährigen [sic] Russen geworden, des Hauptmanns Wardine de Massloff [sic], der, wie sie behauptete, wie ein Löwe kämpfte und dessen ganzer Körper mit Kriegsnarben übersät war. Spielte sie auch mit ihm nur oder war sie zum ersten Mal wirklich verliebt? Ich neige zu der Überzeugung, daß sie es tatsächlich ernst meinte. Einer ihrer ersten Wünsche war, etwas über ihn zu erfahren.

Mit Tränen in den Augen bat sie Bouchardon, doch herauszufinden, wo Vadime sei.

Ich mache mir solche Sorgen. Ständig verfolgt mich die Angst, er liege im Krankenhaus im Sterben, ohne daß ich an seiner Seite bin. Gestatten Sie mir wenigstens, ihm kurz zu schreiben, damit er weiß, wie es mir ergangen ist. Ich möchte nicht, daß er glaubt, ich hätte ihn verlassen. Er könnte vielleicht annehmen, ich sei aus Paris abgereist, ohne mich mit ihm in Verbindung zu setzen, und er verdient es nicht, meinetwegen leiden zu müssen.

Bouchardon hatte nicht vor, ihrem Wunsch stattzugeben; zumindest nicht sofort. Aber er notierte sich Vadimes Namen und Regiment für die Zukunft; sollte Margarethe sich einer Kooperation widersetzen, könnte dieser Mann als wertvolles Druckmittel dienen. Durch ihr Flehen gewann Bouchardon die Oberhand. Fest entschlossen, diesen Vorteil nicht wieder aus der Hand zu geben, ergriff er Ladoux' Akte, bedeutete ihr zu schweigen und ließ sie dann zappeln, während er sich den Begleitbrief noch einmal durchlas.

Im Anschluß an die Verhaftung von Mata Hari gestatte ich mir, Ihnen die Gründe darzulegen, weshalb sich das *Etat-Majeur de l'Armée* überhaupt für Mata Hari interessierte. Ende 1915 berichtete ein Informant dem Cinquième Bureau, MacLeod erschiene ihm verdächtig, weil sie zu zahlreichen Amtspersonen, die sie sich wahllos aus allen Ständen, Altersgruppen und Nationalitäten aussuche, Beziehungen unterhalte.

Das *Etat-Majeur de l'Armée* teilte den Sicherheitsbehörden mit, MacLeod sei am oder um den 10. Januar über Spanien nach Holland abgereist, bevor die Nachforschungen abgeschlossen werden konnten; während ihres Aufenthaltes in der Hauptstadt sei sie jedoch mit einem höchstverdächtigen Rumänen namens Koanda sehr eng befreundet gewesen, der wegen Betrugs vorbestraft war und dann wegen seiner gegen das Nationalwohl gerichteten Aktivitäten ausgewiesen wurde.

Ende Juni 1916 signalisierten die spanischen Behörden, daß Mata Hari nach Frankreich zurückkehre. Aufgrund dieser Warnung entschlossen sich die Sicherheitsbehörden und die Polizeipräfektur, eine Überwachung vorzunehmen, die dann bis Ende August andauerte. Diese Überwachung ergab zahlreiche Hinweise auf eine indiskrete Neugier seitens Mata Hari, lieferte aber keinen Beweis dafür, daß sie für den deutschen Geheimdienst arbeitete. Um ihr Vertrauen zu gewinnen, war es erforderlich, sie scheinbar um eine Zusammenarbeit mit den Franzosen zu bitten. Ihre Gespräche mit mir dienten dazu, ihr die Angst zu nehmen. Wir hatten zwar Verdachtsmomente, daß Zelle in den Diensten der Deutschen stand, doch wir mußten das noch beweisen und es deshalb so arrangieren, daß sie sich einige Zeit in Spanien aufhielt. Dies gelang schließlich, als die Briten Mata Hari die Einreise verweigerten und sie daher nach Spanien zurückkehren mußte, wo sie sich dem deutschen Militärattaché zur Verfügung stellte. Das überzeugte uns von ihrer Schuld, und wir verhafteten sie einige Tage nach ihrer Rückkehr nach Frankreich.

Als Bouchardon den Brief noch einmal las, während die Betroffene seinem Schreibtisch gegenübersaß und ihm dabei zusah, schien dieser Brief noch weniger an Beweismaterial zu enthalten als beim ersten Lesen, denn Ladoux hatte es vorgezogen, seinen Trumpf nicht zu erwähnen: von Kalles abgefangene Funksprüche an Berlin. Selbst in seinen zwanzig Jahre später geschriebenen Memoiren gibt Ladoux keine Erklärung dafür, warum er diesen scheinbar unwiderlegbaren Beweis für Margarethes Schuld zurückhielt. Die einzig mögliche Schlußfolgerung lautet, daß zwischem dem Empfang der Funksprüche Anfang Januar und

Margarethes Verhaftung Mitte Februar irgend etwas geschehen ist, was ihn an der Echtheit des Materials zweifeln ließ. Vielleicht dämmerte es ihm endlich, daß die Funksprüche zu eindeutig waren, um echt sein zu können; möglicherweise hatte er auch davon Kenntnis erhalten, daß zu dem Zeitpunkt, als von Kalle seine Funksprüche an Berlin abschickte, die Deutschen bereits davon erfahren hatten, daß die Alliierten den von ihnen benutzten Code gebrochen hatten.

Welche Gründe Ladoux auch gehabt haben mag, er hoffte offensichtlich, daß seine Überzeugungskraft, dazu die Indizienbeweise aus den Observierungsberichten und schließlich die Tatsache, daß die Briten Margarethe schon länger als ein Jahr verdächtigten, ausreichen würden, um sie zu verurteilen.

Bouchardon mag Zweifel gehabt haben, ob der Inhalt von Ledoux' Akte beweiskräftig genug war, um damit einen Prozeß führen zu können, trotzdem aber war er zufrieden, daß ihm diese Akte einen guten Grund lieferte, um Margarethe in Haft zu halten. Wo sie nun einmal sicher hinter Schloß und Riegel saß, drängte es ihn nicht, sie vor Gericht zu stellen. Er würde ihre angeblichen Aktivitäten selbst untersuchen; und sollte er keinen schlüssigen Beweis für ihre Schuld finden können, bestand die Möglichkeit, daß die Angeklagte unter dem Druck und des Verhörs überlistet werden konnte, sich zu verraten.

Um diesen Druck sogleich auf Margarethe wirken zu lassen, gab Bouchardon Anweisung, sie in ihre Zelle zurückzubringen, ohne daß er noch ein einziges Wort mit ihr wechselte. Margarethe war wütend; sie hatte sich alles so schön zurechtgelegt, die Beteuerung ihrer Unschuld, ihr bezauberndes Lächeln und ihre Appelle an Bouchardons Gutmütigkeit, und er hatte sie nicht einmal zu Wort kommen lassen. Na schön. Sie würde ihm zeigen, daß man sie nicht so einfach übergehen konnte.

Sobald sie wieder in ihrer Zelle saß, fing sie an, sich zu beschweren: ihre Zelle sei so dunkel und habe keine richti-

ge Entlüftung, sie selbst sei krank und leide an Klaustro-
phobie, sie friere, habe einen fiebrigen Husten und spucke
Blut und – immer und immer wieder – sie wolle ihren Anwalt sehen. Ihre Klagen wurden Bouchardon ausgerichtet.
Er war zwar noch nicht soweit, Clunet einen Besuch seiner
Klientin zu gestatten, aber er ließ Margarethe vom Gefäng-
nisarzt untersuchen, »der über ihren Gesundheitszustand
berichten und entscheiden sollte, ob es nötig sei, sie in
eine andere Zelle zu verlegen«.

Am 15. Februar übergab der Empfangschef des Hotels Elysée-Palast dem Agenten Ladoux' einen an Margarethe
adressierten Brief.

Querida Marguerita, Du kannst Dir nicht vorstellen, wie schrecklich dieses Krankenhaus ist. Ich wünschte mir nichts sehnlicher,
als daß Du bei mir wärest und ich Dir liebe Worte ins Ohr flüstern
könnte. Doch ach, die Entfernung zwischen uns beiden erlaubt
uns nur, davon zu träumen. Du erscheinst mir in meinen Träumen, und manchmal ist der Eindruck so intensiv, daß ich vergess-
se, es ist nur ein Traum. Ich liebe Dich. Das Foto von Dir, das ich
an mein Herz drücke, ist mir ständig ein Trost. Ich grüße Dich lieb
und wünsche mir sehnlichst, Deinen wundervollen Körper mit
wilden Küssen zu bedecken. Dein Vadime.

Am 16. Februar erhielt Bouchardon den Bericht des Arztes
über Margarethe.

Margarethe Zelle ist 40 Jahre alt, groß, gut gebaut und, wie es
scheint, kräftig. Ihre Gummizelle ist geräumig, doch ihre Ventila-
tion erfolgt nur durch ein kleines, rundes und vergittertes Fenster
von etwa 25 Zentimetern Durchmesser.
Unsere Untersuchung hat ergeben, daß die Angeklagte kein Fieber
hat und auch ihre Zunge nicht belegt ist. Sie ist leicht erregbar und
nervös, doch beim Abhorchen der Brust zeigten sich keine Unre-
gelmäßigkeiten, und ihr Herz ist ebenfalls gleichfalls gesund.
ERGEBNIS: Die Angeklagte leidet weder unter einer organischen
Infektion noch unter Fieber. Ihr Gesundheitszustand ist gut, doch
aus humanitären Gründen empfiehlt sich eine Verlegung in eine
hellere und besser belüftete Zelle.

Am 17. Februar wurde Margarethe tatsächlich in eine bessere Zelle verlegt; wieder einmal hatte Bouchardon ihr den Wind aus den Segeln genommen. Falls er jedoch glaubte, sie so leicht ruhig stellen zu können, hatte er sich sehr getäuscht. Von nun an wurde sein Büro im Palais de Justice mit Briefen aus dem Gefängnis von Saint Denis, einer Pariser Vorstadt, bombardiert. Margarethe beschwerte sich über alles, was man sich nur denken kann: Sie friere immer noch, sie habe nicht genug Decken, ihr Bett sei zu hart, und es wimmele darin so stark von Ungeziefer, daß sie nicht in ihm zu schlafen wage; das Essen sei kalt und reiche nicht, sie werde immer dünner, das Brot scheine jeden Tag weniger zu werden und sei so schmutzig, »daß selbst ein Hund das Fressen verweigern würde«; sie selbst sei verdreckt, die Zustände seien entsetzlich, sie dürfe sich nicht richtig waschen, es gäbe kein Bad, sie habe keine Seife, und man genehmige ihr nicht einmal eine Haarbürste, mit der sie sich ordentlich kämmen könne.

Bouchardons Geduld war jedoch grenzenlos. Er ließ ihre eher lächerlichen Forderungen außer acht und verwies sie darauf, sie könne sich, da sie über Geld verfüge, solche unerläßlichen Dinge wie eine Haarbürste, zusätzliche Decken und Lebensmittel selbst beschaffen. Statt sich zu beschweren, solle sie sich, so riet er ihr, lieber glücklich schätzen. Jedenfalls brauche sie nicht, wie andere Häftlinge, die weniger gut dran seien, tagtäglich mehrere Stunden in der Gefängniswerkstatt zu arbeiten, um sich diese kleinen Annehmlichkeiten erst zu verdienen. Bouchardons gönnerhafte Art ließ Margarethe vor Wut mit den Zähnen knirschen.

Inzwischen war der arme kleine Clunet ganz außer sich. Seit dem Augenblick ihrer Verhaftung hatte er Bouchardons Büro belagert, jeden Angestellten bedrängt, der ihm über den Weg lief, sich dem Richter jedes Mal an die Fersen geheftet, wenn dieser sein Zimmer verließ, und ihn darum gebeten, Margarethe besuchen zu dürfen. Bouchardon ließ ihn ungeduldig abblitzen; der Anwalt dürfe seine

Klientin sprechen, wenn er, Bouchardon, seine Einwilligung dazu gebe, jedoch keine Sekunde vorher.

Clunet spuckte vor Empörung Gift und Galle, eilte in seine Kanzlei zurück und war am nächsten Tag schon wieder da, unter dem Gewicht eines riesigen Gesetzesbandes schwankend, den er Bouchardon kampfeslustig unter die Nase hielt. Der Richter habe kein Recht, ihm den Zugang zu seiner Klientin zu verweigern; laut Militärrecht hätten alle Häftlinge während des Verhörs Anspruch auf Anwesenheit eines Anwaltes, hier stünde es schwarz auf weiß. Bouchardon seufzte angesichts der Hartnäckigkeit des alten Herrn und stimmte zu, daß Clunet beim nächsten Verhör zugegen sein dürfe. Am folgenden Tag, dem 18. Februar, ließ Bouchardon Margarethe morgens noch einmal in sein Büro rufen.

In der Zwischenzeit hatte sich jedoch der Richter mit der Materie vertraut gemacht. Später rechtfertigte er sich vor dem Militärgouverneur von Paris, bei dem Clunet protestierte, weil man ihm den Umgang mit seiner Klientin verwehrte:

Maître Clunet ist ein alter naiver Verehrer der Tänzerin Mata Hari. Er verteidigt seine Klientin mit der Leidenschaft eines Konvertiten und bringt ihr eine mir kaum erklärbare Gefühlsintensität entgegen. Loyalität und Patriotismus des Advokaten sind mit Sicherheit über jeden Verdacht erhaben; allerdings läßt ihn die starke Zuneigung zu seiner Klientin kein Verständnis für den Ernst der Affäre haben. Viele der im Zusammenhang mit Mata Hari erörterten Angelegenheiten betreffen streng geheime, äußerst vertrauliche Dokumente. Trotz allen guten Willens konnte Maître keineswegs *garder la réserve que j'impose;* er schaffte es nicht, die notwendige Diskretion zu wahren, und deshalb werde ich mich an den Buchstaben des Gesetzes halten. Da aber heißt es nur, daß Anwälte beim ersten und letzten Verhör ihrer Klienten anwesend sein müssen.

Bouchardon war zufrieden, für sein Handeln eine gesetzliche Rechtfertigung gefunden zu haben, und gestattete Edouard Clunet, Margarethe zur ersten Unterredung zu begleiten; dann aber ging er dazu über, das Verhör abzukürzen, beschränkte seine Fragen auf ein Minimum und ließ Margarethe nach St Lazare zurückbringen, ehe sie überhaupt eine Möglichkeit gehabt hatte, den Fall aus ihrer Sicht zu schildern. Er war sich sehr wohl darüber im klaren, daß sich die Chancen, Margarethe könne sich selbst belasten, erheblich verringerten, wenn Clunet neben ihr saß und wachsam seine – Bouchardons – Fragen und ihre Antworten verfolgte. Dadurch daß er Clunet zu einem Verhör zuließ, hatte er dem Gesetz Genüge getan; wenn er von nun an auf Clunets Anwesenheit verzichtete, überschritt er damit in keiner Weise seine Befugnisse.

Obwohl man ihm keinen direkten Umgang mehr mit seiner Klientin gestattete, stürzte sich der kleine Maître Clunet tatkräftig und hingebungsvoll in Margarethes Verteidigung. Nun ergoß sich ein zweiter Strom von Briefen, deren Handschrift so exakt war, daß sie einem Dickensschen Schreiber zur Ehre gereicht hätte, in Bouchardons Büro. Zweimal die Woche, und das vier Monate lang, richtete Clunet von Herzen kommende Appelle an Bouchardons Menschlichkeit und bat ihn inständig, er möge einer Frau, die durch ihre Bemühungen für Ladoux Frankreich einen so großen Dienst erwiesen habe, nicht noch weiteres Leid zufügen. Er flehte den Capitaine Rapporteur an, es so zu regeln, daß Margarethe auf Kaution freigelassen wurde, doch jeder dieser Briefe hatte ein höfliches, aber entschiedenes ›Nein‹ zur Antwort.

In der auf das Verhör folgenden Woche war Margarethe sich völlig selbst überlassen; weder Clunet noch sonst jemand durfte sie besuchen, und auch Bouchardon nahm keine Verbindung zu ihr auf. Mit der Begründung, ihr Verbrechen sei so abscheulich, daß es das normale Verfahren übersteige, untersagte er ihr sogar, sich an die holländische Gesandtschaft in Paris zu wenden. Er hatte eine von Inspektor Carnier geleitete polizeiliche Untersuchungskommission damit beauftragt, bezüglich Margarethes Aktivitäten in der Vergangenheit zu ermitteln, und erwartete

nun deren Bericht. Er nahm sich noch immer Zeit. Zwar
könnte Margarethe dank dieser Verzögerung ihre Verteidigung vielleicht vervollkommnen, aber Bouchardon vertraute auf den entgegengesetzten Effekt: Je länger er sie
zappeln ließ, bevor er ihr eine Gelegenheit gab, das Verhalten, das zu ihrer Verhaftung geführt hatte, zu erklären,
zu entschuldigen oder zu rechtfertigen, um so unwahrscheinlicher würde es sein, daß sie eine in sich schlüssige
Geschichte vorweisen konnte. Aus Erfahrung wußte er,
daß Warten schlecht für die Nerven ist, besonders, wenn
bereits eine lang anhaltende Isolierung an diesen Nerven
gezerrt hat.

Am 20. Februar kam im Hotel Elysée-Palast eine letzte
Postkarte an. »*Ma chère* Marina, ich bin sehr verwundert
über Dein Schweigen. Was hat es zu bedeuten? Ich befinde
mich noch immer im Krankenhaus und warte voller Ungeduld auf eine Nachricht von Dir. Wahrscheinlich werde ich
bald von hier verlegt. Viele Küsse von Deinem Vadime,
der Dich wahnsinnig liebt.«
   Vadime sollte jedoch vergeblich auf eine Antwort warten. Ladoux legte seine besorgten, liebevollen Nachrichten
fein säuberlich in einer amtlichen Akte ab, wo sie sich seitdem befinden. In all den Jahren haben viele neugierige Augen sie gelesen, doch die einzige Person, für deren Augen
sie bestimmt waren, sollte nie davon erfahren, daß Vadime
diese Karten einmal schrieb.

Schließlich erhielt Bouchardon Carniers Bericht. Der Inspektor hatte sein Möglichstes getan. Der Bericht enthielt
Einzelheiten wie Margarethes Geburtsdatum und -ort, ihre
Heirat und Scheidung oder auch ihre erste Reise nach Paris; des weiteren Listen ihrer verschiedenen Adressen in
Paris, ihrer beruflichen Auftritte als Tänzerin und der Namen ihrer erlauchteren Geliebten. Auch von ihrer Extravaganz war da die Rede und vom Ausmaß ihrer Schulden;
dann fanden sich noch Details ihrer Reisen nach Berlin,

Wien, Holland, Vittel und Spanien. Es gab jedoch nicht den geringsten Beweis dafür, daß sie je eine deutsche Spionin gewesen war.

Bouchardon fand sich damit ab, noch weitere Nachforschungen anstellen zu müssen; zuerst einmal mußten ihre Geliebten verhört werden.

Mir bot sich da eine ganz schöne Auswahl. Außer den im Bericht Aufgeführten gab es noch viele andere, deren Visitenkarten Mata Hari überall in ihrem Hotelzimmer hatte herumliegen lassen. Doch als ich jene, die ich ausfindig machen konnte, vorladen ließ, präsentierte sich mir eine Reihe verlegener Herren, die größtenteils verheiratet waren und mich alle baten, ihre Identität geheimzuhalten, denn sie wollten nicht, daß ihre Abenteuer öffentlich bekannt würden.

Sie hätten zwar nichts dagegen einzuwenden gehabt, mit der Tänzerin Mata Hari in Verbindung gebracht zu werden, wollten aber nicht gerne, daß ihr Name im Zusammenhang mit der Spionin Mata Hari genannt wurde. Mit hochrotem Kopf bestritt ein Geliebter nach dem anderen, daß Margarethe ihnen jemals Anlaß gegeben hätte, ihre Loyalität gegenüber Frankreich in Zweifel zu ziehen. Nein, nein, so versicherten ihm alle, Margarethe habe nie versucht, die Rede auf den Krieg zu bringen, und Margarethe habe sie auch nie nach militärischen, diplomatischen oder politischen Angelegenheiten ausgefragt. Es täte ihnen sehr leid, aber anscheinend könnten sie Monsieur le Capitaine bei seinen Ermittlungen nicht weiterhelfen.

Als nächstes trat er mit jeder Bank in Paris in Verbindung, um Geheimkonten aufzuspüren, auf denen sie vielleicht ihren unrechtmäßigen Gewinn versteckt hielt. Bank auf Bank antwortete ihm dasselbe; nein, es existiere kein Nachweis über ein Konto auf den Namen Zelle oder MacLeod. Bedauerlicherweise könnten sie dem Troisième Conseil de Guerre nicht weiter behilflich sein.

Vielversprechender verlief dagegen das Verhör einer Reihe von Zimmermädchen, Schneiderinnen und Verkäuferinnen, mit denen, wie Bouchardon wußte, Margarethe in Berührung gekommen war. Die *femme de chambre* im Hotel Elysée-Palast wollte einen Eid darauf ablegen, daß »die Dame die Engländer abgrundtief haßte«. Ein einst bei Margarethe beschäftigtes Dienstmädchen erinnerte sich daran, wie »sie sich des öfteren verächtlich über die Belgier geäußert hatte und es ganz lustig zu finden schien, daß 200 000 Leute in Verdun gefallen waren«. Eine Schneiderin, die für Margarethe mehrere Kleider angefertigt hatte, gab eine dramatische Geschichte zu Protokoll: »Madame Zelle wußte, daß mein Mann als Kriegsgefangener in Deutschland war, und bot mir ihre Hilfe an, damit ich an einen falschen Paß kommen und meinen Mann dort besuchen konnte. Ich erklärte Madame Zelle, ich wüßte, sie sei eine deutsche Spionin, woraufhin sie sich zu voller Größe aufrichtete und mir damit drohte, mich umbringen zu lassen, falls ich das je wiederholen sollte.«

Bouchardon war sich jedoch darüber im klaren, daß keine einzige dieser Geschichten vor Gericht Bestand haben würde. Sobald Margarethe verhaftet worden war, hatten sich die Gerüchte in Windeseile über ganz Paris verbreitet. Da keine offiziellen Stellungnahmen zu den gegen Margarethe vorgebrachten Anklagepunkten erfolgten, wurden die Gerüchte beim Weitererzählen immer absurder und übertriebener. Die Presse erhielt davon Kenntnis, daß Margarethe Bouchardon gebeten hatte, ein Bad nehmen zu dürfen; innerhalb weniger Stunden schrie ganz Paris vor Entsetzen auf, weil »diese lasterhafte Frau darauf bestand, sich verschwenderisch in Milch zu baden, während für die Kinder von Paris kein Tropfen frische Milch aufzutreiben war«. Wer die berüchtigte Tänzerin jemals zu Gesicht bekommen hatte – jene ausgenommen, die mit Margarethe gut bekannt gewesen waren –, wollte beschwören, er hätte es schon die ganze Zeit gewußt, daß Mata Hari eine Verräterin sei. Bouchardon brauchte etwas Hieb- und Stichfesteres als den aufgeregten Klatsch von Dienstboten.

Nachdem Bouchardon mit seinen Nachforschungen keinen Erfolg gehabt hatte, ließ er Margarethe am 21. Februar aus ihrer Zelle zu sich bringen. Nach einer Woche Isolationshaft in einem eiskalten Gefängnis würde vielleicht die ungewohnte Wärme in seinem winzigen Büro ihre Zunge lockern und sie in Sorglosigkeit wiegen. Zuerst fragte er sie nach ihrer Familie und nach ihrer Ehe.

Sie sprach Französisch, und wenn auch ihre Grammatik manchmal etwas zu wünschen übrig ließ, so schaffte sie es doch immer wieder, mit bildhaften Wendungen das auszudrücken, was sie sagen wollte. Sie bediente sich einer vornehmen sowie äußerst schicklichen Sprache und gebrauchte nie ein unanständiges Wort. Sie erzählte mir von den ernsten und dramatischen Vorgängen, die sich in Niederländisch-Indien abgespielt hatten; wie ihr erstes Kind, ein Junge, vergiftet worden war, wie man ihr Haus niedergebrannt hatte und wie sich ihr Mann als Teufel in Menschengestalt entpuppt hatte. Sie redete über ihre Scheidung, und ich hatte den Eindruck, daß all das Leid, das sie von ihrem Mann hatte ertragen müssen, in ihr das glühende Verlangen geweckt hatte, sich an allen Männern zu rächen.

Bouchardon ließ die Anfänge ihrer Pariser Karriere Revue passieren, fragte sie nach der Zeit, als sie der Star des *Folies Bergères* gewesen war, und ermunterte sie, ihm doch etwas über ihre vielen Geliebten zu erzählen. Er hörte ihr geduldig zu, als sie sich in Erinnerungen an ihre Triumphe und Reisen erging; und dann kam er zur Sache. Er bat sie, ihm doch zu erklären, warum sie bei Kriegsausbruch gerade in Berlin gewesen sei, noch dazu in Begleitung keiner geringeren Person als der des Kommissars Griebel von der deutschen Polizei. Margarethe war ganz verdutzt und gab sich völlig unschuldig. »Ich habe mit ihm im Februar oder März 1914 ein Verhältnis angefangen, als ich mir noch gar nicht sicher war, daß ein Krieg ausbrechen würde. Ich bin eine international bekannte Frau, und als Tänzerin und Künstlerin ist es nur allzu natürlich, daß man Verhältnisse hat. Er war mein Geliebter. Aber ich schwöre Ihnen, ich habe ihn seitdem nie wieder gesehen.«

Bouchardon fragte sie dann nach Madrid; warum sei sie dorthin gereist? »Ich habe für Hauptmann Ladoux gearbeitet. Ich habe seit September 1916 in seinen Diensten bzw. in den Diensten Frankreichs gestanden. Ich bin nur durch Zufall in Madrid gewesen, denn ich wurde nach meiner Verhaftung in England dorthin zurückgeschickt.«

Bouchardon waren zwar die Funksprüche noch nicht bekannt, aber er wußte über Margarethes Verbindung zu von Kalle Bescheid. Wie habe sie es geschafft, so schnell zu dem deutschen Militärattaché Kontakt zu bekommen, wenn sie nicht für die Deutschen arbeitete?

Ich schwöre Ihnen, ich kannte von Kalle nicht. Seine Adresse war mir nicht bekannt, und seinen Namen entdeckte ich im Diplomatischen Buch im Hotel Ritz. Was den Kontakt zu ihm betrifft – nun, nach meinem Aufenthalt in England wollte ich mein Versprechen gegenüber Hauptmann Ladoux halten und ihm einen Beweis liefern, damit ich dann ernsthaftere Aufträge erhielt, für die ich gut bezahlt werden würde. Es ist doch klar, daß es keinen Sinn haben würde, mich an einen Portier oder an einen Maître d'Hotel heranzumachen. Ich mußte mich den interessantesten Leuten vorstellen, die ich finden konnte, damit ich mit Sicherheit etwas Nützliches erfahren konnte.

Bouchardon mochte argumentieren, wie er wollte, daß zum Beispiel diese Kontaktleute verdächtig seien, daß sie ganz offensichtlich lüge und daß den Franzosen bekannt sei, sie arbeite für die Deutschen – Margarethe hielt an ihrer Geschichte fest. Bouchardon erfuhr bei diesem Verhör nichts und ließ Margarethe in ihre Zelle zurückbringen.

Das Verhör zog sich mit Unterbrechungen fast über zwei Monate hin. Bouchardon fragte sie immer wieder nach denselben Dingen, nach Berlin, nach Kiepert und nach Griebel. Ihre Antworten waren immer gleich: »Das waren meine Geliebte; das Geld, das sie mir gaben, war mein Honorar; ich bin eine international bekannte Frau; natürlich habe ich Reisen unternommen.« Er fragte sie nach von Kalle; ihre Geschichte war immer dieselbe. »Ich habe für Hauptmann Ladoux gearbeitet. Ich habe ihm mein Wort gegeben, und ich habe ihn auch nicht verraten. Als Beweis für meine Aufrichtigkeit habe ich ihm aus Madrid wertvolle Informationen geschickt. Diese Informationen waren alle korrekt; dafür verdient man eigentlich Dankbarkeit und nicht Haft. Warum fragen Sie nicht Hauptmann Ladoux? Er wird Ihnen das bestätigen.« Der frustrierte Richter stürzte sich auf jede Ungereimtheit in ihrer Geschichte, und die wies etliche Widersprüche hinsichtlich der erwähnten Namen, Zeitpunkte, Orte usw. auf. Margarethe war darüber nicht im geringsten ungehalten, sondern tat alles mit einem Achselzucken ab und erklärte, ihr Gedächtnis sei nie besonders gut gewesen.

Bouchardon kam nicht weiter. Er brauchte einen eindeutigen Beweis, hatte aber immer noch keinen. Weder in den Gesprächen noch in einem ihrer Briefe war Margarethe auch nur irgendwie in Gefahr gekommen, sich zu verraten. Bouchardon hatte ihren Briefwechsel mit Clunet überprüfen lassen und ihre anderen Briefe – die an ihr Dienstmädchen Anna Lintjens in Holland – beschlagnahmt. Keiner davon enthielt auch nur ein belastendes Wort.

Ende März schrieb Margarethe jedoch einen Brief, der sich nicht so leicht zurückhalten ließ; er war nämlich an den Chevalier de Stuers in der holländischen Gesandtschaft in Paris gerichtet. Um sich des Beistandes von Margarethes Landsleuten zu versichern, hatte Clunet den Chevalier aufgesucht und ihm berichtet, daß sie gefangengehalten werde, keinen Besuch empfangen dürfe und daß auch ihre zahlreichen Bitten, gegen Kaution freigelassen zu werden, abschlägig beschieden worden seien. Die Holländer sind zwar nie darauf stolz gewesen – und sind es auch heute noch nicht –, daß Mata Hari eine der Ihren ist, doch der Chevalier hörte sich Clunets Geschichte an und versprach ihm, die Sache in Margarethes Namen zu prüfen. Diese hatte auf Drängen ihres Anwalts ein eigenes Bittschreiben beigefügt.

Bouchardon war sehr versucht, auch diesen Brief zu beschlagnahmen, doch Clunet hatte gegenüber dem Richter ausdrücklich betont, daß er die holländische Gesandtschaft über Margarethes Verhaftung und ihre noch andauernde

Haft informiert habe. Unter diesen Umständen brauche Bouchardon die Zustimmung einer höheren Instanz, wenn er Margarethe auch weiterhin das Recht vorenthalten wollte, an einen Vertreter ihrer eigenen Regierung ein Hilfegesuch zu richten. Die Ironie des Schicksals wollte es, daß dieses Bittschreiben bei Margarethes altem Freund Jules Cambon landete. Als Außenminister entschied er letztlich in allen Angelegenheiten, die Frankreichs internationale Beziehungen betreffen konnten; aber als Außenminister brachte er sich ganz offensichtlich in eine prekäre Lage, wenn er sich für jemanden einsetzte, der der Spionage für die Deutschen verdächtig war. Er konnte Margarethe nur insofern helfen, als er Bouchardon empfahl, ihren Brief an de Stuers passieren und an sein Ziel gelangen zu lassen. Eine von solch hoher Warte aus gegebene Empfehlung kam einem Befehl gleich, und Bouchardon hatte keine andere Wahl, als sich zu fügen.

Allerdings konnte er alles in seiner Macht Stehende tun, um sicherzustellen, daß nicht eine ganze Schar empörter Holländer aufgrund des Briefes Margarethe zu Hilfe eilte. Deshalb fügte er ein paar Zeilen an de Stuers bei, die ihn warnen sollten, daß die gegen Madame Zelle vorgebrachte Beschuldigung der Spionage eine sehr ernste Angelegenheit sei; de Stuers wäre gut beraten, wenn er und seine Landsleute auf sichere Distanz gehen würden. Als Abschreckungsmaßnahme scheint dies tatsächlich gewirkt zu haben, denn auf Margarethes Bittschreiben erfolgte von seiten der holländischen Gesandtschaft kein offizieller Protest. Es trieb freilich auch nicht Bouchardons Ermittlungen voran; die ruhten weiterhin.

Am 10. April landete dann ein Bericht der Polizeipräfektur auf Bouchardons Schreibtisch. Es handelte sich dabei um eine Analyse verschiedener chemischer Substanzen, die man in Margarethes Sachen aus dem Hotel Elysée-Palast gefunden hatte. Das meiste davon war eindeutig: Lippenstift, Puder, Parfüm usw. Eine Substanz hatte jedoch die Aufmerksamkeit des Chemikers erregt.

Ein Fläschchen mit der Aufschrift GIFTIG, das aus einer Lösung *bylodure de mercure dans lyodure de potassium* bestand. Verdünnt man diese Mixtur mit 40 bis 50 Anteilen Wasser, entsteht eine unsichtbare Tinte allerbester Qualität, wie die beigefügte Schriftprobe eindrucksvoll bestätigt. Man kann den Besitz dieser Substanz wegen ihres therapeutischen Werts rechtfertigen; sie kann aber auch als unsichtbare Tinte verwendet werden. Ansonsten fand sich unter ihren Sachen nichts, was auch nur im entferntesten zu einem Verdacht Anlaß geben könnte.

Bouchardon jubilierte, denn nun hatte er endlich seinen Beweis. Er hatte jedoch die Worte »therapeutischer Wert« geflissentlich außer acht gelassen. Als er Margarethe dieses vernichtende Beweismaterial zeigte, erklärte sie ihm gelassen, sie habe diese Substanz von einem Chemiker in Spanien herstellen lassen. Bouchardon wollte daraufhin wissen, wofür sie so etwas brauche, und sie erwiderte ihm, ohne rot zu werden, es sei ein wirksames Mittel für empfängnisverhütende Spülungen.

In seinen Memoiren erwähnt Bouchardon Margarethes Erklärung nicht. Möglicherweise steckt hinter dieser Auslassung kein schlimmerer Grund als die Abneigung, solch ein heikles Thema anzurühren. Wahrscheinlich war er aber doch nicht zu prüde, um diese Erklärung von einem Chemiker überprüfen zu lassen; und angesichts seines nächsten Schrittes darf man durchaus annehmen, daß sich ihre Behauptung, sie habe die Lösung als empfängnisverhütendes Mittel verwendet, als glaubwürdig herausstellte, denn am 20. April teilte Bouchardon Ladoux mit: »Meine Nachforschungen sind zum Erliegen gekommen.« Er war nahe dran, aufzugeben.

Er war nicht der einzige; es schien sogar so, als sei die gesamte französische Armee nahe dran, aufzugeben. In den zwei Monaten seit Margarethes Verhaftung notierte man die größten Truppenverschiebungen an der westlichen Front seit Kriegsbeginn. Unter Ludendorffs cleverem Kommando hatten die deutschen Truppen damit begonnen, den geplanten Rückzug von der sogenannten

›Noyon-Spitze‹ anzutreten; das war jene riesige Wölbung inmitten der deutschen Linien, die an ihrer engsten Stelle nur etwa sechzig Meilen von Paris entfernt war. Als der bombastische General Nivelle zu seinem vielgepriesenen »Schlag einer gigantischen Faust« gegen den nach seinem Ermessen verwundbarsten Punkt der Frontlinie ansetzte, mußte er feststellen, daß der Feind schon weg war. Ludendorff hatte seine Soldaten längst aus der Spitze, die sie drei Jahre gehalten hatten, zurückgezogen, verfolgte nun eine Politik der verbrannten Erde und hinterließ vergiftete Brunnen, zerstörte Dörfer, völlig zertrümmerte Eisenbahnlinien und aus dem Boden gesprengte Bäume. Statt auf eine erschöpfte, in ihren Schützengräben kauernde Armee zu treffen, fanden sich Nivelles Truppen in einer Wüste wieder.

Nivelle war jedoch unbeirrt. Mit dem Ruf »*En avant, on les aura*« trieb er seine Armee hinter den zurückweichenden Deutschen her. Inzwischen hatte aber Ludendorff Zeit gehabt, entlang der Basis der Wölbung eine Reihe neuer Verteidigungspositionen auf einer direkteren, kürzeren und deshalb auch viel stärkeren Linie zu errichten. Diese Linie, die die Alliierten Hindenburglinie nannten, die Deutschen hingegen Siegfriedlinie, erstreckte sich von Arras im Nordwesten bis zur Aisne im Südosten. Der Angriff der Alliierten auf diese Linie führte nur zu einem einzigen wirklichen Erfolg, als nämlich die Kanadier Mitte April den Kamm von Vimy erobern und auch halten konnten. Nivelle, der in der zweiten Aisne-Schlacht vierundfünfzig Divisionen der französischen Armee gegen das südliche Ende der Linie in den Kampf führte, war äußerst zuversichtlich, den Durchbruch zu schaffen; und seine Zuversicht wirkte ansteckend. Von der Nachricht beflügelt, daß die Amerikaner gerade in den Krieg eingetreten waren, und getrieben von der Versicherung, daß ein Sieg an dieser Stelle den Sieg auf der ganzen Linie bedeuten würde, marschierten Nivelles Truppen in einer Hochstimmung wie seit 1914 nicht mehr in den Kampf.

Schon am allerersten Tag kam ihr Angriff zum Erliegen; die Siegfriedlinie ließ sich nicht durchbrechen. Nach dem Optimismus und den Versprechungen war die Enttäuschung zu groß, als daß die französische Armee das ertragen konnte; sie meuterte. Dem amerikanischen Historiker Hanson Baldwin zufolge war dies

... wahrscheinlich in der modernen Geschichte die größte Meuterei in einer bedeutenden Armee. Das sinnlose Blutvergießen, der endlose Kampf, nicht genug Urlaub, jämmerliche Freizeiteinrichtungen, eine zu große Kluft zwischen Offizieren und Soldaten, Streiks gegen den Krieg, Agitation und Verzweiflung im eigenen Land, deutsche Propaganda und der Virus der Russischen Revolution, all das spielte eine Rolle. Ganze Divisionen boykottierten den Dienst.

Bouchardons Bombe schlug auf Ladoux' Schreibtisch zum denkbar ungünstigsten Zeitpunkt ein. Das militärische Oberkommando, tief erschüttert durch die Nachrichten von der Aisne, stand seit Kriegsbeginn unter keinem größeren Druck als jetzt. Die Moral war noch nie so schlecht gewesen. Irgend etwas mußte noch aus den Trümmern gerettet werden, und wenn schon der militärische Erfolg außer Reichweite lag, dann mußte die Propaganda für einen Ausgleich sorgen. Man mußte die Franzosen irgendwie davon überzeugen, daß die Regierung und die Armee alles unter Kontrolle hatten; und das Deuxième Bureau hatte strikte Anweisung, seine Effizienz zu beweisen und seine Erfolge aufzuzeigen. Deshalb war dies sicherlich nicht der geeignete Moment, um die Untersuchungen gegen eine als Spionin verdächtige Person einzustellen.

Unter diesen Umständen hatte Ladoux gar keine andere Wahl, als jede ihm zur Verfügung stehende Karte auszuspielen, selbst wenn sie gezinkt war. Laut Bouchardons Erinnerung sah das so aus: »Am 21. April fügte das Kriegsministerium der Akte mit den Beschuldigungen [gegen Mata Hari] Kopien der abgefangenen Funksprüche zwischen von Kalle und Berlin bei. Mit einem Schlag wurde alles sonnenklar.«

Es war nicht Bouchardons Aufgabe, wegen des plötzlichen Auftauchens der Abschriften Fragen zu stellen. Wenn Ladoux es vorgezogen hatte, sie bis jetzt zurückzuhalten, dann würde er schon gute Gründe dafür haben. Bouchardon hatte auch keinerlei Veranlassung, an ihrer Echtheit zu zweifeln; er durfte selbstverständlich davon ausgehen, daß alles Material, das Ladoux oder das Kriegsministerium an ihn weiterleiteten, schon auf seine Echtheit überprüft worden war. Bouchardon neigte zwar ohnehin dazu, sich über alle Informationen zu freuen, die seinen eigenen Verdacht gegen Margarethe bestätigten, aber diese natürliche Neigung verstärkte sich noch aufgrund der Tatsache, daß er unter genauso großem Druck wie alle anderen stand, die Sache schon zu schaukeln.

Von nun an änderte sich der Ton der Verhöre. Da nun der Text der Funksprüche von Kalles Bouchardon den Weg wies, ließ er sich nicht mehr von seinem Kurs abbringen.

Mata Hari versuchte immer und immer wieder, sich herauszuwinden, aber ich erinnerte sie stets an die Dokumente, die sie zum Tode verurteilen würden. Sie versuchte alles mögliche: Sie schrie, sie weinte, sie lächelte, sie probierte es mit Entrüstung und dann mit wüsten Beschimpfungen; sie stampfte mit den Füßen und beschuldigte mich, eine gefühllose Bestie zu sein, die eine hilflose Frau mit gemeinen Fragen quäle. Ich habe die Angewohnheit, während der Verhöre im Zimmer auf und ab zu gehen, und das zerrte allmählich, wie man deutlich sehen konnte, an ihren Nerven.

Bis zu diesem Zeitpunkt hatte Margarethe es geschafft, jeder Herausforderung, die ihr Bouchardon bescherte, zu trotzen; denn es flößte ihr Zuversicht ein zu wissen, daß nirgendwo auf der ganzen Welt ein Beweis existierte, der sie als deutsche Spionin überführen konnte. Kramer hatte nichts schriftlich festgehalten; außerdem hatte sie die Fläschchen mit unsichtbarer Tinte weggeworfen, und sie hatte ihm nie Informationen zukommen lassen, nicht einmal, was eine Postkarte wert gewesen wäre. Wenn sie Ruhe bewahrte und für genug Ärger sorgte, daß sich ihre

Gegner danach sehnten, sie loszuwerden, würde man den Fall bestimmt bald einstellen.

Als Bouchardon ihr jedoch die Kopien vorlegte, drohten ihre Nerven sie tatsächlich im Stich zu lassen. Je mehr sie kämpfte, um sich von diesem Alptraum zu befreien, um so mehr schien sie sich in seinen zähen Klauen zu verfangen. Je verzweifelter sie sich um Aufklärung bemühte, um so unklarer wurde ihr alles. Woher stammten diese Funksprüche? Wer hatte sie abgeschickt? Wer hatte sie *erfunden*? War es von Kalle? Kramer? Ladoux? Und warum? Immer und immer wieder: warum? Es schien jeder Logik zu entbehren, jede Antwort zu fehlen. Jetzt blieben ihr nur noch Elend, Einsamkeit und schreckliche Angst.

Margarethes Beherrschung war dahin, ihr Stolz angeschlagen. Sie verhielt sich unvernünftig und unberechenbar. Wenn Bouchardon sie zu weiteren Verhören rufen ließ, wußte er vorher nie, ob ihm ein unterwürfiges Häufchen Elend oder aber eine hochmütige *grande dame* entgegentreten würde. Betont kühl hörte er sich ihren verspäteten Versuch an, mit der Wahrheit herauszurücken: »Ich habe Ihnen das vorher nicht gesagt, weil ich mich schämte; doch jetzt habe ich mich entschlossen, ein Geständnis abzulegen, daß ich in der Tat mit dem deutschen Geheimdienst in Berührung gekommen bin.« Die Wahrheit über ihre Beziehung zu Kramer – wie sie vorhatte, das Geld als Entschädigung für ihre Pelze zu behalten, und wie sie die Fläschchen mit unsichtbarer Tinte im Amsterdamer Kanal entleert hatte – diente jetzt lediglich dazu, sie noch weiter zu belasten. Sie hatte zugegeben, von Kramer Geld bekommen zu haben; den Rest der Geschichte konnte man unberücksichtigt lassen.

Dasselbe galt für ihre Beziehungen zu von Kalle. Sie gestand nämlich: »Es stimmt, daß er mir 3500 Peseten gegeben hat, doch dafür sind ihm in seinem Zimmer einige *grands intimités* zuteil geworden. Hinterher wollte er mir einen Ring schenken, aber diese Art von Schmuck gefällt mir nicht so gut; deshalb gab er mir statt dessen 3000 Peseten.«

Nun hatte sie auch noch zugegeben, von von Kalle Geld erhalten zu haben; die übrige Geschichte hatte wiederum keine Bedeutung.

Endlich begriff Margarethe, in welchem Maße ihr Bouchardon die Worte im Munde verdrehte, damit sie in seine Taktik paßten. Die Ungeheuerlichkeit dessen, was sie als Verschwörung gegen sich ansah, erschütterte sie zutiefst. In dem mitleiderregendsten all ihrer Briefe an Bouchardon bat sie ihn um Gnade. »Ich kann das nicht mehr ertragen. Sie haben mich geistig und körperlich so gepeinigt, daß ich Sie nun bitte, dem ein Ende zu machen. Ich flehe Sie an, hören Sie auf, mich leiden zu lassen.«

Bouchardon war jedoch unerbittlich, und je länger er sie verhörte, um so unverständlicher wurde Margarethes Geschichte. Sie konzentrierte sich jetzt ausschließlich auf die beiden einzigen Männer, die ohne jeden Zweifel ihre Loyalität gegenüber Frankreich bezeugen konnten: Ladoux und Denvignes. Im Anschluß an jedes Treffen mit Bouchardon machte sie sich eine Reihe Notizen, die immer wieder um dieselben Fragen kreisten.

Ich verstehe den ganzen Wirbel nicht. Oberst Denvignes und Hauptmann Ladoux wußten über meine Kontakte zu dem deutschen Militärattaché in Madrid genau Bescheid. Warum bauscht man das alles so gewaltig auf, wenn ich es im Interesse Frankreichs machte?

Ich verlange ein Gespräch mit Hauptmann Ladoux. Ein Treffen mit ihm würde alle Mißverständnisse ausräumen. Wäre er ein ehrlicher Mensch, würde er einwilligen, mich zu sehen. Ich bin immer eine ehrliche Frau gewesen; lassen Sie mich nicht länger in diesem entsetzlichen Gefängnis leiden. Ich verliere allmählich den Verstand. Ich habe es Ihnen schon letztes Mal gesagt, und ich sage es Ihnen jetzt wieder: Eine offene Diskussion mit Hauptmann Ladoux würde genügen, um alle Fragen zu klären.

Ich verlange, daß Leutnant Hallaure und Oberst Denvignes vorgeladen werden, um zu meinen Gunsten auszusagen. Leutnant Hallaure war der Grund, warum ich überhaupt zum Boulevard St Germain gegangen bin. Er hat mich dorthin geschickt, damit ich einen Passierschein für Vittel bekam. Ich kannte nicht einmal den Namen von Hauptmann Ladoux und wußte bestimmt nicht, daß sich in dem Gebäude das Büro der französischen Spionageabwehr befand. Ich sage Ihnen das, weil Sie so oft behaupten, ich hätte Ladoux meine Dienste *angeboten*. Ich habe niemandem etwas angeboten. Ich bin wegen Leutnant Hallaure da gewesen, und zum deutschen Militärattaché in Madrid bin ich wegen Oberst Denvignes zurückgegangen.

Wenn ich Hauptmann Ladoux sehe, werde ich ihm folgendes sagen. Er wollte, daß ich in sein Büro im Kriegsministerium komme. Er *bat* mich, als Spionin in seine Dienste zu treten. Er *gab mir den Eindruck*, in Frankreichs Diensten zu stehen. Er *versprach* mir, daß man mir nach dem erfolgreichen Abschluß meines Auftrags eine Million Francs zahlen würde. Er *wußte* über die Angelegenheit in Madrid *Bescheid*.

Ich bin unglücklich, und ich bin auch krank. Allmählich werde ich wahnsinnig. In aller Offenheit schwöre ich, daß ich nicht den geringsten Versuch unternommen habe zu spionieren und daß ich Frankreich gegenüber immer loyal gewesen bin. Hauptmann Ladoux hatte kein Verständnis für mich; er behandelte mich wie eine komplizierte *Parisienne*, dabei hatte er es nur mit einer Holländerin aus dem Norden zu tun, und zwar aus Friesland, wo man sich mit Dingen offen und ehrlich befaßt und ohne diese komplizierten Umwege. Ich wiederhole noch einmal, daß ich keinen Verrat an Frankreich begangen habe.

Keiner dieser verzweifelten Appelle machte auf Bouchardon auch nur den geringsten Eindruck. Ja, man wird einfach den Verdacht nicht los, daß es ihm ein geradezu perverses Vergnügen bereitete, zuzusehen, wie sie – einem aufgespießten Schmetterling gleich – kämpfte. So lange er in Gedanken noch an ihrer Schuld zweifelte, hatte er sich ihr gegenüber äußerst korrekt verhalten. Jetzt aber, wo er Gewißheit hatte, daß sie eine Spionin war, glaubte er ein Recht zu haben, sie, während sie noch in seiner Gewalt war, leiden zu lassen – nur ein klein wenig.

Schließlich hatte er jedoch dieses Vergnügen satt. Margarethe begann ihn anzuwidern. Nachdem sie vier Monate im Gefängnis gewesen war, bekundete Bouchardon Ende Juni seine Zufriedenheit. Er hatte Beweismaterial zur Genüge, um einen Prozeß gegen sie rechtfertigen zu können; nun stand sein Dossier dem Gericht zur Verfügung.

Die letzte Rolle

Sobald Bouchardon seine Entscheidung getroffen hatte, lag die Untersuchung nicht mehr in seinen Händen. Sein Bericht über das Verhör wurde Ladoux' Akte beigefügt, und das ganze Dossier ging an Leutnant Mornet weiter, den mit der Anklage beauftragten Anwalt. Wenn Bouchardon nicht aufgerufen wurde, bei dem Prozeß auszusagen, würde er in der ganzen Geschichte keine Rolle mehr spielen; aber er konnte einer kleinen weiteren Spitze nicht widerstehen. Bei ihrer letzten Begegnung berichtete er Margarethe, man habe Vadime über seine Beziehung zu ihr verhört. Margarethe war entsetzt.

Ich verstehe das nicht. Hauptmann Masloff hat mit dem Troisième Conseil de Guerre nichts zu tun. Er hatte nicht einmal Kenntnis davon, daß ich verhaftet worden war, weil Sie mir keine Erlaubnis gaben, ihm zu schreiben. Hauptmann Masloff war mein Geliebter. Er weiß absolut nichts über meine Besuche bei Hauptmann Ladoux. Ich habe ihm gegenüber nie was davon erwähnt; wir haben uns gefreut, zusammen sein zu können, das ist alles. Ich möchte keineswegs, daß er vor dem Conseil de Guerre erscheinen muß; er ist der mutigste aller Offiziere und hat eine große Karriere vor sich – zu groß, als daß er sie irgendwie aufs Spiel setzte.

Margarethe hatte recht; Vadime hatte Bouchardon keinerlei nützliche Hinweise geben können, selbst als der Richter ihn bedrängt hatte, ob sie ihn nicht nach militärischen Dingen gefragt habe. »Sie hat mich nur gefragt, in welchem Abschnitt der Front ich mich aufhalten würde, damit sie mir schreiben könne, falls die russischen Truppen, bei denen ich diente, das überhaupt erlauben sollten.«

Vadime, der vor einem Rätsel stand, hatte dann weiter erklärt:

Sie fuhr im November 1916 nach England, um zu versuchen, nach Holland zurückzukommen. Sie kehrte jedoch wieder nach Paris zurück, weil ihr in London jemand sagte, daß sie, wenn sie jetzt nach Holland einreise, nie wieder nach Paris dürfe. Nachdem ich im Februar 1917 wegen einer Halsbehandlung in Epernay im Krankenhaus war, erhielt ich bei meiner Entlassung aus dem Krankenhaus die Erlaubnis, für drei Tage nach Paris zu fahren, und ich bin dann ins Hotel Elysée-Palast gegangen. Madame Zelle MacLeod war aber nicht aufzufinden, sondern inzwischen abgereist, ohne eine Adresse zu hinterlassen. Bei meiner Rückkehr an die Front fand ich verschiedene Briefe von ihr vor, seitdem habe ich sie aber nicht mehr gesehen.

Sein befehlshabender Offizier übermittelte ihm schließlich die Nachricht, daß Margarethe wegen Spionage verhaftet worden sei. »Der General hatte munkeln gehört, daß ich diese Frau heiraten würde; deshalb rief er mich zu sich und befahl mir, meine Beziehungen zu ihr abzubrechen. Ich sagte ihm, es stimme gar nicht, daß ich sie heiraten wolle; ich sei vielmehr von Epernay aus zum Hotel Elysée-Palast in Paris gefahren, um mit ihr Schluß zu machen.«

Also war nicht einmal ihr geliebter Vadime gewillt, zu ihr zu halten. Seine Briefe ans Hotel Elysée-Palast strafen seine Geschichte Lügen, er habe ihr Verhältnis beenden wollen, doch da Margarethe diese Briefe nie erhalten hatte, blieb ihr nicht einmal der Trost dieses Wissens. Bouchardon sah auch keine Veranlassung, ihr mitzuteilen, Vadime habe noch etwas hinzugefügt: »Ich bin sehr überrascht, daß Madame Zelle der Spionage beschuldigt wird, denn im Verlauf unserer Beziehung hat sie mir niemals Anlaß gegeben, sie in irgendeiner Weise wegen etwas zu verdächtigen.«

Mehr als alles, was sie zuvor gesagt hatte, war es Margarethes Reaktion, als sie hörte, man habe Vadime wegen seiner Beziehung zu ihr verhört, die Bouchardon davon überzeugte, daß sie den Russen wirklich liebte. Ihre Sorge, ihren Geliebten davor zu schützen, in eine möglicherweise schädliche Auseinandersetzung mit dem Troisième Conseil de Guerre verwickelt zu werden, war echt und spontan gewesen. Nichts lag ihr ferner, als sich in Selbstmitleid zu ergehen, weil er sie verlassen hatte, oder als sein Ableugnen ihrer Heiratspläne in Frage zu stellen; vielmehr suchte sie sogleich nach einer Entschuldigung für sein Verhalten. »Das war alles die Schuld von Oberst Denvignes. Er muß Hauptmann Masloffs Vorgesetzten mitgeteilt haben, er solle Vadime warnen, sein Verhältnis mit mir nicht weiterzuführen. Oberst Denvignes war noch immer verärgert, weil ich nicht seine Geliebte werden wollte.«

Margarethe konnte es Bouchardon jedoch nicht verzeihen, mit welchem Genuß er ihr die Nachricht mitgeteilt hatte. Das hatte ihr bewiesen, wie tief er sie verachtete und wie sinnlos weitere Appelle an sein Mitgefühl waren. Am folgenden Tag, dem 29. Juni, ließ sie deshalb durch den Maître Clunet dem Richter ihre letzte Bitte übermitteln, in der Hoffnung, Clunet könne da Erfolg haben, wo sie selbst zweifellos nur Mißerfolg haben würde. »*Mon ami*, ich habe einen Wunsch und möchte Sie bitten, ihn mir zu erfüllen. Würden Sie den Capitaine Rapporteur fragen, ob er mir wohl ein Bild von Vadime de Masloff überläßt? Er hat sie mir am Anfang alle weggenommen. Hätten Sie die Güte, ihn zu bitten, mir doch nur ein einziges Bild zu schicken?« Doch Bouchardon fing diesen Brief ab. Er reihte ihn fein säuberlich in das Dossier ein, und zwar neben Vadimes Briefe, die auch alle ihr Ziel nicht hatten erreichen dürfen.

Bouchardons Entscheidung, Margarethe vor Gericht zu stellen, änderte alles. Sie war nun nicht mehr ›verdächtig‹, sondern sie war ›angeklagt‹; das französische Wort ›*inculpée*‹ klingt sogar noch bedrohlicher. Die Haltung der Leute um sie herum hatte sich deutlich gewandelt; selbst die Nonnen, die in St Lazare für die Betreuung der Häftlinge verantwortlich waren, schienen reservierter. Sie wußten – was Margarethe selbst auch gewußt haben muß –, daß überführte Spione, ob sie nun männlichen oder weiblichen Geschlechts waren, zum Tode verurteilt wurden. Im selben Jahr, 1917, hatten bereits zwei französische Frauen für den Verrat an ihrem Land mit der höchsten Strafe gebüßt: Im Januar hatte Marguerite Francillard mit dem Exekutionskommando Bekanntschaft gemacht, weil sie als Kurier für ihren deutschen Geliebten tätig gewesen war, und im März war Mademoiselle Dufays, die in einer Munitionsfabrik arbeitete, erschossen worden, weil sie an Berlin Geheimnisse verkauft hatte.

Plötzlich hatte sich Margarethe um wichtigere Dinge zu sorgen als um eine Haarbürste. Vadimes Rückzug bedeutete, daß sie jetzt allein mit Maître Clunet gegen alle anderen kämpfen mußte. Sie mußte Anstalten für ihre Verteidigung treffen, nach Zeugen suchen und sich darauf vorbereiten, die Verschwörung, die ihr Leben bedrohte, aufzudecken.

Am 5. Juli schrieb sie an die holländische Gesandtschaft in Paris und bat darum, zu veranlassen, daß ihr ein Beamter des Auswärtigen Amtes in Holland Unterlagen über ihre Auseinandersetzung mit dem Kostümier des Theaters in Berlin schickte. Das würde den Beweis dafür liefern, daß sie keinen Grund hatte, für die Deutschen freundschaftliche Gefühle zu hegen.

Am 6. Juli schrieb sie an Anna Lintjens in Den Haag und bat sie, ihr verschiedene Sammelalben und Aufzeichnungen zu schicken, damit sie sich auf ihre Verteidigung vorbereiten könne. In diesem Brief gab sie ihrem Dienstmädchen auch den Auftrag, dem Baron zu erklären, warum sie noch nicht nach Holland zurückgekehrt sei.

Sagen Sie nichts davon, daß ich im Gefängnis sitze; er ist nicht der Mensch, der begreift, wie solche Mißgeschicke passieren können. Er würde sehr mißtrauisch sein, nicht, weil ich in Spionage verwickelt bin, sondern weil ich mich in solch riesige, unter meiner Würde liegende Schwierigkeiten gebracht habe. Erzählen Sie ihm im Augenblick nur, es werde für Frauen immer schwieriger zu reisen, ich würde aber sobald wie möglich nach Holland zurückkommen, um ihn wiederzusehen.

Die Behörden schienen sich nicht damit zufriedenzugeben, all ihre Briefe zu beschlagnahmen, sie waren anscheinend auch fest entschlossen, Margarethe völlig zu isolieren. Da sie ihr selbstverständlich nicht den Zugang zu ihrem Anwalt verweigern konnten, waren sie statt dessen auf den Trick verfallen, ihr keinen Zugang zu ihrem Geld zu gestatten. Wenn sie kein Geld mehr hätte, um Honorare zu bezahlen, würde vielleicht auch ihr treuer Anwalt sie ihrem Schicksal überlassen. Sie unterschätzten allerdings Margarethes Entschlossenheit.

Am 10. Juli schrieb sie drei Briefe an Leutnant Mornet, den Staatsanwalt, der nun für ihren Fall verantwortlich war. In dem ersten Brief gab sie ihrer Empörung Ausdruck.

Warum verweigern Sie mir mein Geld? Ich bin zwar hier nur Ausländer, doch in den letzten vierzehn Jahren habe ich in diesem Land eine Menge Geld verdient und auch ausgegeben. Wenn Sie wünschen, gebe ich Ihnen die Erlaubnis, mein Zigarettenetui aus reinem Gold, das ich im Büro des Kanzlisten deponiert habe, zu verkaufen. Dem Gewicht des Goldes nach zu urteilen, dürfte es 400 f wert sein; so werde ich an etwas Geld kommen, um Maître Clunet bezahlen zu können, und er wird mich nicht meinem Schicksal überlassen müssen. Es ist nicht gerechtfertigt, mir mein Geld vorzuenthalten und mich daran zu hindern, aus Gründen der Gerechtigkeit meinen Anwalt zu bezahlen.

Als sie auf diesen Brief nicht sogleich Antwort erhielt, setzte sie sich hin und schrieb einen zweiten; dieses Mal versuchte sie es mit Bitten.

Sie treiben mich zur Verzweiflung. Ich muß, da mir mein Geld von Zuhause fehlt, zu einem Vorgehen Zuflucht nehmen, das mir sonst nie in den Sinn gekommen wäre. Am 16. Januar 1917 habe ich an meinen Freund, den Hauptmann Vadime de Masloff, Geld überweisen lassen. Ich schickte ihm eine Anweisung über 3000 f und muß Sie nun bitten – es ist Ihre Schuld, daß ich so handeln muß –, sich mit ihm in Verbindung zu setzen, ihm mein Bedauern auszudrücken, daß ich ihn mit dieser Bitte behelligen muß, und ihn zu ersuchen, mir das Geld zurückzugeben.

Als keiner dieser Bitten stattgegeben wurde, wurde sie auf-
sässig. In ihrem dritten Brief, gleichfalls vom selben Tage,
teilte sie Mornet mit:

Meine Entscheidung ist gefallen. Wenn mich nicht Maître Clunet
vor Gericht verteidigen wird, lehne ich die Hilfe eines jeden anderen Anwalts ab. Ich lehne auch die Unterstützung durch einen
Anwalt des Deuxième Bureau ab. Ich werde mich selbst verteidigen. Ich benötige keinen Anwalt, um die Wahrheit zu sagen und
die Tatsachen aufzuführen, was die Vorgänge zwischen Hauptmann Ladoux und mir im Kriegsministerium hier in Paris und
auch in Spanien betrifft. Ich werde alles selbst schildern. Ich habe
nie eine Spionagehandlung begangen oder auch nur versucht, und
das läßt sich leicht ohne Gerichtsforscher vortragen. Ich hoffe nur,
daß ich die Kraft haben werde, nicht in Tränen auszubrechen.

Innerhalb eines einzigen Tages hatte sie die gesamte Skala
ihrer Gefühle durchlaufen, und nach dieser Anstrengung
fühlte sie sich ausgelaugt und erschöpft. Aber sie ging daraus, von allem Selbstmitleid geläutert, hervor: Wie zuerst
Ladoux und Denvignes, anschließend Bouchardon und
nun Mornet sie behandelt hatten, das hatte ihr endlich die
Augen geöffnet.

Über ihre eigene Moral machte sie sich keine Illusionen.
Sie war sich darüber im klaren und gab das auch zu, daß
ihr Leben keineswegs untadelig war und daß es genauso
ihre eigene Schuld war wie die von jemand anders, wenn
sie nun in einem so schrecklichen Dilemma steckte. Doch
nie war sie so tief gesunken, sich des Doppelspiels und der
verzerrten Darstellung zu bedienen, mit denen diese Männer operierten. Sie war selbstsüchtig gewesen, sogar ungeheuer selbstsüchtig, sie war auch habgierig und rücksichts-
los gewesen; aber nie war sie grausam gewesen, und sie
hatte auch nie einen anderen Menschen absichtlich leiden
lassen.

Ihr ganzes Leben lang hatte sie sich danach gesehnt, von
jenen Leuten anerkannt und bewundert zu werden, denen
Herkunft, Vermögen oder Können einen Platz am Hochal-
tar des Lebens beschert hatten. Mehr als zwanzig Jahre

hatte sie nur den Ehrgeiz gehabt, sich diesen Leuten anzuschließen. Es bedurfte einer viermonatigen Haft in St Lazare, um sie zu der Einsicht zu bringen, daß ihre Halbgötter, die mächtigen und einflußreichen Männer, jene Muster an gesellschaftlicher, politischer und militärischer Vortrefflichkeit, nicht nur keineswegs besser als sie selbst waren, sondern unendlich viel schlechter und unverzeihlich gemeiner. Seit den Tagen ihrer Ehe mit Rudolph hatte sie sich vor Idolen geduckt, die sich nun als Feinde entpuppten – und als solche verdienten sie nur höchste Verachtung.

Nie wieder würde sie um deren Gnade bitten. Nie wieder würde sie ihnen die Befriedigung geben, zu wissen, daß sie über die Macht verfügten, Margarethe zu verletzen. Nie wieder würde sie sich auf ein Spiel nach deren Spielregeln einlassen. Das einzige Eingeständnis, das sie machen würde, war, anzuerkennen, daß sie ihre neu entdeckte Selbstachtung der Rücksichtslosigkeit dieser Leute verdankte.

Von diesem Moment an legte sie in ihrem Verhalten eine ruhige Würde an den Tag, die ihr die Bewunderung und Zuneigung der einzigen Menschen eintrug, die sie sehen durfte, und das waren die Schwestern des Heiligen Ordens der Marie Joseph de Doret. Solange noch die Drohung über ihr schwebte, daß Clunet sie im Stich lassen könnte, bereitete sie sich weiter auf ihre Verteidigung vor. Der Prozeß – oder genauer gesagt, das Kriegsgericht, denn die Armee war für die Durchführung verantwortlich – war auf den 24. Juli festgesetzt worden; es blieben ihr also nur noch zwei Wochen Zeit, um sich Zeugen zu suchen und das Beweismaterial zusammenzutragen, das ihre Argumentation stützte.

Forsch und sachlich kühl übersandte sie Mornet eine Aufstellung der Unterlagen und Briefe, die aus ihrer Sicht dem Gericht vorgelegt werden sollten, und eine Liste der Personen, von denen sie wünschte, daß sie zu ihren Gunsten aussagten: Hauptmann Ladoux, Leutnant Hallaure,

Oberst Denvignes; dann die Ärzte, die Vadime in Vittel betreut hatten; und schließlich eine Auswahl ihrer ehemaligen Geliebten, darunter der belgische Marquis de Beaufort, Oberst Messimy und Leutnant Mège, die letzteren beide aus dem Kriegsministerium. Es stellte für sie keine Überraschung mehr dar, daß ihre Bitten abgelehnt wurden, doch allein schon die Tätigkeit des Schreibens half ihr, sich geistig zu beschäftigen und sich die Zeit zu vertreiben. Erst in allerletzter Minute erfuhr sie, daß ihr wenigstens einer die Treue gehalten hatte. Außer sich vor Sorge bei dem Gedanken, daß Margarethe auch nur einen Augenblick lang an seiner Loyalität gezweifelt haben könnte, schwor Maître Clunet, sie mit aller ihm zur Verfügung stehenden Energie zu verteidigen, egal, ob sie nun sein Honorar bezahlen konnte oder auch nicht.

Margarethe war zwar von seiner Treue gerührt, aber sie hatte inzwischen ihr Schicksal selbst fest in die Hand genommen. Zuvor war Clunet ihr Führer und Mentor gewesen, an den sich Margarethe gewandt hatte, wenn sie Hilfe brauchte; jetzt waren ihre Rollen genau umgekehrt. Sie sollte ihn mit ruhigen Worten trösten, und ihre Kraft sollte ihn während der Tortur des Prozesses unterstützen. Sie wollte seine Gefühle nicht verletzen, indem sie auf seine Dienste als Anwalt verzichtete, aber sie begriff weitaus besser als er, was ihnen bevorstand. Selbst ein sehr nüchterner und beredter Anwalt hätte es schwer gehabt, diesen besonderen Kampf zu gewinnen; und, wie Bouchardon sich später erinnerte, war Clunet keins von beidem.

Der alte Clunet war einer ihrer glühendsten Verehrer, eher ein Höfling als ein Anwalt. Gegenüber allen Gegenbeweisen verhielt er sich völlig ablehnend und zweifelte keinen Augenblick an ihrer Unschuld. Er verlangte nie, das Dossier zu sehen. Er wollte nicht einmal die genauen Anklagepunkte, die auf sie zukamen, wissen. Allein schon die Vorstellung, *la reine du charme* zu verdächtigen, war für Clunet eine abscheuliche Verleumdung. Seine Heldin zu bezichtigen, sie habe strafbare, gegen Frankreich gerichtete Ziele verfolgt, kam einem Sakrileg gleich.

Als jedoch der 24. Juli nahte, war Margarethe sehr froh, Clunet neben sich zu wissen. Für die Dauer des Prozesses verlegte man sie von St Lazare in die Conciergerie, das an den Palais de Justice angrenzende Gefängnis, welches einst schon Marie-Antoinette und Robespierre beherbergt hatte. Die erste Verhandlung war öffentlich, und in ganz Paris entbrannte ein würdeloses Gerangel um Plätze. Das aufgeregte Gemurmel im Gerichtssaal verstummte plötzlich, als die Angeklagte erschien. Weder ihre Beherrschung noch ihr Sinn fürs Theatralische ließen sie im Stich. Sie trug ein elegantes blaues, tiefausgeschnittenes Kleid und einen dazu passenden spitzen Hut, kam in Begleitung ihres Anwalts und schritt ruhig zu ihrem Platz in der Anklagebank.

Die sieben Männer, die das Militärgericht bildeten, hatten bereits ihre Plätze eingenommen. Den Vorsitz des Kriegsgerichts führte der Oberstleutnant Albert Somprou von der Republikanischen Garde, und die sechs Richter gehörten unterschiedlichen Truppengattungen an: Adjutant Berthomé von der Artillerie, Polizeihauptmann Jean Chatin, Leutnant Mercier de Malaval vom 7. Kavallerieregiment, Hauptmann du Cayla vom Korps der Streitkräfte, Major Joubet von der 230. Infanterie und Leutnant Deguerseau von der 237. Infanterie. Doch wenn das Publikum etwas Aufsehenerregendes erwartet hatte, wurde es enttäuscht. Sobald Ruhe im Gerichtssaal eingekehrt war und man die Identität der verschiedenen Beamten und Anwälte festgestellt hatte, bat der Staatsanwalt, Leutnant Mornet, um Erlaubnis, sich an das Gericht wenden zu dürfen.

Ob er vorschlagen dürfe, daß in Anbetracht des geheimen Charakters vieler Beweise, die dem Gericht vorgelegt werden müßten, der weitere Prozeß hinter verschlossenen Türen stattfinden solle? Mit ernsten Blicken und verständnisvollem Nicken stimmte das Gericht zu. Man ließ den Saal räumen und draußen an jeder Tür Wachen aufstellen, um neugierige Journalisten fernzuhalten, die vielleicht versucht sein könnten, mit dem Ohr am Schlüsselloch zu lauschen. Außerdem untersagte man der Presse, auch nur irgend etwas über den Prozeß zu veröffentlichen, außer den Informationen, die in einer verteilten Verlautbarung enthalten waren: »Die Tänzerin Mata Hari, mit wirklichem Namen Margarethe Zelle, erschien gestern vor dem Troisième Conseil de Guerre, angeklagt wegen des schwerwiegenden Verdachts, den Feind mit Informationen versorgt zu haben. Der Prozeß geht weiter.«

Dann betrat Leutnant Mornet die Bühne. Mit seinem an Byron erinnernden Profil und seinem geradezu biblischen Vollbart sah er aus wie ein Racheengel und hatte auch noch die entsprechende Stimme. Der Gerichtssaal hallte vom übertriebenen Rollen seiner ›R‹ und von der bewußten theatralischen Deutlichkeit einer jeden Silbe wider. Er begann mit einer Entschuldigung. »Messieurs, in meiner ganzen Laufbahn habe ich noch nie so ein Gefühl der Peinlichkeit gehabt. Man zwingt mich tatsächlich, Ihnen zu beweisen, daß zwei und zwei gleich vier ist.« Anschließend unterbreitete er ihnen dann die Beweise für den Verrat »dieser finsteren Salome, die mit den Köpfen französischer Soldaten ihr Spielchen treibt«.

Es sei bekannt, daß sie mit vielen Angehörigen des deutschen Oberkommandos befreundet gewesen sei und in deren Begleitung Militärmanöver der Kaiserlichen Armee in Schlesien besucht habe. Im Augenblick der Kriegserklärung sei sie in Berlin gewesen, und zwar in Gesellschaft eines Polizeikommissars. Das Deuxième Bureau habe sie überwacht, seit es von den Briten vor dieser Frau gewarnt worden sei. Der deutsche Agentenchef Kramer habe ihr in Holland 20 000 Francs gezahlt, und in Paris habe sie häufig hohe ausländische Militäroffiziere zu sich eingeladen. Sie habe auch Vittel besucht, einen Ort, der in der *Zone des Armées* liege, nur wenige Meilen vom Flugplatz in Contrexeville entfernt, wo sie mit weiteren Offizieren hohen Ranges verkehrt habe. Sie habe auch versucht, das Deuxième Bureau zu unterwandern, und sie habe, was am allerschändlichsten sei, engen Kontakt zum Leiter des deutschen Ge-

heimdienstes in Madrid, Hans von Kalle, gehabt, der ihr
für ihre Dienste 3500 Peseten gezahlt habe. Und hier sei
der Beweis dafür. Mit vor Erregung zitternder Stimme las
Mornet dem Gericht den Text der abgefangenen Funksprüche vor. »Messieurs, bedarf es noch weiterer Erklärungen?«

Nun war Clunet an der Reihe. Er bot einen jämmerli-
chen Kontrast zu Leutnant Mornet. Blaß, zerbrechlich und
sichtlich bewegt, so gab der alte Mann sein Bestes. Zuerst
rief er Hauptmann Ladoux auf, er solle in den Zeugenstand treten und zu Margarethes Gunsten aussagen; der
Chef der Spionageabwehr war nicht abkömmlich. Dann
rief er Oberst Denvignes auf; doch der Oberst litt plötzlich
unter starkem Gedächtnisschwund: leider könne er sich
nicht erinnern, mit der Dame schon zu tun gehabt zu haben, außer daß ihm in Madrid ihr enges Verhältnis zu von
Kalle aufgefallen sei. Er rief Leutnant Hallaure auf; trauri-
gerweise war der Leutnant bei seinen militärischen Verpflichtungen nicht zu entbehren und konnte deshalb nicht
am Kriegsgericht teilnehmen. Schließlich rief er Oberst
Messimy, den ehemaligen Kriegsminister, auf. Die Frau
des Oberst verlas einen Entschuldigungsbrief. Ihr Mann
leide an einem bösen Rheumaanfall, der ihn davon abhal-
te, dem Verfahren beizuwohnen; in seinem Auftrag könne
sie jedoch kategorisch bestreiten, daß er Mata Hari je begegnet sei. Die Ärzte aus Vittel waren nicht aufzufinden
gewesen.

Den Tränen nahe forderte Clunet nun Margarethe auf,
in den Zeugenstand zu treten. Als er sie von ihrem Platz
aus dorthin begleitete, waren seine Worte in dem erwar-
tungsvollen Schweigen deutlich zu hören. »Haben Sie Vertrauen zu Ihrem alten Freund. Haben Sie Vertrauen zu den
Richtern. Wenn die erst einmal sehen, wie Sie wirklich
sind, werden sie Sie bestimmt freisprechen. Hier, stützen
Sie sich auf den Arm Ihres alten Freundes.«

Margarethe muß sich über die Bedeutung der Tatsache
im klaren gewesen sein, daß kein einziger der Zeugen, der

ihr vielleicht hätte helfen können, dazu gewillt gewesen war. Als sie ihren unerbittlichen Richtern gegenübertrat, mußte sie sich an den Glauben klammern, daß unter diesen herrlichen Uniformen das Herz zumindest eines einzigen rechtschaffenen Mannes schlug, eines Mannes, der gegen die Verderbtheit immun war, die sie in den Herzen von Ladoux, Denvignes, von Kalle und Bouchardon entdeckt hatte. Um nicht ihr Leben zu verlieren, mußte sie diesen Männern ihre Geschichte erzählen; um nicht den Verstand zu verlieren, mußte sie darauf vertrauen, daß sie ihr auch zuhörten.

Geduldig wiederholte sie alles, was schon Bouchardon berichtet hatte. Sie sei von Berufs wegen, in ihrer Eigenschaft als Tänzerin, in Berlin gewesen und sei »eine internationale Frau«, die in vielen Ländern Freunde und Geliebte habe. Und was sei daran so schlimm, wenn sie all jene Offiziere zu sich eingeladen habe? Offiziere seien prächtige Menschen, die ihre Bewunderung verdienten, und wer sei sie denn, diesen Männern eine Nacht des Glücks abzuschlagen, wo sie am nächsten Morgen vielleicht dem Tod ins Auge blicken mußten? Kramers Geld habe sie als gerechte Entschädigung für den Verlust ihrer Pelze in Berlin angenommen, und ihre Reise nach Vittel habe keinen anderen Grund gehabt, als mit ihrem Freund, dem Hauptmann de Masloff, zusammenzusein. Ladoux sei es gewesen, der sie gebeten habe, für ihn zu arbeiten; von sich aus wäre sie nie auf diese Idee gekommen. Von Kalle habe sie nur für ihre gemeinsamen Liebesnächte bezahlt; wenn er es vorziehe, seine Leidenschaft aus dem Fonds des Geheimdienstes zu finanzieren, dann beweise das nur, daß er seine Vorgesetzten betrüge, nicht aber, daß sie eine Spionin sei. Und schließlich, was von entscheidender Bedeutung sei, wie könne sie überhaupt Frankreich verraten? Sie sei ja nicht einmal Französin.

Ihre Richter fochten jeden Punkt in ihrer Verteidigung an. Sie blieb trotzdem ruhig, was Bouchardon zu dem Kommentar veranlaßte: »Sie spielte ihre letzte Rolle, die einer unschuldigen Frau, mit solcher Vollendung und Selbstbeherrschung, daß – Gott möge mir verzeihen – sie am Ende selber daran glaubte.«

Es gelang Margarethe allerdings nicht, die Richter zu überzeugen. Ja, gerade diese Selbstbeherrschung bestärkte diese nur in dem Glauben, daß sie es nicht einfach nur mit einer Spionin zu tun hatten, sondern mit einer verteufelt raffinierten obendrein. Am Nachmittag des zweiten Gerichtstages zogen sich die Richter zurück, um über ihren Urteilsspruch zu beraten. Sie mußten eine Antwort auf acht Fragen finden:

1. War sie schuldig, im Dezember 1915 in das befestigte Feldlager von Paris mit der Absicht eingedrungen zu sein, sich Dokumente und Informationen zu verschaffen, die für den Feind von Nutzen sein konnten?
2. War sie schuldig, durch ihren Agenten Kramer in den ersten drei Monaten des Jahres 1916 Dokumente und Informationen an den Feind weitergegeben zu haben, die militärische Operationen beeinträchtigen oder die Sicherheit militärischer Einrichtungen gefährden konnten?
3. War sie schuldig, im Mai 1916 in Holland mit dem deutschen Geheimdienst in Verbindung gestanden zu haben, und zwar in der Absicht, die Interessen des Feindes zu fördern?
4. War sie schuldig, im Mai oder Juni 1916 ein zweites Mal in derselben Absicht, wie oben unter (1) erwähnt, in das befestigte Feldlager von Paris eingedrungen zu sein?
5. War sie schuldig, während ihres Aufenthaltes in Paris im Mai oder Juni 1916 mit genau demselben deutschen Geheimdienst in Verbindung gestanden zu haben?
6. War sie schuldig, im Dezember 1916 über den deutschen Militärattaché von Kalle mit dem deutschen Geheimdienst in Madrid Kontakt aufgenommen zu haben, um die Interessen des Feindes zu fördern?
7. War sie schuldig, durch den zuvor genannten Militärattaché an den Feind Unterlagen weitergeleitet zu haben,

die militärische Operationen beeinträchtigen oder die Sicherheit militärischer Einrichtungen gefährden konnten?

8. War sie schuldig, mit demselben deutschen Geheimdienst in Verbindung gestanden zu haben, seit sie im Januar 1917 aus Madrid nach Paris zurückgekehrt war?

Der Wortlaut dieser Liste von Anklagepunkten ermöglichte es den Richtern, alle Erklärungen Margarethes außer acht zu lassen und jedes Ereignis in ihrer Geschichte der einen oder anderen Frage zuzuordnen. Sie brauchten nur sehr wenig Zeit, um eine Entscheidung zu fällen. In den frühen Abendstunden des 25. Juli marschierten sie wieder hintereinander in den Gerichtssaal, und der Vorsitzende gab die Entscheidung bekannt.

Margarethe MacLeod, geb. Zelle, alias Mata Hari, wird in allen Anklagepunkten für schuldig befunden. Die Mitglieder des Gerichts verhängen hiermit über die zuvor genannte Margarethe Zelle das Todesurteil.

Clunet brach zusammen. Margarethes Gesicht war ausdruckslos. Als man sie aus dem Gerichtssaal abführte, hörte man sie nicht ein einziges Wort sagen.

Bouchardon, der nicht gerne den Höhepunkt von Margarethes viermonatigem Verhör verpassen wollte, war beim Kriegsgericht zugegen. Nachdem das Todesurteil verhängt war, hatte er die Angelegenheit für abgeschlossen gehalten, allerdings, wie er sich später erinnerte, Maître Clunet noch nicht.

Jeden Tag kam er zum Troisième Conseil de Guerre, gehüllt in seine Amtstracht, die beim Gehen den Staub von den Korridoren aufwirbelte, weil sie nicht richtig befestigt war. Er pflegte den Kopf zu schütteln und mit traurigem Gesicht zu sagen: »Nein, nein. Poincaré kann unmöglich zulassen, daß dieser herrliche Körper, den die Grazien selbst geformt haben, zu Staub und Asche wird.« Manchmal versuchte er auch, mit mir zu handeln. »Lassen Sie sie doch nach Holland zurückkehren«, bettelte er dann,

»Deutschland würde uns dafür im Tausch zehn französische Offiziere geben. Was halten Sie davon?« Der arme alte Mann lebte in einer Phantasiewelt.

Aber zumindest versuchte er, etwas für Margarethe zu tun. Am 14. August erhob er beim Militärgericht Einspruch gegen das Todesurteil. Am 21. August wurde dieser abgelehnt. Am 26. September wandte er sich mit seinem Einspruch an den Obersten Gerichtshof und bestritt dem Troisième Conseil de Guerre das Recht, über Margarethes Fall zu urteilen. Am 27. September wurde auch dies abgewiesen. Er schrieb an den Chevalier de Stuers in der holländischen Gesandtschaft und bat ihn, zu Margarethes Gunsten einzuschreiten, damit das Todesurteil in lebenslängliche Haft umgewandelt würde. Der Chevalier de Stuers brachte sein Bedauern zum Ausdruck, weil er in dieser Angelegenheit Madame MacLeod leider nicht beistehen könne; dies müsse den französischen Behörden überlassen bleiben. Als der Termin für ihre Hinrichtung auf den 15. Oktober festgesetzt wurde, war Clunet außer sich.

Margarethe hatte sich dagegen in eine Traumwelt zurückgezogen. Sie lächelte ihn an, wenn er sie in ihrer alten Zelle in St Lazare aufsuchte. Sie fragte ihn, wie ihm ihr Kleid gefalle, erging sich in Erinnerungen an alte Bekannte, diskutierte mit ihm über das Wetter und beklagte sich, weil es ihr langweilig sei. Gelegentlich schrieb sie an Anna Lintjens und fragte nach, warum sie ihre früheren Briefe noch nicht beantwortet habe, oder aber sie sandte dem Baron herzliche Grüße. Doch jedes Mal, wenn Clunet die Rede auf den Prozeß, das Urteil oder seine Einsprüche brachte, schien sie das in große Verwirrung zu stürzen. Die Wirklichkeit war nun nichts mehr, was sie nur ungern zur Kenntnis nahm; sie war inzwischen völlig unfähig, die Wirklichkeit überhaupt in ihre Gedankenwelt einzubeziehen. Ja, soweit es sie anging, existierte diese Wirklichkeit gar nicht mehr.

Epilog

So starb Margarethe Zelle MacLeod und fiel fast sogleich der Vergessenheit anheim. Nur Mata Hari lebte weiter – teilweise in der Erinnerung, vor allem jedoch in der Phantasie der Öffentlichkeit, die sich wie eh und je nach Aufsehen und Aufregung sehnte.

Die Mythen und Legenden, die sich um ihre Geschichte ranken, entstanden sogar schon vor ihrem Tod. Leutnant Mornet hatte mit seiner donnernden Gerichtsrede gegen diese »finstere Salome, die die Verantwortung trägt für den Tod von mehr als 50000 französischen Soldaten«, Tür und Tor geöffnet. Alle, die dem Prozeß beigewohnt hatten, trugen jeder für sich ihr pikantes Stückchen zum Aufbau der Legende bei; und alle Beamten, die bei der Vorbereitung des Falles beteiligt gewesen waren, ergriffen die Gelegenheit beim Schopfe, um ihr Handeln zu rechtfertigen und ihren eigenen Ruf zu verbessern, indem sie Margarethe als leibhaftige Inkarnation des Bösen hinstellten. Selbst heute noch gibt es Leute, die glauben, sie sei – unter anderem – für Lord Kitcheners Tod verantwortlich, für den Erfolg von Ludendorffs U-Boot-Angriffen auf die Schiffe der Alliierten und selbst für die Aufstände in der französischen Armee.

Damals wurden sogar die wildesten Gerüchte vom militärischen Oberkommando der Franzosen gebilligt. Je aufsehenerregender sie waren, desto geringer die Chance, daß die Wahrheit ans Tageslicht kommen würde. Und dieser Plan ging auf. Mehr als vierzig Jahre lang wollte niemand zugeben, daß der Prozeß gegen Mata Hari ein Hohn auf die Gerechtigkeit war und daß sie offiziellem Zweckdenken geopfert wurde; und damals gab es auch nur wenige, die das interessierte. Doch die Verbindung von Schönheit und Verrufenheit hat immer schon etwas Faszinierendes an sich gehabt, und die französische Regierung mochte Margarethes Bild in noch so schwarzen Farben zeichnen, die Aufmerksamkeit der Öffentlichkeit richtete sich mehr auf den Glanz als auf die Schande ihrer Geschichte.

Die Presse suchte sich – ganz zwangsläufig – ihren eigenen Weg, um die Lücken aufzufüllen, die der Rotstift des Zensors mit breiten Strichen schuf; zu den eher skurrilen Geschichten, die die Presse erzeugte, zählten mehrere, die behaupteten, Margarethe sei überhaupt nicht gestorben. Ein leidenschaftlicher Geliebter habe das Exekutionskommando bestochen, die Gewehre mit Platzpatronen zu laden, und dann habe er sich Mata Hari geschnappt, sich in den Sattel geschwungen und sei mit ihr im Morgennebel davongaloppiert. Oder: Genau in dem Augenblick, als die Soldaten losfeuerten, habe sie ihren Pelzmantel aufgerissen, und der Anblick ihres nackten Körpers habe alle Mitglieder des Exekutionskommandos das Ziel verfehlen lassen. Gerüchte, man habe die berühmte Mata Hari gesichtet, waren selbst zehn Jahre später immer noch zu hören. Die *Daily Mail* berichtete am 3. September 1929 unter der Schlagzeile »Ist Mata Hari immer noch am Leben? – Neue Geheimnisse um die Frau am Strand«: »Aus gut unterrichteter Quelle heißt es, daß die letzte Woche am Strand von Montalivet in der Nähe von Bordeaux bewußtlos aufgefundene geheimnisvolle Frau, die sich Gloria MacAlister nannte und erklärte, sie sei von Bord des britischen Dampfers *Eagle* gefallen, in Wirklichkeit die holländische Spionin Mata Hari sei, die in den letzten Kriegsjahren zum Tode verurteilt wurde.«

Wie es so oft der Fall ist, sind die Legenden viel unterhaltsamer als die Wahrheit, und Margarethe, selbst eine Meisterin im Geschichtenerfinden, hätte den Gerüchtemachern ihr Vergnügen wohl nicht mißgönnt. Aber sie wäre über den letzten grausamen Schicksalsschlag bestimmt unendlich betrübt gewesen. Ihre Tochter Jeanne-Louise überlebte sie um weniger als zwei Jahre und starb im Alter von einundzwanzig Jahren an Gehirnblutungen. So blieb Margarethe letztlich selbst der kleine Triumph versagt, einen Nachkommen zu hinterlassen, der sich vielleicht eines Tages veranlaßt gesehen hätte, in Margarethes Namen nach der Wahrheit zu suchen.

Zeittafel

1876	*Mata Hari, eigtl. Margarethe Gertruide Zelle, im holländischen Leeuwarden geboren.*
1877/78	Russisch-türkischer Krieg.
1879	›Zweibund‹: Geheimes Verteidigungsbündnis zwischen dem Deutschen Reich und Österreich-Ungarn.
1880/81	Burenaufstand in Südafrika.
1888	Wilhelm II. wird Kaiser des Deutschen Reichs.
1890	Entlassung Bismarcks.
1894-1899	Dreyfus-Affäre in Frankreich.
1894/95	Chinesisch-japanischer Krieg.
1895	*Margarethe Zelle heiratet den holländischen Kolonialoffizier Rudolph MacLeod.*
1897	*Margarethe geht mit ihrem Mann nach Java.*
1898	*Geburt der Tochter Jeanne-Louise.*
1899-1902	Zweiter Burenkrieg in Südafrika.
1900	Weltausstellung in Paris.
1901	Tod Königin Victorias von Großbritannien.
1902	*MacLeod reicht seinen Abschied ein und kehrt mit seiner Familie nach Holland zurück. Die Ehe mit Margarethe scheitert nach nur fünf Jahren.*
1903	*Erster Aufenthalt Margarethes in Paris.*
1904/05	Russisch-japanischer Krieg.
	Margarethe tritt in Paris unter dem Künstlernamen Mata Hari (›Auge des Morgens‹) mit großem Erfolg als orientalische Tempeltänzerin auf.
1905/06	Erste russische Revolution.
	Erste Marokko-Krise.
1906	*Mata Hari tanzt in Paris, Madrid, Monte Carlo, Berlin, Wien. In Amsterdam wird ihre Ehe geschieden, das Sorgerecht für die Tochter erhält der Vater zugesprochen.*
1907	›Triple-Entente‹ zwischen Frankreich, Großbritannien und Rußland.
	Mata Hari kehrt nach Paris zurück.

1909	Edward VII. von Großbritannien stirbt. Georg V. folgt ihm auf den Thron. Erster Auftritt des Diaghilew-Balletts in Paris.
1910	*Nach einem Engagement an der Monte Carlo Opéra zieht sich Mata Hari aufs Land zurück.*
1911	Zweite Marokko-Krise. *Mata Hari bezieht ein Haus in Neuilly-sur-Seine und versucht ein Comeback, aber ihr Stern ist im Sinken begriffen, während Diaghilew in Paris Triumphe feiert.*
1912	*Wenig erfolgreicher Auftritt an der Mailänder Scala.*
1912/13	Balkankrise.
1914	Ausbruch des Ersten Weltkriegs. *Mata Hari wird vom Ausbruch des Krieges in Berlin überrascht. Letzte Auftritte als Tänzerin in Holland.*
1915	*In Paris erregt Mata Hari die Aufmerksamkeit des französischen Geheimdienstes.*
1916	*Beginn ihres fatalen Doppelspiels als bezahlte Informantin des deutschen wie des französischen Geheimdienstes.*
1917	*Am 13. Februar wird sie in Paris wegen feindlicher Spionage verhaftet und monatelang verhört. Am 24. Juli beginnt ihr Prozeß vor einem französischen Militärtribunal. 25. Juli: Verkündigung des Todesurteils. 15. Oktober: Hinrichtung in Vincennes.*
1918	Ende des Ersten Weltkriegs.

Auswahlbibliographie

Das ›Dossier Mata Hari‹ im Archiv des Service Historique de l'Armée de Terre im Châteaux de Vincennes enthält Material, das sich auf Mata Haris Prozeß bezieht, auf Zeugenaussagen, offizielle Korrespondenz, Observierungsberichte usw. Das Dossier enthält auch viele Briefe, die Mata Hari während ihrer Haft an ihren Anwalt, an die Richter und an ihr Dienstmädchen schrieb; außerdem Fotos und Visitenkarten, die sich bei ihrer Verhaftung in ihrem Besitz befanden. Obwohl das Dossier allen anerkannten Forschern zur Verfügung steht, gab es darin im Jahre 1985 auch noch Hinweise auf andere Dokumente – anscheinend aber nur wenige –, in die nur bevollmächtigte Angehörige des Service Historique Einsicht nehmen durften.

Dokumente und Briefe, die sich auf Mata Haris Haft und ihre Verhöre durch Scotland Yard beziehen, befinden sich im Public Records Office in Kew.

Baldwin, Hanson. *World War I*, Hutchinson, 1962.

Bouchardon, Pierre. *Souvenirs*, Albin Michel, Paris, 1935.

Brittain, Vera. *Testament of Youth*, Gollancz, 1933.

Clarke, M. E. *Paris Waits*, Smith Elder, 1914.

Coulson, Major Thomas. *Mata Hari, Courtesan and Spy*, Harpers, 1920.

Fitzgibbon, Constantine. *Secret Intelligence in the Twentieth Century*, Hart-Davis MacGibbon, 1976.

Grigoriev, Serge. *The Diaghilev Ballet* (Übers.: Vera Brown), Constable, 1953.

Holt, Blaire. *Art in Indonesia*, Cornell University Press, 1967.

Hutton, Bernard. *Women Spies*, W. H. Allen, 1971.

Kahn, D. *The Codebreakers*, Weidenfeld, 1968.

Kupferman, F. *1917 Mata Hari*, Editions Complexe, Brussels, 1982.

Landheer, Hg. *The Netherlands*, University of California Press, 1943.

Lanoir, Paul. *The German Spy System in France*, Mills & Boon, 1910.

Newman, Bernard. *Inquest on Mata Hari*, Robert Hale, 1956.

Nicolai, Oberst Walther. *The German Secret Service*, Stanley Paul, 1924.

Perreux, Gabriel. *La Vie Quotidienne des Civils en France, 1914–1918*, Hachette, Paris, 1966.

Pougy, Liane de. *Mes Cahiers Bleu,* Editions Plon, Paris, 1977.

Reid, Anthony. *The Blood of the People, Revolution and the End of Traditional Rule in Northern Sumatra,* OUP, Kuala Lumpur, 1979.

Rowan, Richard W. (und Robert G. Deindorfer). *Secret Service,* William Kimber, 1969.

Schuchart, Max. *History of the Netherlands.* Thames & Hudson, 1972.

Seroff, Victor. *The Real Isadora,* Hutchinson, 1972.

Seth, Ronald. *Spies at Work,* Peter Owen, 1954.

Szekely, L. *Tropic Fever* (Übers.: Marion Saunders), OUP, Kuala Lumpur, 1979.

Vandenbosch, Amry. *Neutrality of the Netherlands during the World War,* William Beardmans, Michigan, 1927.

Waagenaar, S. *The Murder of Mata Hari.* Arthur Barker, 1964.

Wilhelmina, Queen. *Lonely But Not Alone* (Übers.: J. Peereboom), Hutchinson, 1960.

Wit, Augusta de. *Java Facts and Fancies,* van Stockum, Den Haag, 1912.

Personenregister